谨以此书纪念中国社会科学院建院 40 周年

· 大 家 雅 事 ·

主　编

方　军

副主编

林新海　梁艳玲

执行主编

刘玉杰

· 大 家 雅 事 ·

柳鸣九

—— 法兰西文学的摆渡人 ——

柳鸣九 ◎自述

刘玉杰 ◎整理

社会科学文献出版社

SOCIAL SCIENCES ACADEMIC PRESS (CHINA)

柳鸣九

　　著名学者、理论批评家、翻译家、散文家。1934年生，毕业于北京大学西语系。

　　中国社会科学院外国文学研究所研究员、教授，历任中国法国文学研究会会长、名誉会长。2006年获中国社会科学院荣誉学部委员称号。

编前语

2017 年，借庆祝中国社会科学院建院 40 周年之际，中国社会科学院办公厅策划组织编辑并联合社会科学文献出版社推出"学术名家自述"丛书。该丛书主要是邀请中国社会科学院的学部委员、荣誉学部委员讲述自己的学术人生。由于是先期尝试，我们本着实事求是的原则，只求真实记录，不追求风格上的统一。内容上，或有他们成长历程的回忆；或有他们对学科发展的回忆；或有他们治学特色的讲述；或有他们自己的学术思考；或有学人轶事和人文掌故；或有他们的人生感悟。形式上，以第一人称呈现，尊重专家学者的个人喜好，不追求语体风格的一致。

丛书出版后，学术界、读者界反应良好，普遍希望丛书能持续出版下去，并在传主、体裁和文风上有所改进。

为了进一步展现中国社会科学院及院外著名学术大家的风采，更加生动地记录他们"为天地立心，为生民立命，为往圣继绝学，为万世开太平"的崇高理想和人生境界，聚焦他们为构建中国特色哲学社会科学学科体系、学术体系和话语体系生发的动人故事，从而进一步增强本丛书的影响力、可读性，我们将本丛书改为"大家雅事"继续出版。丛书围绕"大家""雅事"两个关键词着意遴选采写（组稿）对象、调整内容结构。

1. 丛书遴选的对象——"大家"范围进一步扩大。本丛书遴选的对象由原定的健在的中国社会科学院荣誉学部委员、学部委员，扩大延伸到中国社会科学院已故的学术大师、荣誉学部委员、学部委员及院外著名学者。

2. 丛书的内容——"雅事"得以进一步聚焦。"雅事"语出《随园诗话》，为风雅之事。狭义上指有关琴棋书画等活动。本丛书指发生在学术大家身上的趣闻、轶事，包括已故大家的人文掌故。本丛书的内容不再全方位讲述学术名家的人生故事，而是进一步聚焦学术大家的"雅事"，透过这些雅事映射那些学识渊博、德高望重的学术大家精彩的学术人生。

3. 丛书的框架——一根红线穿珠玉。一件件雅事有如一颗颗珍珠，我们用一根红线，即按照一定的主题，把这些散落的珍珠穿起来。

4. 丛书的写作——不拘一格谱新篇。新版丛书的内容随传主的不同特点做相应的调整，既讲述传主本人的故事，也讲述他者眼中的传主，是传主与他者之间发生的各种有趣有益的雅事，这些雅事或给人启迪或耐人寻味或引人入胜。丛书在写作方式上也根据传主的实际情况，采取相应的写作角度，不限于自述（口述或笔述），也随传主的不同情况而扩展为他述。

本丛书得到了中国社会科学院各位学部委员、荣誉学部委员及院外著名学者及其亲属、学生等的大力支持和帮助，得到了广大撰稿人的热烈响应，得到了中国社会科学院财计局的鼎力支持，在此我们表示衷心感谢。

囿于时间、人力、物力，错讹之处在所难免，敬请读者批评指正。

丛书编辑部

2020 年 3 月 26 日

目　录

//柳家有子初长成//

我的父亲母亲

　　在我灰暗的陋室里，颇为色彩缤纷的是我沙发对面的两个书柜，这两个书柜里装着我论著、译著与编著的成果三百来册。将近耄耋之年，我常坐在这两个书柜面前，或沉思遐想，或出神发呆，或缅怀回顾。

　　我常想，将近一生的岁月、几乎所有的心思，不外乎是写书、译书与编书，似乎只可以简约地归结为一点：为了一个人文书架。人生的目标瞄准着这一点，人生的热情倾注于这一点，人生的精力投放于这一点，人生的乐趣系诸这一点，可谓专注而执着，以此，也算得上是一个有人文理想、有人文热情的人。

　　饮水思源，我得感谢我曾经受到的教育。

　　就我的家庭出身与条件而言，我本来是很难受到良好的学校教育的，但我却从初中起，就受到了非常完善、优秀的正规学校教育。我初中所上的三个中学都是当地名校：南京的中央大学附属中学、长沙的广益中学和重庆的求精中学。高中更是从闻名遐迩的湖南省立一中毕业，考进了北京大学的西语系。在这个漫长的过程中，我之所以没有辍学并能进入一个又一个名校就读，不能不感谢我的文化水平不高但特别重视子女教育并为此付出了巨大努力的父亲和母亲。

父亲：靠一把菜勺培养出三个大学生

　　只要桌上洒有一摊茶水，我的父亲总是用筷子蘸着水在桌面上写写画画，有时是练正楷，有时是练草书，甚至是亲戚朋友坐在一起谈事聊天时，他往往也要这么"开小差"。从我幼年的时候起，父亲在我心里就是这么一个形象。

据长辈们讲，从一进城当学徒起，他就养成了这个习惯，数十年如一日，到我记事的时候，也就是他进入中年时，他已经练就了一手好字。对于这一手字，他是很得意的，常听他说："文化水平高的人看了我开的筵席菜单，都说字写得漂亮，没有想到一个厨师能写得这么好。"

他出生于贫困的农家，兄弟姐妹六人，他排行第四。他只念过两个月的书，从六岁起即替人家放牛。湖南的春秋天气并不寒冷，但他因为穿得太单薄，放牛时经常要靠着土坡避风躲寒。十一岁时进城到一家有名的酒楼——德清楼当徒工，他以罕见的刻苦与勤奋，熬到了"出师"，结束了徒工生活。先作为廉价劳动力在餐饮业闯荡多年，风餐露宿，漂泊颠沛，有些夜晚，仅以一条长凳为床。而后，逐渐以做得一手好菜和写得一手好字而颇有名气，得以经常有人雇用，他这才娶上了妻子，生了三个孩子。但拖儿带女，养家糊口，难度更大。他以黄牛式的勤劳辛苦，换来全家不饿不寒的日子。

这位农民之子，这位厨房里的劳工，有着自己的理想。尽管他在本行当中出类拔萃，但他从没有想过培养自己的儿子跟着他干这一行，其实，作为一个跑单帮的个体户，他跟前急需一个徒儿、一个助手，何况，他还有好些烹调的绝招有待传授。他常叹息自己这一行苦不堪言，如何苦不堪言，我没有体会、不知道，但我的确见过体胖怕热的他在蒸笼一般的厨房里，在熊熊大火的炉灶前一站就是两三个钟头，往往全身汗如雨下。他常抚摸自己孩子的头，感慨道："爹爹苦了这么多年，就吃亏在没有文化……好伢子，你们要做读书人。"

做读书人，这就是他对下一代的理想与期待。他身上毫无可以泽及后代的书香，只有那点练字经验。因此，我们兄弟三人从小就必须服从努力练字这么一个"硬道理"。他常教训我们道："写得一手好字，那就是敲门砖，就是看家拳。"他花钱替我们买笔、墨、砚、纸，还有字帖。于是，练字就成为我们三个小子每天必修的"日课"。

要当读书人，当然要进学堂。然而，仅学费就是一般人家承受不起的。更主要的困难是，要照顾孩子在固定学校里就读，往往就要放弃一些比较合意的就业机会。

于是，自从我们兄弟三人到了入学年龄之后，我们的上学问题，就成为家里头等重要的大事。父亲每新谋得一个工作或者遭到一次失业而需要全家搬到另一个城市时，最优先安排的事情便是赶紧替我们找学校，让我们及时地上学念书。

虽然从抗战时期一直到二十世纪五十年代之初，全家一直是东西南北不断颠沛迁徙，我们却几乎从未中断过学业。而且，每到一个城市，父母都竭尽全力，甚至耗尽积蓄，让我们都能够进入当地最好的中学。

1940 年代末，中国面临着天翻地覆的大变化，餐饮业大为萧条，父亲在内地谋职谋生殊为不易，便去了香港打工，直到二十世纪六十年代中期才回家乡。

那些年，我正经历着上中学、念大学直到参加工作的过程。不论我在什么地方上学，我都按月收到家里寄给我的学杂费与生活费，毫无忧虑地度过了我的学生时代。大学毕业后，我微薄的工资远不能负担母亲的医疗费与两个弟弟上大学的费用，因此，父亲仍然留在香港打工，虽然他当时已经六十多岁了。他常用漂亮的行书给他的"贤妹"写些半文半白、半通不通，但充满了感情色彩的"家书"，自称"愚兄鲁钝"，"自幼无缘文化"，"饮恨终生"，"幸亏学了一门手艺"，"终能自食其力"，"眼见三儿日渐成长，有望成为对社会有用的人材，虽在外做一名劳工，常遭轻视与白眼，亦深感欣慰"云云。有时，还讲些大道理，说什么"能挣几个钱，养家糊口，让孩子上学"，也能"减轻国家的负担，为社会培养有文化的人材"，因此"问心无愧"，等等。这些家信是我母亲用来对三个儿子进行"思想教育"的"教材"，常要求我们从头到尾认真读完。当时，我们读起来并无丝毫不耐烦，后来回想起来，这些家书对我们的影响是深刻、久远的。

当然，这个老打工仔常寄回来的远不止他那些冗长的"咏叹调"，还不时有些日用品与文具，如给他"贤妹"的袜子、围巾，给儿子的钢笔和优质笔记本，等等。在"三年困难时期"，则经常定期寄些食品回家，从阿华田、丹麦饼干、白糖，到香肠、猪油……这些源源不断的补给竟使得我们母子四人在那段"饥饿的年代"无一人得那种流行的"浮肿病"。其中远在北方的我，收到这类食物补给后，往往回到宿舍里偷偷地享用。

那些年里父亲在外的生活怎样呢？很长一段时期里，他在"平安家书"里总是说自己"一切都好""家人皆可放心"之类笼统的话，家人对此都半信半疑，认定他的生活必定是艰辛的，因此，老是不断劝说他退休回家。但他仍然坚持着，最终答应等他最小的儿子大学毕业，他"完成了平生最大的任务"，一定回来和家人团聚。培养出三个大学生，这就是他最大的人生理想。眼见他日益接近"功德圆满"，大家都等着这一天的到来。

小弟大学毕业日益临近。突然，有几个月，父亲与家里中断了联系，音讯全无，家人焦急万分。过了一段时间，他终于来了一封"平安家信"，告诉家人一个令人胆战心惊的迟到消息：他在劳动时摔了一跤，在水泥地面上把一条大腿摔成了骨折，幸亏被香港公立的慈善医院将他作为"没有亲属"的失业老人收容进去，免费给他动了个大手术，在折断的腿骨上安装了一块铁板、两个铁钉。又经过几个月的疗养，总算得以痊愈，能够自己行走了。虽然不如以前那么利索，但不久即可出院，返回自己"日思夜想的故里"，与家人团聚。他的信里没有什么感伤情绪，倒是说很高兴能住进那宽敞明亮的医院，那是他"一辈子中住的最好的房子"。我记得信里还附有一张照片，照片上，他穿着住院服坐在一张洁白的床上，脸上是像儿童一般天真的乐呵呵的笑容……

从这个事情开始，他那长期不为家人所知的、"咬紧牙关"的生活状态，才逐渐浮现出来。香港的房租极贵，为了省钱，他向一套公寓中的几户人家租用了公共浴室午夜后的"使用权"，每当夜深人静无人再上浴室冲凉时，他便在那里面架一个行军床睡觉，天一亮就撤出。白天，则在楼顶的露天平台上打发时光，没有人雇他时，他就坐在平台上的一张竹椅上出神，平台上支着一把大伞，可以遮阳，可以避风雨，但碰到大雨，光靠那把伞可不行，还得在那把大伞下自己再打一把雨伞。在有人雇他办筵席时，他就把用料备齐，在那平台上进行制作，将一道道菜做成半成品，然后将所有半成品运至东家的厨房，待开席时下锅烹制。他居然慢慢做出了"名厨"的名声，受到过采访，上过报纸。也正是在这个平台上，他在劳动中踩在有油污的地面上，重重地摔了一跤，几乎丢掉了自己的性命。这时，他六十有五。

这就是他十六年打工生涯的一个缩影，为了一个目标、一个夙愿、一种向往而受着、熬着、挺着的缩影。

他快返回故里的时候，我请了探亲假回到了老家，等候着他的归来。他返回故里后，总算过上了退休的生活；总算亲眼见到了自己的儿子都已经走出了大学的校门，参加了工作；总算看见了自己的孙女与孙子。他绝不下厨做菜，说是一辈子在厨房待"伤"了。听老弟说，他只是绝无仅有地露了一次自己的厨艺绝技，做了一盘萝卜丝饼，家人回忆说，那简直就是极品，你根本吃不出是萝卜丝做的，与刘姥姥在大观园吃的烧茄子有异曲同工之妙。在那几年中，他最开心的时候就是听人家谈论他家的儿子都大学毕业了，只要别人奉承他说："四爹，你靠一把菜勺培养了三个大学生"，他就笑得合不上嘴。

1975 年夏，他因为得了急症而去世，家人都叹息他返回故里后只享了几年的清福，这与他一生的劳累艰辛实在是太不相称了。丧事后，骨灰里剩下一块铁板、两个铁钉，小弟把它们收藏起来作为纪念，这是他作为幼子的一番心意。如今小弟去世也已几年，每当我想起这事，心里就一酸……

母亲和她的家人

我的母亲出生于长沙一个城市贫民家庭，外公是一个水果小贩，每天挑着一担水果沿街叫卖，以此维持数口之家的生计。外公外婆有很多儿女，没有夭折的就有六个。

我的母亲排行第二，她还有四个兄弟与一个妹妹，两个兄弟也是厨师，而且都是湘菜界有名的厨师。据我母亲介绍，大舅的厨艺并不出类拔萃，至少逊于我父亲，但他口才甚好，善于交际，用长沙话来说，是"会吹牛皮"，因此，在湘菜界也算是名角，从中年起，自己还当上了老板。三舅也是一个厨师，他技艺胜于大舅但逊于我父亲，他是做点心的高手。我的四舅、六舅则与厨艺无关，四舅混迹于国民党军队多年，最后潦倒以终。六舅最为聪明能干，后来从事印刷业，算是印刷业中的一个佼佼者。

我母亲唯一的妹妹，聪慧精明，有一手好厨艺，她做的红烧狮子头堪为一绝，她长期待字闺中，择偶标准甚严，终喜结良缘，嫁给了一位老实忠厚、工资又较高的蔡姓汽车司机。他们生有一女一儿，女儿蔡希秦容貌俊秀，身材高挑，自幼有运动天赋，后来成为国家女排的队员，并与后来为新中国排球事业立下了汗马功劳的教练邓若曾结婚。儿子蔡希亮也聪明能干，在理工科上颇有成就，曾担任过北京科技大学副校长。

少年时期的雪泥鸿爪

名字的由来

1934年农历二月初四，我生于南京，净重九斤，故从小被父母称为"九斤子"。小时候，家里的亲戚朋友都以此名称呼我，甚至成年以后，老辈亲戚仍沿用不改。

总得有个正式的大名吧，父母亲没有文化，但敬畏文化、仰慕文化，特请隔壁邻居——一位有文化的老先生，给我正式取了一个大名，老先生根据净重九斤的来由，以"鹤鸣于九皋，声闻于天"之意，取名为"柳鸣九"。此名甚为张扬，大有"个人英雄主义"气味，而我一生颇有点好名，不止一次公开发表"君子好名，取之有道"的言论，大概与这个名字的"命定性"有关。

儿时两奇遇

幼小的我，身体健壮不说，干干净净的小样，甚得邻居的喜爱。我在幼年就有令人惊心动魄的时候。一天，母亲掀开摇篮的被子，发现我身边竟然躺着一条大蛇。古城南京的老屋有蛇并不奇怪，大概因为老屋的蛇都是无毒蛇，故未对我造成伤害，但我生平最怕蛇，而且胆小成性，也许是在摇篮时期已经被蛇吓破了胆了。

童年我唯一的一次"传奇"，是这样一段经历。我三岁的时候，在大门口跟几个小孩一道玩耍，我的一个舅妈在家里听到大门口有一个邻家的幼童高声喊道："九斤子，你得快点回来啊，我们还等着你玩哦"，及至我的母亲得悉此事，赶到大门口一看，我已不见踪影。邻居家的幼童说："一个不认识的叔叔把他带走了。"于是，家里人急成一团，纷纷出动寻找。

我被带到了什么地方？我只模模糊糊记得，那位叔叔把我带到了一个寂静的深巷，找了一家门庐，把我身上那件崭新的毛衣脱下来，他拿了毛衣就扬长而去了。原来他只是看上了我身上那件毛衣。比起当今的儿童贩子，这位"叔叔"的"职业道德水平"还挺高，走的时候，他还往我手里塞了一个橘子。

我是怎么哭着离开那个门庐、走出那个深巷的，完全记不得了，只记得我终于走到了一条街上，那条街正在修路，大块大块的街石都已翻转了过来。我手里拿着橘子，在街上哭着，我感到恐惧，只想见到亲人。小店里面的老板坐在门口，好奇地瞅着我，没有一个人搭理我。最后是怎么跌跌撞撞走到我家的大门口的，我已经完全没有印象了，反正没有人帮助，用长沙人的话来说，就是靠我的"狗屎运"，终于摸到了自己的家门口。

五六岁之前，我没有完整的记忆，只记得有时候，母亲带着我和大弟弟柳仲九住在乡下，寒夜青灯，颇为凄凉。有时则母子三人住在小船上，在河畔过夜。

1940 年我进小学后，开始有了成串成片的记忆。那时，长沙已经被日本鬼子占领，湖南省政府迁到了耒阳。父亲把我们也安顿在耒阳，和外婆、舅舅们居住在一起。父亲和母亲不久又生了一个小弟弟，从此，就是一个五口之家了。

偏安耒阳时期的童年

我们家在耒阳大概住了三四年，不仅相对安稳，而且过得还相当富裕。首先，几个舅舅还没分家，以大舅为首，在县城里办起了一家具有相当大规模的酒家，占有一个很大的院落，在当地很有名。另一个舅舅，则办起了一家印刷厂。我父亲在两个舅舅的生意中都占有不小的股份，而他本人则到桂林一家银行公会当上掌勺大厨，承办高级宴席，收入也颇丰。我家与几个舅舅家全都住在离县城很近的一个名叫谢家庄的村子里，在当地农村要算是殷实大户。我母亲为了照顾三个孩子，雇请了一个女佣，自己基本上从家务劳动中解脱出来了，过着相当闲适的"太太生活"。我小时候很少看见她操劳，她经常不在家，而到外婆与舅舅家或者是邻居家聊闲天。而我在耒阳时期也一直被家里的女佣称为少爷。这大概是我身上种下了小资毛病的一个原因。

这是一个人一生中打开心灵窗口之初的重要时期，由于我所处的农村环境与家庭背景，我没有得到什么知性启蒙，仅有的一点"书香活动"便是按照父亲的硬性规定，每天练毛笔字。除此以外，就是一个"玩"字了，在家里面跟近邻的农家孩子玩，在学校里跟城镇孩子玩，基本上就是瞎玩、穷玩、疯玩。大概是因为和乡下孩子疯玩、瞎闹消耗不了我所有的精力，我又变着法子玩自己的一套。一次，谢家庄来了一个演皮影戏的班子，我看了之后受了启发，自己也开始用纸叠成小人，仿照皮影戏的方式，扮演一些幼稚可笑的故事，连观众也不要，实际上也找不到任何一个观众，完全是自得其乐。后来，嫌叠小人麻烦，就干脆用笔画成连环图画，当然笔法极其笨拙，故事题材经常是俗得不能再俗的，如英雄人物打抱不平、仗义行侠，或消灭恶霸，或缉拿采花大盗等，主人公当然是能飞檐走壁、口吐白光、取人首级于百步之外的剑侠。这种玩意儿我十岁之前就玩，大概是因为身上有点早熟的武侠小说"创作细胞"，可惜是非常原始的"创作细胞"，也就没有发展成为"另一个金庸"。

　　这几年，我还从视野中、听闻上获取了相当丰富的人生景象。我每天要步行上学，所经之路是乡野的一片秀美风光，是郁郁葱葱的绿色环境，我一生酷爱大自然的绿，实始于此。我也扩大了人生的视野，我亲眼看见邻家的玩伴，一个小女孩，惨死于狂犬病的折磨中；我也亲眼看见村里一个老人身患重疾，溃烂流脓，蛆虫爬行的惨状。特别有一件事使我揪心难忘了多年：我每天早晨上学要经过一个街口，那里有一个妇女摆设了卖油煎粑粑的摊子，摊子离她家那个破烂的小木屋还有相当长一段路，里边总有一个小幼孩在厉声惨哭，无人照管的他被做小生意的母亲反锁在屋子里面，便毫无指望地以哭求助。这个木屋是我每天早晨上学的必经之处，我从来没见过这个小孩，但他的凄惨哭声，使我每天早晨都要揪心一阵子。我这个人多少有点悲天悯人之情怀，也许最初就从这里开始的。

到耒阳不久后，我大概是准六岁就上了小学。我上的那所小学，是耒阳最大的一所小学，也许还是唯一的一所小学。我对那个小学的记忆已经很淡了，只记得校园和教室都很宽敞，我从各方面来说，都是一个平平常常的小学生，既不优秀，也不顽劣，有点顽皮嘛，在所难免。整个小学生活在我的记忆里没有留下多少印象。

民族灾难中的逃亡经历

在耒阳的三四年，我家生活安定，经济富足，全家过得无忧无虑。但好景不长，日本鬼子节节进犯，长沙失守后，耒阳也岌岌可危，我们全家不得不往桂林避难，这揭开了我们家抗战时期逃难生活的序幕。因为在桂林没住多久，桂林也开始告急，我们全家又往贵阳跑，最终的目的地是当时的陪都重庆。从桂林仓皇逃难一直到重庆，这一段并不太长的路程竟然花了将近半年的时间。在这个"旅途"中，交通困难重重，经常碰到日本飞机轰炸，旅途受阻。滞留于难民营，生活颠簸困难不说，还加上饥饿和疾病。这一段生活，我称之为逃难，实不为过。

首先从广西桂林到贵州的独山走得就很艰难。虽然我们是坐火车，但所谓坐火车，就是搭乘没有车顶遮盖的货运车，五口之家花不少钱，才在货车上占有了两三个平方米的空间，挤在一团。因为铁路繁忙，货车几乎要给所有的列车让路，走不了一两站，就得在一个小站或一个偏僻的路段停上两天。而铁路又是日本飞机轰炸的重点，几乎每天都碰上空袭，有的时候，火车停在路上，等于是摆在那块儿挨炸，不止一次，附近车厢都有人被炸死。在车上风吹雨淋，日晒夜露，铁打的汉子也得病倒，我父亲得了肠炎，不断拉肚子，我则得了疟疾，寒热交加，颇有活不到独山之势。好不容易走了两三个星期之后，最后总算到了独山。我父亲原来是个胖子，到独山的时候，已经骨瘦如柴了；我被疟疾折磨一两个星期后，快到独山时，父亲碰上好运气，不知道从哪儿弄来几颗金鸡纳霜，那几片药因为天气热而化成一摊泥，脏兮兮的，但顾不上这些，救命要紧，吃上药，病就好了。

　　总以为到独山就到了一个安适的地方，因为离重庆只有一步之遥了。没想到，独山的严峻形势几乎是令人绝望的。在这个小地方，居然已经滞留聚集了好几万难民，都等着往重庆逃，而从独山到重庆的崇山峻岭之间，只有一条崎岖的公路，运输的汽车供不应求，几万难民淤积在这个地方，要疏散送走，至少得要一两年。于是，我们全家就住进了难民收容所。收容所的条件极为恶劣，除了上有遮风挡雨的屋顶、下有铺着草垫的地铺外，几乎什么都没有了。难民们每天挤在一块，完全绝望地等待着来疏散的车队，我们家在这样的难民收容所就待了一两个月。

　　后来，我父亲用了不止一根小金条，才使一家人搭上了一辆运货的大卡车，离开了独山。那一辆运货的大卡车也是无棚的，满车的货物堆得高高的，一家五口就挤在高耸的货物堆上。从独山到重庆的公路，都是蜿蜒在崇山峻岭之中，路面也比较狭窄，路的一侧往往就是悬崖，而上坡、下坡、急转弯的险段又到处都是。人坐在货物堆上，摇摇晃晃，时有从不稳的货物堆上掉到车下的危险。更可怕的是，这种车为了"经济效益"要赶时间，有时候还得夜行车。这一段行程，真是叫人提心吊胆，我们只好听天由命。

最后，我们总算到了重庆，好在重庆我们还有一家亲戚，那就是我姨妈一家，他们早已来到重庆。我们一家五口得到姨妈夫妇的慷慨接待，在他们家住了一段时期。后来，我家在重庆市内找了一个偏僻的斜坡，在那里搭建了一间十几个平方米的屋子，以木板为墙，以茅草为棚，算是有了一个栖身之所。

抗战时期在重庆

抗战时期的陪都重庆，各方面的条件都很简陋，生活也比较清苦。自从来到重庆，到抗战胜利后离开重庆，父亲一直处于失业状态，只靠他名厨师的声誉，偶尔能接几份有钱人的订菜，订酒席的生意甚少，订高级宴席的，一年也只有一两次。我们全家节衣缩食，生计困难。父亲的积蓄相当大一部分都花在了逃难的路上。

我得肠炎从死亡边缘被抢救过来后，总算开窍了、懂事了，作为家庭的长子，开始有了家庭忧患意识，走出了懵懵懂懂、没心没肺的顽皮状态，告别了很多幼稚无聊的游戏，也不再痴迷什么积攒香烟盒之类的事情。只是家里来了一个新的"小伙伴"后，我的生活中才又有了一些欢乐的童趣。这个"小伙伴"我们称呼它为"小霸王"，是一只非常可爱的小猫。它全身洁白，额头上有一朵淡黄色的小花，就像老虎的额头上有一个"王"字，脸上一副天真幼稚、调皮捣蛋的神情，偏偏又"老气横秋"长有两撇胡子，喜欢每天围着我们嬉戏玩闹，在我的童年生活中留下了非常深刻的印象。我到了老年仍然忘不了它，为它写过一篇散文《忆小霸王》，曾被友人笑称为我的散文代表作之一。

在清苦贫困的生活中，我的学习可没耽误，父亲自幼仰慕文化，老悲叹自己大热天在高温的炉火前苦干的命运，他希望三个儿子"一定要读书"。因此，到重庆后，我很快就上了附近的两路口中心小学，一直读到六年级毕业。

父亲每得到酒席订单的时候，他总是靠一己之力，以个体劳动者"家庭作坊"的方式来完成，找不到助手，也没有钱请助手，忙得不可开交的时候，偶尔就动用我这个十岁左右的男子汉，如上菜市场买菜料、调味品，或者送个通知，或者跑个小腿。俗话说，穷人的孩子早当家。我虽没有成熟到那种"早当家"的地步，但经常帮父亲办小事、跑小腿，多少得到一点历练，倒使我开始不那么幼稚、呆板、无能。如果说后来的我，还比较有点办事能力，有点处理事务的脑子，甚至有点"组织才能"的话，那大概是因为曾经从我父亲如何调配菜料、如何安排复杂的制作工序那里得到过启发。

对我有深远影响的两本书

在我的中学时代，课外读书生活对我极为重要，它无异于给我打开了一道精神世界的大门，开启了一扇心灵窗口，对我心智的成长、见识的开阔、知性的提高、后来的思想修养以及业绩作为都发生了巨大而深远的影响，其作用在某些方面并不亚于我大学期间所受到的科班教育和严格的业务训练。

我最早得到的一本课外读物是《三国演义》。这部书不知道父亲是如何从他雇主那儿得到的，它成了我们家唯一的一套藏书。我一有空就随便翻阅翻阅。从十来岁开始，我不知道翻阅了多少遍。在不断地翻阅、细读与重温之下，我后来对这本书达到了"滚瓜烂熟"的程度。说《三国演义》是对我影响最大的一本书，也并非夸张之词。尽管我的古汉语水平，后来一直没有继续提高，但《三国演义》培养了我阅读文言文的能力。随着年龄的增长，其中的军事智慧与政治智慧对我更是有吸引力，它逐渐使我开始有了一点政治头脑与见识眼光，懂得了一点韬略。虽然我这一辈子从来没有从政的志愿，也没有多少心术与谋算，但我喜欢观察政治，思索政治，喜欢作壁上观。我曾经有过研究国际政治的一闪念，可以说都与我少年时代读《三国演义》有关。当然，我成年以后，知人识事、对待人际关系，也多多少少从《三国演义》中间得到过启示。我至今都经常告诫自己要韬光养晦，行事低调，就是从刘备种菜园子那儿学来的。只因为我这个名字实在是太张扬了，加上我天性有点好名，所以，我虽然一直想学刘备种菜园子的处事姿态，但一直没有学到家。

　　除了《三国演义》以外，还有一本书对我的人生有比较大的影响，那就是后来我到了中学阶段才读到的高尔基的《我的大学》，这本书教会了我两个字——"奋斗"。我整个青年时代被当作座右铭的那句话"即使是对自己的小胜利，也能使人坚强许多"，就是从高尔基的三部曲中得来的。因此，如果要说有什么书对我青少年时期有深远影响的话，那就是这两本书。

喜欢在书店"看站书"

　　从重庆时期起，我还开始养成了一个习惯，那就是跑书店。重庆毕竟是陪都，繁华市面不多见，书店倒是不少的。在我住处附近，至少有两个小书铺。与其说它们是做卖书生意的，不如说是做租书生意的，出租的基本上都是一些通俗读物，其中剑侠小说占很大的比例，我最初就是被这些书吸引开始跑书铺的。我没有钱买书，也没有钱租书，于是，就站在书架前翻书看书，一看就是一两个钟头，甚至两三个钟头，我把这称之为"看站书"。说实话，像我这种不买也不租、光"看站书"的主，而且隔一两天就来"看站书"，用不了多久，就很惹书店老板的厌烦了。我可没少遭过白眼，没少看过脸色，甚至被书店老板用很不客气的言辞对待，但我仍厚着脸皮去"看站书"。因为那些书对我实在太有吸引力了。我记得最初我最爱看的有两部，一部是《鹰爪王》，一部是还珠楼主的《蜀山剑侠传》，这两部书都是长篇多卷，特别是《蜀山剑侠传》，有三四十册之多，文笔甚好，想象力丰富，写得神乎其神，但写的都是作为剑侠的人，而不是神不神、人不人、兽不兽的怪物，这是我特别喜欢的特色。我年轻的时候，多少有点容易耽于妄想的毛病，大概跟这有关。

从重庆时期起，以后每到一个城市，我都保持了"看站书"的爱好与习惯。兴趣也不断地扩展，从最初痴迷于剑侠小说，扩展到侦探小说，什么福尔摩斯侦探小说、亚森·罗平侠盗小说，再扩展到通俗言情小说（如张恨水的小说）。对冯玉奇的小说我也不生疏，这也许是我后来对情色文学并不大惊小怪的原因，我还写过一本《法兰西风月谈》呢。当然小书铺、租书店也有不少正经的、严肃的文学书籍，也就是在这些小书铺里面，我读到了鲁迅、茅盾、老舍、郁达夫以至张资平、无名氏的小说。

到了高中，已经是中华人民共和国成立后的时代，小书铺与租书店逐渐绝迹，于是我就改成了跑新华书店，但"看站书"的毛病仍然延续下来了。我看得比较多的，几乎都是小说作品，杂文与诗歌我就很少去看，喜欢看也常看的作家仍是这么几个：鲁迅、茅盾、老舍和郁达夫，对他们的小说名著《阿 Q 正传》《祥林嫂》《子夜》《虹》《骆驼祥子》《四世同堂》《春风沉醉的夜晚》等，我都相当熟悉。一到书店，翻阅的书就难以计数了。因此，中国不同时期出版过的中外文学书籍，我几乎没有不曾翻阅过的。说实话，我的中国现代文学的初步基础以至外国文化与文学的一般知识，相当程度上都是通过跑书店"看站书"来获得的。

中学时代的美好回忆

开始有了高起点的中学教育

抗战胜利，举国欢腾。

每个家庭的欣喜是相同的，但相同的欣喜后面却各有各的不同忧虑。我们家的忧虑首先是如何离开重庆。因为我父亲订单的来源基本上是财经界，他的雇主——各大银行纷纷迁回南京，我们也必须举家东迁，而从重庆到南京的交通，对我们家来说正是一个巨大的难题。当时，唯一的通道就是坐轮船沿长江东下，但对一个城市贫民家庭来说，哪轮得上坐轮船？我们只能在重庆干等。

有需要就会有生意，于是轮船公司就增加了一项业务，一条轮船左右两边各绑一只大木船，由轮船拖带着沿江而下。轮船的船票不仅昂贵，而且也要排队慢慢等。而对绑在两边的木船来说，长江三峡几乎就是一道鬼门关，那一段航道，不仅两岸高山峻岭耸立、阴森可怕，而且水面下暗礁林立，险滩一个接着一个，水流湍急，江面险恶，单只的轮船尚且经常出事，更何况被绑在两边的大木船？你要坐大木船东下，无异于把命赌上。为了全家的生计，我们只好冒险。我们的木船总算被拖到了宜昌，一到岸口，船主就催促大家赶快上岸，因为船在过三峡时船底已经破了一个大口子，底舱已经进水，必须赶快上岸逃命。果然，乘客离船上岸后不到半小时，那条木船就完全沉下水了，乘客的行李也都随之泡汤。幸亏轮船公司还有点责任心，把这两船逃生的乘客安排在一个地方，于是，我们家第二次过上了难民收容所的生活。在宜昌滞留了一二十天，我们总算被送到了南京。幸运的是，一到南京，我父亲就在一家大银行里面得到了大厨的职位，全家在珠江路旁租到了一间二十来平方米的房子安顿了下来。

记得我家离开重庆时，父母亲要我把一根粗粗的布腰带贴身地缠在腰上，遮盖在内衣里，日夜不许离身，还告诫我说："这是我们家的命根子。"那根腰带里鼓鼓囊囊的，还有一点小硬块，我估计是小金块或金戒指之类的东西，抵达南京后，我总算把这根布腰带解下来交还给了父母，这是我唯一一次被赋予经济重任，蒙父母看重，我是长子。

全家在南京安顿下来以后，我父亲根据他一贯的"读书为先"的老规矩，首先安排我们兄弟三人上学。但是，到南京时，各个学校都早已经开学半个多学期了，初来乍到，一时找不到中学，看来只能等到第二年。但是，父母亲不愿意耽误我的学业，宁可多花点冤枉钱，也要让我早早地进中学。于是，我像一只无头苍蝇，瞎闯进了一所私立"中学"，它名为"中学"，实际上只有少数几间教室，只开语文和数学两门课，学生寥寥无几，老师上课时间也不固定，算不上一个中学，只是一个临时"补习班"而已。见势不对，父亲赶快改换学校，又打听到一家市立中学，还勉强愿意收一个插班生，于是我又进了那所中学。那所学校调皮捣蛋的学生很多，校方管理不善，教学秩序也不怎么严格，故名誉不佳，口碑不好，离家又远，上下学甚不方便。何况我在班上，被一个强势学生欺负，很压抑，因此，又生去意。这时，正好我父亲从他的雇主方面（父亲的雇主基本都是财经界的高级人士）得知，南京市有一所大名鼎鼎的学校——中央大学附属中学，那是很多家庭仰慕的学校。父亲大概也是从一位有影响的雇主那里得到了一封介绍信，于是，我就进了中大附中。

中大附中是我很难忘的一个学校，它当时在各方面都尽显大气、高级，有点"贵族"味道。校园开阔，教室宽敞。它最大的优势还在于师资水平高，生源素质也比较好，大多都是成绩优秀生或是颇有文化背景的家庭的子弟。学校的气氛颇有洋味、文化味，同学们爱好的体育项目是流行于美国的垒球运动，学生会的竞选活动，有点模仿美国的总统选举，课外活动水平也相当高，居然能够相当正规地演出曹禺的名剧《雷雨》。我在这里不仅是受教育、学文化，而且是受熏陶、开眼界、长见识。由于我完全寄宿在校，整个人浸泡在这个环境里，也就更充分感受这里的氛围，从中吸取营养。我的中学教育是从这样一个高起点的地方开始的，这是我的幸运。实际上，中大附中也的确人才辈出，我后来在北大的一个同班同学、后来成为《世界文学》主编的著名翻译家金志平，就是我在中大附中的前后届同学。其中还有不少是当今的两院院士。

很可惜，我在中大附中只念了一年多，就因为父亲的就业和全家的搬迁而转学回湖南。因为解放军陈兵北岸，国民党政府在南京待不下去了，各大金融机构纷纷南迁广州，父亲只得跟随前往，而把母亲和我们兄弟三人安顿在家乡长沙。

从广益中学到求精中学

湖南是一个传统文化底蕴比较深厚的省份，这一点在中学教育中也有所表现。长沙的中学名校甚多：长郡、明德、广益、雅礼、周南、福湘、省立一中……各校都有各自的特色与优势。我转学到长沙进了长沙的名校之一——广益中学。广益是个"其貌不扬"的中学，学校面积不大，校舍拥挤陈旧，但不可貌相，它很内秀。文理科教学均有优势，尤其是文科颇有点功底。这里的图书馆规模相当可观，文科藏书不少，正是在这里，我读到了一些中外文学的名著，如《约翰·克利斯朵夫》等。学生的文科水平好像也比较高，背古文，蔚然成风；写文言文，亦不少见；学生的墙报更是五彩缤纷、一片繁荣，文艺性比较强，有点像一期期的文学刊物。来到这个环境，我的"中大附中生"的优越感很快就没有了，开始感到了相当沉重的压力。正是从广益时期起，我开始恶补传统文化，使劲背《古文观止》，并练习写点文言文，等等。

我对英文的兴趣日浓，也是从广益时期开始的。在中大附中时，英文就是我所喜欢的一门课。来到广益，恰好班上有一个英文特别好的同学，名黄天锡，他的家庭好像是有教会背景的，他父亲大概是位牧师，他在班上鹤立鸡群，颇有优越感，也许是因为我来自"大地方"，又是"中大附中生"，与他一拍即合，成了两个特别要好的朋友。黄天锡的英文水平大大超出了一般的初中生，他已经用英文写日记了，与我成为好朋友后，有什么事就用英文给我写个小条或来封短信，这样，我对英文的兴趣也就大大增长，英文水平也有所提升。

我在广益大概也只念了一个学期，又随父亲离开长沙到了广州。在广州的时期很短，没有上学，偶尔帮父亲跑跑小腿，得到一点奖励。有一次父亲给我买了一个奶油面包，这是我对奶油最早的记忆。还有一次，父亲带我看了一次粤剧，我听不懂广东话，那场戏等于白看。在广州住的时间不长，我们全家又搬往重庆。父亲的工作始终是随着大的金融机构迁徙而定的。

到了重庆，我进了有名的教会学校——求精中学。求精中学的校园相当大气，教室与礼堂都相当漂亮。这里的英文教学给人印象比较深刻，用的是开明版的英文教材，其中少不了西方文学故事，如：斯芬克斯之谜、俄狄浦斯王的悲剧，等等。英文老师是用英文讲课，我学起来倒也兴味盎然。因为校舍礼堂均甚为体面，所以，常有一些政府的外事活动借用大礼堂举行，如有外国代表团来访时，欢迎仪式、演讲会等都在这里举行。礼堂不小，空荡荡的，怎么办？反正有的是学生可以充当听众，于是，这倒成了我们的一项课外活动。如果说求精中学的生活有什么特殊内容的话，那么关键词就是两个字"英文"。

另一个特殊印象和关键词就要算是"外国文学"了。除了英文课本中不乏外国文学故事与知识外，班上的小图书馆里突然增加了一大批外国文学的作品。那是一个特别清秀文静的宋姓女同学捐献的，她急于离开重庆，便把家里一大堆书捐献了出来。她捐献的书质量都很高，其中有一些外国文学名著，我第一次见到这种封面净白、发散出一股高品位气息的套书，我最初借阅的就是屠格涅夫的《春潮》和洛蒂的《冰岛渔夫》。

在求精中学印象深刻的第三件事就是等候解放：国民党军队将撤，解放军将进城，那一个空当时期，校门紧闭，学生护校，等候解放。对我们来说，这多少就有点放假的味道，紧张而又肃穆的氛围中，不时从嘉陵江对岸传来国民党炸毁兵工厂的巨响……没过几天，我们就看见了身着草黄色棉衣棉裤的解放军战士，这意味着我们进入了一个新时期，即"解放区的天是明朗的天"的时期。

我们家又得走了，仍是因为父亲的就业和全家的生计问题。父亲准备去香港打工谋生，只能把我母亲和三个儿子安顿到长沙去，长沙毕竟是我们的家乡，还有一堆亲戚，可以得到一些照应。

我从重庆回到长沙后，很快又插班进了广益中学，在广益中学大概又念了一个多学期，才初中毕业。

回广益后，我与老同学黄天锡又恢复了友谊，并且还跟他合作做了一件有点意思的事。我从广益中学的墙报得到启发，也受到虚荣心所驱动，萌生出办一份文艺性油印刊物的主意。只要有稿件来源，买几张蜡纸，把文章刻印下来，在简易的油印机上一印，一份刊物不就出来了吗？我一人在班上孤掌难鸣，没有别的朋友，只有他这一个，于是就生拉硬扯拽他参加。他对此种活动显然没什么兴趣，不止一次婉言辞谢，最后，碍于朋友的面子与交情，他勉为其难地提供了一两篇东西。剩下来的其他事情，就只能由我一个人全部包圆，好几个版面的篇幅全是由我诌出来的，从发刊词、主打文章、配合文章到花絮、补白，等等。刊物名叫《劲草》，第一期出了之后，我颇为兴奋地散发了一些，但令我失望的是，几乎没有任何反应，更没听到什么赞语。但我自己偏偏还不知趣，又筹划办第二期。这一次，好朋友可对不起了，不再奉陪！于是我单打独斗，又把第二期弄了出来。散发之后，其结果仍如第一期，到这时，我的头脑才清醒过来，从此，罢手不干了。

这件事既是我生平的第一次"有所作为"，也是一次极其幼稚可笑的自我折腾。

难忘的湖南省立一中读书生活

我从广益初中毕业，升入了长沙的省立一中。一中是湖南省首屈一指的名校，在全国也算得上一所一流中学。首先它名气响亮，它的前身是湖南第一师范，这是青年毛泽东学习和工作过的地方，前总理朱镕基也是从这里毕业的。

它之所以"牛"，我觉得主要原因还是它的师资力量强，教学质量高。在这里教课的都是名满长沙的资深名师，后来，有不少都调到湖南师范学院当教授去了，如教数学的汪澹华，教化学的张荫安，教语文的严怪愚、彭靖，教英文的胡业奎，等等，这些名师都教过我们这一班，而我们这一班又是全校的一个尖子班。

我在这样一个班学了三年，这给我的中学教育画了一个圆满的句号。其具体结果就是，从这里我考上了北大西语系，这就足以令人对一中感念不忘了。这也是我在一中最大的收获。

我是文科生，我且多讲一点文科学习情况。在一中三年，我们这一班的语文教学基本上就是由两位名师执教的，一位是彭靖，一位是严怪愚，他们不仅是两位著名的教师，而且在湖南的文坛上也是一流的人物。严怪愚曾经是全国大名鼎鼎的记者、政论家。彭靖则是与彭燕郊齐名的诗人，也是著名的古典诗词专家，对杜甫深有研究。他们两位与其说是教书先生，不如说是颇有学养、阅历、思想的文化人。我是班上少数文科生之一，跟彭靖老师的接触也比跟其他老师多。虽然那时我并没有什么非常明确、具体的志愿，但致力于文化工作这个大方向是初步形成了。后来，我经常以文化建设、文化积累、人文书架为念，并以此为己任，以此作为自己的生活意义，这种热情向往、这种理想主义、这种价值取向、这种人生观，其最初的种子就是在省立一中的时候种下来的。即使是我日后写理论文章的文风，也颇受严怪愚讲演式的讲课风格的影响，他在讲台上慷慨激昂，气势充沛，常以排比句加以深化、发挥、引申、扩展……从他那里，我多少也学到了一点皮毛。

我在省立一中三年生活的第二大收获，则是在思想上被培养成了一个"有政治热情""有政治觉悟"、表现积极的进步青年。这是因为省立一中政治空气十分浓厚，政治思想工作抓得十分紧，加上我们学生都是寄宿在学校，生活管理也很严格，生活秩序、作息制度有那么一点半军营生活的味道。特别是我们这一班，由于学习成绩好，政治思想工作抓得紧，被长沙市的教育领导机构赋予了一个光荣的称号，名曰"金日成班"，那时正是在抗美援朝的高潮中，这个称号简直就是一个至高无上的荣誉。

一中生活带给我的第三个收获，就是经受了一番磨炼。"金日成班"是一个非常有特点的班级。班上的绝大部分同学都是根正苗红的贫下中农子弟、革命干部子弟、烈士子弟。比较起来，我就远远没有他们那么"红"了。我祖父一辈也许还跟贫下中农沾了一点边，我父亲的职业老围着国民党金融机构转，简直就是有些"不光彩"。班上这些同学在出身上都比我具有天然的优势，我在他们面前，不说自惭形秽，至少也是低人一等。而且他们的学习兴趣，绝大多数都是倾向于理工科，其中就有不少理工科的才子，我的数理化成绩远不如他们。当然，他们都是很进步、很革命的，对人对事都有很严格的政治标准和要求。处在这么一个集体中，虽然我并不落后，但比起他们，那就相形见绌了。我在各方面都不仅没有优越感，反倒有些自卑感。如果我偶尔跟同学产生一点矛盾或摩擦，那么，不用讲什么道理，错方必然是我。最后，要做检讨的，还是我。

我在这样一个班，过得有点压抑，还有一个主要原因是我三次申请入团都遭到了否决。在那个年代，一个学生要不要求入团，是政治上要不要求进步的表现，而能不能够入上团，又是一个学生表现好不好的一个标志。我从一进校起，就积极要求入团，各方面的表现也还不错，基本上是做到了政治上进步，学习上努力，社会工作上积极。有一个时期，我还混上了黑板报负责人的职位。和一批一批申请入团的同学比，我并不逊色，但一批又一批的同学都光荣地入团，我却一次一次都吃了闭门羹，被拒在团支部的门外。因为什么？每次都是因为我的家庭成分、阶级立场问题。在那些贫下中农弟子、根正苗红的同学们看来，我的家庭是与剥削阶级联系在一起的。每次开团支部会讨论我的入团问题的时候，他们对我不是厉声责问，便是严正批评。结果到高三临毕业的时候，全班只剩下我这个唯一的非团员，也就是"落后分子"。为此，我心情很压抑。快毕业时，因为我的语文课上的一篇作文《身边的一件小事》写得真切细致，感情充沛，当时的语文老师兼班主任严怪愚看了这篇作文，感觉很有政治热情，于是好奇地问了问团支部，团支部主动要我再递一次申请书，我才被批准入了团。多年之后，我经过一些世事坎坷，再回过头去看，我还真感谢一中的这段经历，它使我最早得到了"坐冷板凳"、最后硬把冷板凳坐热的锻炼。

// 燕园的苦乐年华 //

幸运的 1953 级

1953 年夏，经过一个暑假天气酷热、夜不能寐的艰苦奋斗，我参加了高考，考上了北京大学西语系。发榜之日，我欣喜若狂。

9 月，我带着从中大附中寄宿生活起就开始使用的一个硬纸板衣物箱，和一个装着脸盆、洗漱用具的网兜，乘火车北上。一路上意气风发，似乎觉得自己长高了一大截。观赏着窗外的平川田野，豪情满怀，其中充满了一些诸如"祖国""文化事业"等大字眼，这是省立一中三年强化的政治教育赐给我的礼物。一进北大校园，则有不可抑制的新鲜感、兴奋感以及奋发图强的决心。北大燕园、未名湖畔秀美雅致的风光，使我每天都沉浸在饱餐秀色的愉悦之中。

面对着良好的教学设施、教学条件，了解了西语系的教育教学宗旨，我充满了投身文化事业的热情，这时，我的志向很明确：做一个学者或文化工作者。

我们 1953 年入学，正碰上北大最好的时期。这时，国内各大学、各院系调整后，教育理念与教育制度都日渐规范和成熟了。就西语系而言，其宗旨非常明确而具体，就是以培养西方语言文学的研究人才与教学人才为任务。围绕这个目的，课程设置尽可能地做到了全面、合理、周到。试想，要把一个没有专业语言能力的中学毕业生，培养成一个有专业外语技能的人才，要把一个知识有限的青年人，培养成一个通晓外国文化的知识者、专门家，该有多长的路要走，有多少知识和技能要传授。对于这些，北大西语系均有成熟的设想、周到的安排、充分的准备，就等着你自己努力了。

我在北大的这四年，之所以是北大的黄金时代，还因为院系调整之后不久，原来散在不同大学的学者专家都相对集中了起来。就西语系而言，全国在西方语言与文史方面最优秀的学者几乎都集中到了北大，如朱光潜、钱锺书、冯至、卞之琳、潘家洵、杨周翰、盛澄华、陈占元、闻家驷、吴兴华、杨绛（杨季康）、罗大冈、吴达元、郭麟阁、田德望、赵韶雄、张谷若、李赋宁、钱学熙……名家荟萃，简直就构成了繁星闪耀的景观。面对着他们，我的人生理想与目标也非常明确了，那就是要成名成家，成为他们那样的人。

明确了方向与理想，明确了道路与任务，下面就是努力努力再努力了。这四年又恰逢国家的一个良好的发展阶段，"向科学进军"是那个时期的最强音。同学们一个个都在文化知识的道路上赛跑，都怀有为文化事业献身出力的志愿，学习气氛很浓。我在四年级之所以被吸纳入党，并不是因为我在政治上有什么特别突出的表现，而是我的学习表现、勤奋学习的精神给我加了分。因为，我从二年级开始，就得了严重的神经衰弱，但我没有中途辍学，而是带病学习，还取得了相当好的成绩。大概是这种坚强精神得到了党组织的赞赏。

正是在这样一个"黄金时代"，我开始了我的"科班学艺"。西语系师资条件是非常优越的，每门课的讲授者几乎无不是名师大家。一年级为我们打法语基础的，一是法语语法的权威吴达元，一是法语语音学的权威齐香。吴达元曾获法国博士学位，是北大有高学历的名师，他的专著《法语语法》是国内高校的权威教科书，他的语法课堪称教学工作的"精品"，解说明晓，条理分明，指导同学操练十分得法，对学生严格，严师出高徒，这就给我们打下了坚实的法语语法基础。齐香是游学海外多年的学者，法语语音学与法兰西谈吐艺术是她的所长，她发音之准确，语调之优美，即使是法国人也深感钦佩。跟着他们两位当助手的则是年轻教师桂裕芳，也就是后来译有《追忆似水年华》与《变》的著名翻译家。有他们三位每天对我们进行法语强度训练，我们也就打下了坚实的基础。

从二年级至四年级，法语主打课是精读，读的全是原汁原味的法国文学名著中的经典篇，授课的是三位对法国语言文学有专精修养的资深教授：李慰慈、李锡祖与郭麟阁。李慰慈的讲课以细腻深入见长，特别能加深学生对原著原文的深

我在北京大学期间

透理解。李锡祖是一位令我难忘的老师，他的幽默、他对同学的亲和态度与他天马行空的讲课，使我觉得他在骨子里最具有"法兰西风格"，虽然他老穿一身不起眼的布料中山装。李老师长于词汇学，每讲一个词，他总远远地从词根讲起，直讲到由此而来的种种结构上形态上的变化、延伸以及时代历史所增添的内容，如此根茎蔓延，枝叶恣长，一个个词就成了一簇簇文化景观，深令青年学子受用。郭麟阁则学养深厚，绝活多多。他写得一手典雅的法文，他用法文写过一本《法国文学简史》，可惜时运不济，迟迟未能出版，出版后又影响不大。他的移译本领也甚是了得，他善于把中国的成语译成法文，北大西语系的《汉法成语词典》就是在他的主持下编写出来的。他在课堂上还有一绝，就是能闭上眼睛随口背诵出法国古典主义名剧中大段大段的韵文篇章，其记忆力与学识功底使我深感叹服。

在这些专业课教师中，郭先生是我比较熟悉的一位。他不仅学问好，而且人品值得敬仰。他早年与陈毅元帅在法国一同留学，交谊不浅，但他从来没有为提高自己的身价而向任何一个同学提过这段光荣的历史。他生活极为简朴，总是穿一身布衣，而且胸前有时还有点污迹，他对同学极为平易近人，毫无架子与派头。他是我最敬仰的一个师长，也是我在北大时就有近接触的师长。我曾到他家拜访过他，他家里堆满了法语原文书籍。书房也并非窗明几净，庭院也没什么修整，倒是有点零乱荒芜。他待人很亲切，他不止一次留我这个学生在他家吃饭。我觉得跟他很投缘，毕业之后我还经常去看望他，也听他讲过一些肺腑之言。他主编的《汉法成语词典》出版后，送给了我一本，题词竟然是这么写的："鸣九学兄指正"，对此我羞愧难当，无地自容。同时，我更加深切感受到了他虚怀若谷、谦谦君子的风度与不同凡俗的人格力量。

专业法语课始终是重中之重，除了主打的精读课外，到了三、四年级又增加了泛读课与翻译课。精读课以提高同学们准确的外语理解力与精微的语言修养为目的；而泛读课则是培养与锻炼同学们快速的阅读能力，当然所读的全是有一定难度的文学原著，而且愈到后来愈难。教这门课的是法国语言文学界的资深教授曾觉之，他以渊博的文史学识见长。翻译课专门培养与锻炼学生的翻译能力与技艺，先后由陈占元与盛澄华两位教授分别执教。陈占元是中国翻译界的元老，曾参与鲁迅与茅盾创办的中国第一家文学翻译杂志《译文》的工作，早就有不少译作问世；盛澄华则是研究法国作家纪德的著名专家，是卓有业绩的译者与研究者，在法国文学界以富有才情、成名甚早、风流倜傥而闻名。

既然是以培养外国语言文学的教学人才与研究人才为目标，西语系的教学设置中当然有很大一部分文学史专业课程。文学史课程从一年级就开始有了，一直贯穿到四年级，前两年是全系各专业都要学的欧洲文学史课程，讲授者是李赋宁教授；后两年则是各专业自己的国别文学史课程，我们法文专业学的是法国文学史，授课老师是闻家驷。李赋宁与闻家驷都是西语系的名教授，享有很高的声誉，李赋宁既是造诣精深的英美文学学者，又对整个欧洲各国文学有广博的修养，他毕生最主要的学术成就是他所主编的三卷本《欧洲文学史》，在中华人民共和国成立后半个多世纪里，这要算外国文学研究领域里最令人瞩目的一部学术巨制了。闻家驷作为西语系资深教授的名声，似乎不及他作为闻一多之胞弟的名声那么大，他后来则以雨果诗歌的译者与《红与黑》的译者而享有盛誉。他们两位都是高水平的文学史教授，讲课很是精彩，叙述准确，评论中肯，剖析精到，立论稳当，颇有经典论述之风。同样是为了给学生打下专业文学史的基础，还设有另一门课程，那是陈占元教授的巴尔扎克专论，安排在四年级，每周有两节课，把巴尔扎克这位法国人引以为傲的作家置于"显微镜"下加以考察与评析。由于陈占元曾游学巴黎多年，在法兰西文学氛围里浸染已久，学养深厚，他的视点、评叙、材料与阐释都透出法国文学原汁原味的自然气息。这三门课都是我当时特别感兴趣的，我学得也很用心，也很努力，这对我多年后的工作肯定是有影响的。在今天看来，我毕竟在编撰法国文学史方面还算得上取得了成就，我应该感谢我的先师、先行者对我的启蒙与授业。

在系主任冯至的领导下，当时的西语系为了培养出一批批过硬的人文学科人才，让他们既有国别语言文学精良的专业水平，又具有广泛的文史学科基础与修养，以真正能胜任研究和教学工作，的确在课程的设置上下足了功夫，至少是做出了最全面、最周到的安排，似乎是要在把这批学生送出校门之前，使他们真正"武装到牙齿"。除了以上专业课程外，还设置了不少配合性、补充性的课程。首先，文学的产生与发展都是在一定的历史框架里进行的，因此，历史不可不学，不仅要学各专业语言文化所在国的历史，如法国史，而且还要学中国历史，这大概是为了防止西语系的学生产生"言必称希腊"甚至"崇洋媚外"的倾向。再者，不同的文化是需要加以对照比较的，特别是从事外国语言文化研究的人，面对外国的语言文化，需要有本民族的文化知识与文化意识，为此就要学中国文学史，特别是"五四"以后的中国新文学史。还有，在中国从事中外文化交流工作，必须提高自己本民族的语言文化的修养与技能，因此，打好汉语写作能力的坚实基础至关重要，汉语写作、汉语修辞课程的设置也就很必要了。总之，我们有幸享受了应有尽有的文史"大餐"的服务。为了将青年学子"喂大喂壮"，西语系不仅设置丰富如"满汉全席"般的"佳肴大餐"，而且让每一道"大餐"都由技艺高超的名师"掌勺"：中国现代文学史由王瑶讲授、汉语修辞写作由杨伯峻讲授、中国历史由田余庆讲授……早在 20 世纪 50 年代，他们就都已经是北大的著名教授了。

四年寒暑假没有回家

我在北大的四年，说来简单，不过就是把以上那些课程一门一门地修完、修好。每天的生活，虽然从精神内容、知识内容来说，是异常充实丰富的，但生活方式上却单调而刻板，不外是一清早背着一个大书包出宿舍，从这个教学楼到那个教学楼，再到图书馆，直至晚上才背着书包回宿舍。当然还有一个忘记不了的细节，书包里老装着一个小布口袋，里面有一个洋瓷碗和一把勺，那是一日三餐的饭具，随身带着是为了一下课就直奔大食堂，从食堂出来就赶快奔图书馆去抢座位。我学得很用功，课内的作业要完成不说，课外还给自己层层加码：学了专业语言，早早就在课外搞翻译；学王瑶的《中国现代文学史》时，我因为过去很少看鲁迅的杂文，所以自己在课外把鲁迅的杂文全部都看了一遍，还做了摘要。四年寒暑假我都没有回湖南老家，都用来复习和预习，准备下个学期的功课。北大的四年就是我苦读的四年，这个"苦"只是讲比较用功，节奏抓得紧，而不是精神上的苦，因为这些功课，都是我所喜欢的，而且在我的求学生活中也并非没有调剂。北大的文化生活很丰富，我至少培养了三个爱好，一是，我爱上了西方古典音乐；二是，我喜欢上了绘画艺术；三是，我喜欢在燕园里散步。这三个爱好，都给我带来一些愉悦，对我紧张的学习生活是一种滋润，特别是燕园里的秀美风光，风景如画的自然环境，更令人赏心悦目。在这样一种环境里苦读，再苦也苦不到哪去。

　　然而，我毕竟还是负担过重，劳累过度，加上碰到了青年人几乎都会碰到的少年维特式的那种烦恼，于是就得了严重的神经衰弱。幸亏我认真对待，调理得法，加强体育锻炼，加上中医治疗，总算解决了这个问题，渡过了危机。

　　到四年级毕业的时候，我已经按照西语系的培养宗旨与课程要求，成为一个合格的毕业生，总的成绩不敢说是优异的，但至少是良好的。特别是在文史课方面，我的成绩则要算是较为突出的，最后在闻家驷教授的指导下，完成了《论雨果的浪漫剧与反古典主义的斗争》的论文，洋洋洒洒数万言，作为专业成绩综合考察的一个集中标志，还算得上是相当出色的。至于专业语言，总的来说，我的阅读理解力与翻译能力显然高于我的听力与口语反应能力，因此，我很明确地认识到，我是一块搞研究工作的料，也是一块伏案搞笔译的料，显然不是一个讲课的料，更不是从事外事工作的料。我就是以这种业务状态与思想准备，等待着毕业分配的来临的。"本钱"不多，除了一个毕业证外，行囊里还有一大篇雨果论文与半部都德短篇小说的译稿，前者成为我日后主编二十卷《雨果文集》与写《走近雨果》的最初步的基础，后者是我从二、三年级开始积累的"课外作业"，日后扩增成为正式出版的译本《磨坊文札》。

　　未名湖畔四年，还有一个方面的重要历程，那就是政治思想的历程。我毕竟是从政治气氛特别浓的湖南省立一中毕业的，有一中那点思想政治教育垫底，我来到西语系，在政治思想表现上，就算得上是比较积极的了。值得一提的是，我在一中的同班老同学刘君强，也考进了西语系，并且与我同班同专业。刘君强在一中时是班干部，他非常朴实，他在政治生活和学习生活中的一些模范表现有点像"活雷锋"，他到西语系后，不久就被发展入党。我作为他的老同学，在他的带动下，我的政治表现还算是良好的，在系学生会里面还当上了宣传干部，办了一块篇幅较大的系黑板报，成为西语系党组织发展工作的对象。由此，我更加使劲了，不久我又办了一份油印刊物《学习与翻译》，发表高年级同学比较成熟的读书心得与译作，质量不错，出了两三期，在当时颇引起注意。再加上我在"向科学进军"中努力表现，因此，我得以在四年级时被通过为预备党员。

//最是法兰西文学 //

乐跟先贤"跑龙套"

1957 年夏，我们班的毕业分配方案公布了。当时最令人羡慕、被视为第一流工作岗位的是到大学当助教，特别是留北大当助教。我们班留北大当助教的是赵瑛和刘君强；被分配到中山大学当助教的是孙传才和于耀南；到兰州大学的是吕永祯。分到各个文化事业单位当编辑、当翻译也是很好的工作，到《世界文学》的是金志平；到世界电影艺术研究所的是李恒基；到文学研究所①《古典文艺理论译丛》的是我；被分配到人民文学出版社的是罗新璋，只不过由于阴差阳错，他被安排到国际书店，走了好几年弯路后，才走上翻译工作的岗位。

我对自己分配到文学研究所工作很满意。分配方案公布后，我回了一趟湖南老家看望父母，这是我 1953 年北上求学之后第一次回老家。回家探亲后，我生平第二次北上，奔赴文学研究所工作岗位，比 1953 年第一次北上，一路上更为意气风发。我比规定的报到时间迟到了一天，报到那天，文学研究所所长何其芳与我的直接领导蔡仪和我第一次谈话，虽很简短，但使我感到很亲切、很受鼓舞。我初到文学研究所还来不及安顿下来，就根据统一的规定，到了北京远郊的南山进行劳动锻炼。几个月后，因《古典文艺理论译丛》工作需要，把我调回了文学研

---

① 文学研究所成立于 1953 年，最初隶属于北京大学，原名北京大学文学研究所。1955 年归属中国科学院，改称中国科学院文学研究所。1964 年，外国文学各研究组分出，另建外国文学研究所。

究所。

　　文学研究所当时在国内的确要算是权威学者最密集的单位，名士大儒比比皆是：俞平伯、王伯祥、钱锺书、卞之琳、李健吾、潘家洵、杨绛、罗大冈、蔡仪、余冠英、吴晓铃、戈宝权、叶水夫、唐弢、陈涌、朱寨……所长何其芳不仅是延安老干部，而且是著名的诗人、中国古典文学研究专家，集数种身份于一身。蔡仪是中国三大美学门派中的三个代表人物之一、文艺理论的权威，他在文学研究所任文艺理论研究室主任。

　　我进入文学研究所，实际上也就是进入了一个高级知识分子成群、名家成堆的地方，这样的环境对一个人的发展，当然是有很大影响的，同时，也给一个人的发展提供了优越的条件，即使只是耳濡目染，也能大大提高文化学术见识，增长学识学养。我一进入文学研究所，就开始向研究所的名士大儒们学习，学习他们的学识学养、治学方法，学习理论分析能力与科研工作中策划、组织、指挥的能力。从这些专家学者们身上学到的东西后来都对我的工作起了良好的、积极的作用，不论在治学上还是在组织大型文化项目与重要学术活动上都对我有很大帮助。举一个例子来说，如果我没有接受何其芳所长经常讲的"研究工作就是提出问题、解决问题"这样一个指导思想，并对此确有感悟，那么，我后来就根本不可能提出萨特问题、日丹诺夫论断问题以及自然主义重新评价问题，并且的确对问题有所解决。

　　我在文学研究所的"第一站"是《古典文艺理论译丛》编

辑部。它附属于蔡仪任主任的文艺理论研究室，实际上的主编也是蔡仪。刊物的编委会阵容很强，除蔡仪外，还有朱光潜、钱锺书、李健吾、卞之琳、杨周翰、季羡林、金克木、冯至、田德望，几乎集中了所有最高端的西学学者。进入这样一个机构里工作，对我来说，无异于进入了一个高级研究院。我一开始就得到了蔡仪先生的重用。具体编辑人员只有三个，有两个都是专攻俄文的，而有关西方各国一大片的工作，自然落到了我这个年轻劳动力的身上。每一期的工作，选题由编委专家提出，译者由编委决定，译稿由编委审阅通过，这些高级编辑事务还轮不上我这个"小萝卜头"，但是与所有这些事情有关的事务性工作，一大部分都是由我承担。当时，文学研究所在中关村，编委与译者很多都住在北大校园内外，我经常肩负着编务、外联以及有关译稿的事务，骑着自行车，来往于中关村与风光明媚的燕园，穿梭于编委与译者之间，得以面见朱光潜、钱锺书、杨周翰、李健吾这些权威学者以及其他一些高水平的业内人士。每次面见总得拾点牙慧，长点见识，于是，《古典文艺理论译丛》编辑部的工作，对我来说，一开始就是业务上的进修。我慢慢地也做些审校译稿工作以及翻译工作。因为每期刊物除了主打译文外，还需要一点边角的配合性的译文，对此，有适合我译的，我就当仁不让。当然完全得按照蔡仪严格的规矩行事，蔡仪对译文的质量很重视，首先对译者的资格与译述水平要求甚严，我能译什么首先得由领导同意；其次，译好后，必须交编委审校，得到编委的认可通过，才能见于刊物，而且必须署上审校编委的大名。这就是我早期的翻译活动，如我所译莫泊桑、左拉论小说创作的文章，费纳龙的《致法兰西学院书》等就是这么出来的。由于《古典文艺理论译丛》内容的经典性，编译工作做得认真、有水平，在当时影响很大，深得学界与文化界的重视，每期出刊时，读者都翘首以待。每期出版后，各报刊、包括《人民日报》，往往要发点评介该期内容的文章，几乎从一开始，蔡仪就把这个任务交给了我。我到文学研究所后不久，恰逢《古典文艺理论译丛》第二期出刊，该期集中译介了西方 18 世纪美学理论的经典名篇，对那一期的评介文章，就是由我写的，四千多字，发表在《人民日报》上，那是我第一次在大报上露脸。

我后来听说，我是经过蔡仪的亲自挑选与审查，作为编辑与翻译分配到《古典文艺理论译丛》编辑部的，但很快，蔡仪根据我的工作表现，把我定为实习研究员（相当于大学中的助教），而没有把我定为编辑，这样，我就正式进入了研究系列，而文学研究所是以研究系列为重为上的。不久后，编辑部给我免掉了事务性工作，让我专心投入研究工作，研究方向则是西方文艺批评史，就是朱光潜先生长期献身的那门学问。这对于一个年轻人来说，是艰深了一点，但前景却是很美好的。研究工作不外是读书看书、增长学识与著书立说两大项，我刚朝这个方向起步，我得踏踏实实地多读书、多进修。批评史在相当大的程度上就是文学思潮史，而思潮史则与文学史本身密不可分，因此，我开始攻读的主要内容是文学史，同时也在西方文学理论批评方面下一些功夫，这实际上为我后来搞文学史工作打了一点基础。我深知光靠读书还不行，必须有实践，我的实践仍然是沿着《古典文艺理论译丛》的路子，从事一些西方文艺理论名篇的翻译，经过自己翻译，对名篇名著的掌握与理解就深切多了。那个时期我译的东西主要有斯达尔夫人的《论文学》与雨果的文艺理论，其中有他气势十足、洋洋洒洒声讨伪古典主义的檄文《〈克伦威尔〉序》以及他的名著《莎士比亚论》。当然，我做这件事情是有自己的算盘的，我是冲着著名的"三套丛书"中的"理论丛书"而去的，就是为了译出一本《雨果文学论文选》，因为它是著名的"三套丛书"之一《古典文艺理论丛书》中的一个重要选题。我断断续续经过几年的努力（从选定篇目到翻译与反复修改校订），终于完成了这样一部译稿，这是我在理论室按照蔡仪规定的西方文艺批评史的方向所取得的主要成果之一。此部译稿曾得到李健吾、鲍文蔚等法文界前辈的赞赏，到"文化大革命"后，列入"三套丛书"得以出版。此外，就是按照领导的要求，写出了若干有关西方文艺批评史的文章，其中比较有点分量、有点影响的论文是《论泰纳的〈艺术哲学〉》与《论拉法德的文学批评》。

我在文艺理论室总共待了六七年，除了按照规定的研究方向进修、打基础外，那几年还有一些收获是不显形的，那就是潜而未露的研究心得与思想见解，它们对我以后写《法国文学史》都大有益处。

20 世纪 60 年代初，中国人民大学与文学研究所联合举办了有名的"文学研究班"，设在铁狮子胡同一号，文学研究所委派蔡仪主持文学研究班的教学工作。蔡仪亲自坐镇，他手下要有几个助教，于是蔡仪麾下几个有了点研究工作经验的青年研究人员，也跟随蔡仪进驻铁狮子胡同，在那里承担了一两个学期的助教工作。文学研究班当年以"马文兵"这个集体笔名叱咤理论批评界，学员的水平远非一般大学生、研究生所能比的，不止一个学员岁数都比我们这几个年轻的助教要大。后来从这个班毕业的学员，都成了文艺理论界著名人物，如后来《人民日报》文艺部的负责人缪俊杰，著名的文艺批评家何西来、王春元。我们这几个年轻的助教哪里镇得住这个班，因此名为助教，实际上无所作为，都待在宿舍里面看自己的书，搞自己的业务。

不久以后，周扬主持的高等院校文科教材编写的大型工程启动了，文学所似乎承担了两种重要教科书的编写，《中国现代文学史》我说不准，《文学概论》则是千真万确，其编写组就是由蔡仪组建领导的。于是，他麾下的几个年轻的研究人员又随着他进入了《文学概论》编写组，有张炯、李传龙、于海洋、杨汉池和我。编写组还有另一部分主力，是从各个高校调来的教《文学概论》课的资深教师，如楼栖、吕德申、李树谦等。我负责"文学作品的风格"等章节，但最后写初稿时，我是承担"文学作品的内容与形式"这一章的执笔任务。经过了足足一两年，编写组总算完成了一份《文学概论》初稿。最后，再由主编蔡仪一人负责统一修改定稿，为此，他又断断续续花了两三年。在《文学概论》整个工作中,显然蔡仪先生最累最辛苦,也最为难,因为他的直接领导是周扬,偏偏他们在个别理论问题上观点不一。他做出的贡献与劳绩是很明显的,在我的印象中,这本教科书的定本几乎就是他一人完成的。最后出版时,我已经调到外文所工作了。

文学研究班与《文学概论》编写组的工作,都是以马克思主义的文艺观为指导思想的,我这几年,也就等于在打马克思主义文艺理论的基础,并不断地在实践、在锤炼。我受益颇多,我应该感谢蔡仪。

我在文学研究所理论室期间,还写过一些影评,不过,细算起来数量也不多,不过十来篇而已,一般都是评文艺性比较强或者是与外国文学有关的影片。我有的影评写得比较有艺术感受,其中有两篇还引起人们的兴趣,也引起专家的好评。一篇是评法国电影《红气球》,另一篇是评法国电影《白鬃野马》。后来,著名的影评家、文化人、记者梅朵,1980年代在上海创办《文汇月刊》时,就凭他对我这两篇文章的印象,来北京约我写影评。但我并没有给他写影评,而是给了他一篇评都德爱情小说《繁星》的文章,并以译配文,没想到引起读者热烈的反响,"老梅朵"又师出有名了,从此就抓住我不放,要求每期供稿。这样,我就把"外国爱情短篇小说选评"这个栏目搞下去了,并有幸成为《文汇月刊》一个颇受读者欢迎的保留栏目,和"老梅朵"进行了一把很成功的合作,我和他也结下了难忘的友谊。

　　那个时期，我单身一人住在一间办公室里，那里就是我的练功场、清修所。文学研究所的研究人员素有在家上班的传统与习惯，我们那一座办公楼除了要开会和集体碰头的日子外，都是静悄悄的，特别是夜晚和假期更是寂静无人，办公室就我一个人居住。既然是办公室，总得像办公室，起码得干净整齐，生活用具力求简单。书架后放了一张床，床下只有一个脸盆和一个装衣物的小箱子。生活方式也很简单，一日三餐在食堂，洗漱嘛，就在院子里那个用来浇灌草木的水龙头前。每得到一笔稿费时，我总要到东单一个小饭馆里，要一份麻婆豆腐和鸡蛋炒饭饱餐一顿。比较难受的是整个冬天办公室晚上和假日都不供暖，我居然也能熬过来。我喜欢办公室那份清静，还喜欢一边工作一边听音乐，我听的最多的是贝多芬的第八交响曲和第九交响曲。

　　这是我潜心努力的几年，是我清雅潇洒的几年，是我崭露头角的几年，是我没有什么烦心事的几年，是我一生中最有幸福感、最值得怀念的几年。

小荷露出尖尖角

　　1964 年 9 月，文学研究所一分为二，原来所里的西方文学研究机构——苏联文学室、东欧文学室、东方文学室和《世界文学》编辑部，从文学研究所分出去，成立新的外国文学研究所，由著名诗人、德国文学权威冯至先生任所长。他是从北京大学西语系系主任的岗位上调过来的。我 1953 年进北大时，冯至就是系主任。后来，我毕业后到文学研究所，参加高校文科教材编写工作期间，他又兼任高校文科教材编写组的领导工作，是《文学概论》编写组的直接领导。

　　我个人从感情上来说是愿意分到外国文学研究所去的。作为外文系的毕业生，我在文学研究所工作期间，一直与外国文学研究方面的研究人员比较接近，比较能打成一片。事实上，我所在的文艺理论研究室与西方文学研究室在很长一段时间都同属于一个支部，党组织生活在一起过，政治学习的会在一起开，在这样一个环境中，我感到思想压力小，生活得很惬意，这是我想分到外国文学研究所的一个原因。

　　当然更重要的原因是业务工作上的考虑与个人事业前途的规划。具体来说，首先，我觉得自己恐怕还是一块研究文学史的料，我的志趣偏重于文学史、作家作品研究，而不是理论概括和体系建构。我对西方文艺批评史的研究热情，也远不如对文学史的热情那么高，我读的作家作品远远多于理论著作，这是我的主要考虑。其次，我在理论研究方面并非没有雄心壮志，我也想成为一个权威的理论批评家，也想成为一个有自己理论体系的理论家，但在我心目中，一个理论家应该有丰富而精深的文史学识，最好是对某一个国别文学史或者是断代史，再小一点是对一个作家、一部巨著要有专门精深的研究。我自己在理论上的如意算盘是，先潜心研究文学史十年，再回过头去进行理论的阐发与建构。再次，除了这些主要的考虑之外，还有一些细枝末节的原因，比如我喜欢看电影，特别是内部电影，但是在当时只有搞西学的人才能得到西方电影的内部电影票……所有这些原因，使我决定要去外国文学研究所。

我进外国文学研究所，当然是到卞之琳领导的西方文学研究室。那时，卞之琳有两个助手，一个是从延安来的年轻"老干部"夏森，一个是研究英国文学的杨耀民。我的师长辈则有李健吾、潘家洵、杨绛、罗大冈、罗念生。介乎大师兄与小师叔之间的人则有袁可嘉、郑敏、杨耀民等。在同辈中比我稍为年长或基本上同龄的则有刘若端、徐育新、董衡巽、张黎和朱虹。比我略微年轻的则有吕同六、郑克鲁、张英伦和后来的陈洪文、宁瑛、王焕生、郑土生等。我一进西方文学研究室就被任命为该室的行政秘书，协助卞之琳做点事务性的琐事。这时，大概是在1964年7月，所领导讨论外国文学研究所的办所方针时，周扬做了指示，其中有一条是要求编写出《二十世纪欧洲文学史》，并且这样强调：能不能写出文学史，是研究所"生死存亡的大事"。此事当然是交给了西方文学研究室。

卞之琳是研究所里一位特别有个性的室主任，他领导西方文学研究室的方式，似乎可以说是"无为而治"。西方室的老前辈、老专家，他们各做自己所感兴趣的项目，而且这些项目都是岿然不动的。领导上所交下来的集体性任务，一般都是由年轻人去完成。这次仍是老规矩。于是就组成了一个以年轻人为主的编写组，承担《二十世纪欧洲文学史》的编写任务，说是年轻人，但也都有了一定年头的研究工作经验，最少的也已有四五年（如张黎、吕同六、郑克鲁、张英伦，他们当时已是小有名气的才俊了），一般也有八九年（如朱虹、董衡巽和我），甚至有的已有相当资历的中年人也参加了（如袁可嘉、郑敏、刘若端），所有这些人，后来几乎无一不是西学领域中的著名学者。挂帅的当然是卞之琳，所领导还为编写组正式任命了一个学术秘书作为卞先生的助手，这位学术秘书就是我。

有"学术秘书"一职压肩，我内心深处是准备大有作为的，很想一进西方文学研究室就立一大功，有一个出色的开端，作为我向副研究员这一级攀登的基础。因此，我这个"学术秘书"倒是很有积极性、劲头十足。我就主动提出策划方案，谦恭地作为"极不成熟建议"呈交给卞之琳，请他审查。

学术组织工作至为重要。编写任务是要在一定期间内完成的，首先必须写出全书比较详细的纲要，从《文学概论》编写组得到的经验中，我深知这样一份详细纲要至关重要，也很不容易完成。因此，我先做出了总体规划，从大步骤到小步骤到具体的进度以及最后落实到每个人头上的任务，都一一做出了方案。当然，每走一步，每深入一层，我既征求编写组成员的意见，也向主帅请示汇报，只要他点了头，或者未持不同意见，我就当作令箭进行具体安排。这是学术组织工作，是"技术活"，本身的专业性很强。而且，作为学术秘书自己还得以身作则，至少也得承担法国20世纪文学方面的编写任务。感谢我在理论室那几年，毕竟那几年我的专业方向就是西方文学批评史，对西方文学思潮的发展，我总算摸过一遍，而具体的作家作品我也看过不少，还算是比较熟，总算把"学术秘书"这份工作开展起来了。参加这个工作的虽然都是比较年轻一代的研究人员，但哪一个不是人才？如董衡巽、吕同六、郑克鲁、张英伦，甚至还有比我高出了半辈，几乎是我可以称之为师叔的袁可嘉……正是集中了大家的智慧与学识，才在短短的三四个月内，完成了一份长达五六万字的详细纲要，也就是说，只要再加以细化、阐述、发挥，一部二三十万字的《二十世纪欧洲文学史》就遥遥在望了。

三个月的时间不算长，能取得这样一项阶段性的成果，无疑是一件很难得的事情，是一份骄人的成绩。很坦率地说，我当时就十分自得、踌躇满志。现在回想起来，也不失为我个人学术生涯中一次"良好的表现"。当时，外国文学研究所领导对此成绩也很满意。此事很快就传到了学部领导机关，学部领导人认为西方文学研究室在比较短的时间内编写出《二十世纪欧洲文学史》的详细纲要是集体编写工作中一个可喜的成绩，为集体编写工作提供了比较成功的经验。因此，在全学部范围里专门组织了一场报告会，指名要我去做一个专题报告，汇报编写工作的过程，介绍集体编写的工作经验。

说实话，当时我的确颇为得意，觉得自己来到外国文学研究所西方文学研究室打响了第一炮，向高级职称——副研究员迈出了踏踏实实的一步。

有所"超越"的《法国文学史》

三卷本《法国文学史》的写作过程

1972 年夏，作为中国社会科学院前身的中国科学院哲学社会科学部，全体人马奉命从河南干校调回北京候命。

就我个人而言，经历了那一场史无前例的"浩劫"，已经是身心疲惫、伤痕累累，只想埋头做一点自己感兴趣的事，稍稍弥补已被耽误了的时光。这样，我就萌生了利用原来一点业务基础编写一本法国文学简史的念头，并串联三位志同道合的"搭档"——郑克鲁、张英伦和金志平一起来写。

为什么想到要编写法国文学史？最简单的原因就是，中华人民共和国成立后，国内一直没有人编写法国文学史。记得在"文化大革命"前的 1958 年，人民文学出版社出版过一本《法国文学简史》，薄薄的，不到 12 万字，是从苏联翻译过来的，原是苏联大百科全书中法国卷的"文学部分"，译者是 1950 年代我在北大时的老师盛澄华教授。当时，日丹诺夫的文化论断一直是国内意识形态遵奉的经典，这本苏制的小册子一直也就享有某种权威性的地位。但经过了"文化大革命"，苏式的偶像权威也就不在话下了。当时，我个人认定，以我们的知识积累、文学见识、鉴评水平，要编写出一本规模上、篇幅上、丰富性上超过那本苏制小册子的文学史，是蛮有把握的。

说干就干，郁积了好几年的对文化学术的热情一下就爆发出来了。由于我比其他合作者痴长几岁，在学术阶梯上早爬了几年，策划、统筹、主持编写的工作重担自然就落到我的肩上。先是拟定了章节大纲，然后就要进入分工执笔的阶段。但是，从策划、统筹、拟定提纲、查阅资料到进入写作，都无不面对这样一个根本的问题：要把这本法国文学史写成一部什么样思想倾向、什么样文化态度的书，而这个问题，在当时的条件下是一个非常严峻的问题。

20世纪70年代的我

到1976年"四人帮"垮台的时候，编写工作已完成了相当一部分，与原来只写一卷的计划相比，编写的规模大大地扩充了，仅从中世纪到18世纪文学史，就已经达到了一卷的规模。于是就决定按"略古详今"的原则，将后来的19世纪至20世纪初期的法国文学史再写成两卷。

粉碎"四人帮"后，全国欢腾，各个文化单位都急于走上正轨、恢复工作。出版社要出版一点像样的文化、学术读物，却不容易。我们写出来的法国文学史上卷，倒是恰逢其时，与出版社一拍即合，在交稿后仅仅一年多的时间里就顺利出版了。这在当时不能不说是一个奇迹。

《法国文学史》上卷出版后，中卷与下卷的写作大大放慢，经常一搁置就是一年半载，这是因为当时迎来了一个外国文学的"春天"，各个方面的约稿组稿很多，好些研究项目与翻译项目令人应接不暇。但成书时间跨度拉长也有一定的好处，就我个人而言，在这个跨度里，我插进去了这样几件事：一是写了一系列批判"四人帮"极左文艺思想的理论文章；二是发动并组织了对日丹诺夫论断的批判；三是发动并组织了对自然主义的重新评价。这三件事都有较大的工作量，除了繁杂的学术组织工作外，更主要的是我自己要做先行研究，拿出"主打文章""主旨报告"，虽然这些事占用了不少时间，但更深化了我对文学发展历史的认识，也增加了我在学术上、理论上的"底气"，这对把《法国文学史》中、下卷写成"成熟的文学史著作"是大有裨益的。

时间跨度拉长，还带来一个结果，那就是参加编写人员的增添，除原来的郑克鲁、张英伦、金志平外，我还吸收了我的一些研究生参加若干章节的编写工作，如施康强、郭宏安、吴岳添、金德全、孟明等，如今他们都已经是学术文化方面的名家了。

当然，这三卷中的大部分章节（篇幅）都是由我执笔撰写的，占全书总撰写量120多万字的近三分之二篇幅。如此大的工作量，我不可能在短期内完成，这也是三卷本的编写时间拖得较长的主要原因。

1991年，三卷《法国文学史》出齐。1993年，《法国文学史》获第一届国家图书奖提名奖。正因为是第一届，参评的书积累了1980年至1992年整整13年，共达50余万种，能在其中被选拔出来，还算是一件值得一提的事。

《法国文学史》赢得学界的好评

《法国文学史》三卷陆续问世后，曾得到学术界、文化界的不少评论，这些评论在当时对鼓励我们的工作，事后对总结与思考文学史的编写以及再后来对修订这部论著，都是值得回顾、认真对待的。

上卷出版后，李健吾先生于1979年7月在报刊上发表了一篇热情洋溢的书评，把此书作为中国人以马列主义原理编写的"第一部法国文学史"而加以"庆贺"，并指出了三个可称道的特色。李先生是我辈的师长，学识远高出我们，他奖掖提携后辈的热情与促进学科发展的无私精神令我极为感动，终生不忘。

中卷出版之前，为了心里有底，我将该卷关键性的一章即《概论》的校样请我辈所敬仰的钱锺书先生审阅。钱先生很快就审阅完，并正式给我写了一封信，信中诸多鼓励："叙述扼要，文笔清楚朴实""言之有物，语之有据，极见功力"，较前人已

"有超越，可佩可喜"。钱先生的来信让我一直感念难忘，我极为珍视，把它视为自己学术生涯中远远比获得什么"特殊津贴"更为重要的大事。

下卷出齐后，文化界、批评界有了一个整体的对象进行评论，好评甚多，溢美之词也不少。三卷本被美称为"完璧"，"自我国有外国文学史以来，规模最大的一部国别文学史"，"史料翔实""论述深入细致""思想观点鲜明"。特别是下卷更被称为"成熟的国别文学史"。评论者指出，"编著者纵观作品与流派的嬗变，囊括社会历史背景、社会影响与思想艺术特点，潜心搜集、锐意探求，洞烛幽隐，不趋时尚，务去陈言，自出机杼"，"显示出我国学人在对待外国优秀文化遗产方面的恢宏气度与大家风范"。

三卷本之所以得到学术文化界的欢迎与好评，其主要原因不外三个方面。

一是因为这部文学史是中华人民共和国成立以后，中国人自己写的第一部多卷本的国别文学史。近一个多世纪来，我国对法国文学方面的译介评述最多，然而，即使在这样一个相对发达的学科里，国人所撰写的法国文学史也寥寥无几，计有1923年李黄、1929年袁昌英、1930年徐霞村、1932年夏炎德、1933年穆木天的数本，均为篇幅甚小的简史，甚至只是简介。到20世纪下半叶，其阅读参考的价值已明显不足。颇有分量的是吴达元先生1946年在商务印书馆出版的两卷本《法国文学史》，其篇幅达到了80万字，对重要的作品都有一定的介绍与论述，给国人的印象甚深，但此部文学史的译述痕迹太明显，不难断定，是以某一部国别文学史为蓝本编译的。这些法国文学史的著述在传播知识方面起了不可磨灭的历史作用，但毕竟还处于以译介、转述为主的学科启蒙阶段，还谈不上成熟的文学史著作。

二是因为该书的历史叙述引用的史料较为翔实，知识量与信息量较能满足当代文化读书界的要求。文学史是一种特定的读物，它不同于一般的历史；更不同于只谈几种社会形态、几种生产关系的社会发展史；它也不同于作家笔记、作家专论、作品评析专著；不同于形式体裁论、思潮流派论、文学概论；不同于文化史、文明史、艺术史……但所有这些种类的著作与读物的成分，文学史都必须具有。它必须对某一个时期文学发展的历史事实做出全面而具体的叙述，如出现了哪些作家、哪些作品，形成了何种倾向，体现了何种思潮等。而每个作家、每部作品也都是一个个完整的"小世界"，作家的生活经历、思想发展、创作过程、继承与独创和作品的题材、内容、思想意义、艺术价值等，都是这一个个"小世界"中你必须面对、必须涉及、必须评说的实际课题。与此同时，文学史还必须对产生、包容这一切文学现象的社会现实条件、历史发展状况以及影响、决定文化艺术的"纽带"或"渠道"做出必要的、清晰的说明。因此，文学史要求知识面广泛、资料性丰富，它必须是全面的、综合性的知识读物。

三是因为整部书有若干理论色彩，论述多少有点理论深度。

全书带有一定的理论色彩，达到史论结合的境界。我很重视每个时代文学的概论，全书五六个概论全是由我执笔，每一个概论都是各个不同时代文学的框架，是其全部思想内容与艺术形式特点的提纲，是一整个时期文学的定调。在这里，不仅要概括社会的、文学的有关全部历史事实，要综述整个历史过程，还要说明各种事实、各种内容之间的因果关系、内在关系，更要揭示具有本质意义的性质与某些规律性的东西。

三卷本《法国文学史》由人民文学出版社出版后成了文化读书界所熟知的读物，在高等院校，亦不失为一种较为重要的专业参考书，因此，一直存在着再版的需要。事实上，不止一家出版社都曾表示愿意再版，但作为当事人，我面对着再版，却不能不认真考虑两个问题。第一个问题是，我们已经进入了21世纪，法国文学也已走完了整个20世纪的行程，但原来的三卷本只写到20世纪初期的法国文学，如果再版，理应将20世纪的文学发展史续写完毕。第二个问题是，初版十多年后再版，势必要做些必要的修改，特别因为出版于1979年的第一卷，是写作于"文化大革命"的末期，不可避免留下了若干时代的烙印，这是再版中必须解决的。

关于第一个问题，如果要从头续写法国20世纪文学这一部分，无疑会有相当大的工作量，按照三卷本"薄古厚今"的原则，要避免虎头蛇尾，法国20世纪文学则应占有两卷，该达到七八十万字的篇幅，才能与前三卷保持平衡，这样，《法国文学史》就要从三卷本扩充为五卷本了。浩浩荡荡，主要由一个人完成，对我何尝不是一件功业圆满的好事。但是，早从 20 世纪 80 年代，我就逐渐将学术研究工作的重点转向 20 世纪文学，扎扎实实做了一些事情：首先从理论上清除西方 20 世纪文学研究的"拦路虎"——日丹诺夫论断，对传统的理论戒律揭竿而起；然后，对 20 世纪法国文学几乎全部的思潮与文学流派、所有重要的作家与代表作进行逐一研究，这些都落实在我主编的"西方文艺思潮论丛"（7 卷）、"法国现代当代文学研究资料丛刊"（10 卷）与"法国廿世纪文学丛书"（70 卷）。更重要的是，我在十几年的过程中，就法国 20 世纪文学中有代表性的近百位作家与两三百部作品写出了近 80 万字的专题研究文字，这些文字也陆续结集为《凯旋门前的桐叶》《枫丹白露的桐叶》《塞纳河畔的桐叶》三个文集出版，实际上已经构成了对法国 20 世纪文学整个发展过程的全面描述与展示。因此，从我个人来说，是否还有必要将已经成书的研究成果在体例与格式上改编成为文学史的形式作为《法国文学史》的第四卷、第五卷，也就成了一个问题。特别是后来，我又将上述三个文集的内容按照文学史发展时序重新编纂成两卷集《法国二十世纪文学史观》，上卷为 20 世纪初的文学至 1940 年代的抵抗文学，下卷为 50 年代文学至 20 世纪末期的新寓言派文学，上、下两卷共 70 余万字交由上海文汇出版社于 2005 年出版。这样，对我自己而言，《法国文学史》事实上更是已经由三卷扩充为五卷，论及范围从中世纪文学一直到了 20 世纪末期文学。我作为一个文学史学者终于完成了对法国文学全过程的描述与评析，也算是今生无憾了。

前三卷要再版，必须面对的第二个问题就是解决第一卷中的时代烙印问题。为此，我花了近两年的时间来做这件事。我除了对整个三卷进行全面校订修改外，主要对第一卷进行了较大规模的改写，还为三卷修订本撰写了一篇长序，对该书的编写过程与时代社会条件做了回顾，对影响文学史编写的诸多理解问题、传统思想、教条原则加以坦诚解析、彻底清理，这是我在文学史编写问题上的一个思想总结。

2007 年 4 月，三卷本《法国文学史》修订本由人民文学出版社出版。至此，三卷本《法国文学史》画上了一个圆满的句号。

为何跟日丹诺夫"过不去"

日丹诺夫何许人也？

今天的年轻人知道的恐怕不多。日丹诺夫（1896—1948），苏联中央政治局委员、中央书记、最高统帅部常务顾问。从1934年苏联共产党十七大上升任中央书记处书记，主管意识形态，一直到1948年8月去世为止，他作为斯大林的得力助手，前后控制意识形态达14年。直到20世纪50年代晚期，日丹诺夫的思想还有很大影响。日丹诺夫在哲学上强调唯物主义和唯心主义的斗争，认为马克思主义是在与一切唯心主义派别做无情的斗争中发生、发展和获得胜利的。在文艺方面，他强调文艺乃至学术研究的政治纪律，强调"以政策为指针"，宣称"典型问题任何时候都是一个政治性问题"，试图消除苏联艺术圈中外国势力的影响。他认为不正确的艺术形式是一种思想转移，因此，他对20世纪西方文学艺术彻底加以否定。其主张被称为日丹诺夫主义。

日丹诺夫主义在中国影响巨大，中华人民共和国成立以后，在如何对待西方20世纪文学艺术的问题上，国内的外国文学翻译与评论工作，一直受日丹诺夫论断的控制。

真理标准问题的讨论与"日丹诺夫论断"

1978年，是人们开始渴望变数与时遇的年头。那年我44岁，进入研究所已有22个年头。这时，我所供职的中国社会科学院外国文学研究所走出了"文化大革命"的影响，恢复了业务工作，我与三个资历差不多的同事，作为研究所的业务骨干被提升为副研究员。说实话，如果没有"文化大革命"，这一升迁可以提前大约 10 年。这时，我已经完成了《法国文学史》上卷的编写工作，人民文学出版社也已审阅完毕，决定于次年出版。我在全力投入中卷的编写工作之前，利用这一"空隙"时间，写了一系列批判"四人帮"对文学遗产的"彻底批判论"的理论文章，计有《文化遗产问题上马克思主义与反马克思主义的斗争》《论十八世纪启蒙文学》《十九世纪批判现实主义的历史地位与"四人帮"文化专制主义的破产》《"四人帮"的攀附与〈红与黑〉的意义》等。这些文章都是借马克思与恩格斯关于欧洲古典文学遗产的经典论述，来对"四人帮"极"左"的以"清扫"古典文化为目的的"革命理论"进行声讨与批判。文章按古典文化历史发展的时序逐一进行了比较系统的论述。也许因为论述达到了一定的深度与规模，这些文章集束式地发表，当时颇为瞩目，成为我个人在"文化大革命"之后重新登上文化论坛的第一轮"业务表现"。

从这个时候起，我有了一个小小的"官衔"：西方文学研究室副主任。研究室主任是卞之琳，下设三个副主任，分别管政治、行政与业务，我分管业务。不久后，西方文学研究室一分为三：英美文学研究室，德国、北欧文学研究室，法国、南欧拉美文学研究室。我被任命为法国、南欧拉美文学研究室的主任，从此一干就是十几年，没有动窝。恢复业务工作伊始，外国文学研究所的领导就决定创办《外国文学研究集刊》，作为研究所正式的学术"机关刊物"。所长冯至对这一学术机关刊物甚为重视，由他亲自主管，而我则作为他的助手协助进行创建工作，并负责了前三期的约稿与编辑工作。这样一来，我不仅有了一个研究室作为自己有所施展的一个"点"，而且有了一个刊物作为活动的平台，如果要有所作为，其空间还是蛮大的。对此，我实在应该感谢冯至先生对我的认可与重用。

这时，中国开展了关于真理标准问题的大讨论。从这场讨论一开始，我就处于亢奋的状态。我明确感到这场讨论对我个人来说，完全是一次真正的机遇，一次可以有所作为的机遇。我决定在西方20世纪文学的评价上有所作为，具体针对的目标就是日丹诺夫论断。

1934年，日丹诺夫代表联共（布）中央在全苏作家代表大会上所作的政治报告中，有这样一段话。由于资本主义制度的衰颓与腐朽而产生的资产阶级文学的衰颓与腐朽，这就是现在资产阶级文化与资产阶级文学状况的特色与特点。资产阶级文学曾经反映资产阶级制度战胜封建主义，并能创造出资本主义繁荣时期的伟大作品，但这样的时代是一去不复返了。现在，无论题材和才能，无论作者和主人公，都是普遍地在堕落……沉湎于神秘主义和僧侣主义，迷醉于色情文学和春宫画片，这就是资产阶级文化衰颓与腐朽的特征。资产阶级文学家把自己的笔出卖给资本家和资产阶级政府，它的著名人物，现在是盗贼、侦探、娼妓和流氓。这便是著名的日丹诺夫论断，在很长的历史阶段里，直到 20 世纪下半期，这一直是苏联指导意识形态工作的最高思想原则与政策方针。

由于日丹诺夫在联共（布）中央的权威地位和他这篇政治报告的重要性，更由于我们在中华人民共和国成立后一开始就实行向苏联"一边倒""向苏联老大哥学习"的外交方针，他这篇演讲很早就被译为中文，被当作思想文化工作的指导原则。当年在研究所里，领导们印发给我们大家的"文件汇编""学习资料"中，就常见它赫然在目。总之，日丹诺夫的文学思想观念在我国影响很大。

我的"揭竿而起"与"三箭连发"

如果对外部世界现当代文化的五光十色、丰富多彩、新锐特异一无所知，那么，面对日丹诺夫论断所造成的现当代文化的空白与荒漠，我也会安之若素。然而，我毕竟还拥有一扇向外部世界远眺的窗口，那是我的学科、职业与工作单位所赋予我的。我是北大西方语言文学系的毕业生，又在文化单位工作，所以有了解外部世界的优势。这个单位拥有卷帙浩繁的图书资料，所藏的大量外文报纸杂志、图书在当时算得上是居全国之首，仅以法文的文化学术报刊来说，就有将近二十种，至于西方现当代的文学名著经典，更是应有尽有。多年之中，这个图书馆直接开架的书库与报刊阅览室，正是我几乎每天都流连忘返的地方，从这里，我一次一次抱出一摞一摞经典名著回去"饱餐"。自我走上工作岗位到"文化大革命"到来前，我就是从这里见识、感受了国门之外当代世界文化的五彩缤纷，令我神驰灵动。我确认了马克思、恩格斯之后的 20 世纪文学艺术在规模、分量、深度、价值与意义上，丝毫并不逊于马克思、恩格斯所见识过并曾热烈赞颂过的西欧古典文学艺术。于是，我对日丹诺夫论断早就很不以为然了，早就生出了要"揭竿而起"、挑战出击的"反骨"。只要日丹诺夫论断之剑仍然高悬，我就会丧失整整一个世纪的学术空间，眼睁睁望着 20 世纪这一大片高远深邃的蓝天而不敢飞近。如今又有了用"实践"这把尺子来衡量真理的"大环境"，使我从这场大讨论一开始就感奋而起。

乘真理标准大讨论的东风"揭竿而起"，关键是要紧紧抓住"实践"与客观实际，靠大量作家作品的实例说话，做到言之有据、言之成理，为此，自己要先把 20 世纪西方文学艺术的客观情况完全吃透、梳理清楚。

起事操什么语言、持什么立场、用什么方法？操马克思、恩格斯那种带有学术色彩的理论语言，持堂堂正正的立场，即维护"无产阶级继承人类优秀文化事业"的立场，采取"积极而有建设性"的态度，甚至是"进谏性"的态度，既敢于讲明确抗衡、有力冲撞日丹诺夫论断的话，做到理直气壮、振振有词，又不要忘乎所以、失于过激与张狂。

"揭竿而起"要采取什么行动方式？很明确，我想作出一篇颇有规模的"大论文",公开以"重新评价"为旗号,其实就是作一篇直接针对日丹诺夫论断、为西方现当代文学艺术翻案的大文章,争取发表并尽可能搞出"大动静"来。同时,在自己准备就绪、出手动作之前切忌"雷声大、雨点小",最好是采取"兵出斜谷"的策略。

我几乎是从"东风初起"之时就着手作这篇文章了,逐渐勾画出文章的轮廓,确立了立论与观点,拟出了逻辑与提纲,搜集、查阅了各种例证与资料,并不断加以补充与完善……整个夏天,我全力以赴而又不动声色地在做这些事,眼见准备就绪,就看能找到什么"平台"可以"点火放炮"了。说实话,这个问题可困扰了我一些时候,显然,我不可能在大报刊上发表这样一篇文章,甚至也不可能在有较高地位的学术刊物上发表。

其间,我不免想到了自己正受命负责筹建的《外国文学研究集刊》(以下简称《集刊》),这无疑是个好地方,而且可以一举两得,既发表了自己的文章,也可以使刚诞生的《集刊》有一个轰动性的议题,造成影响。然而,我几乎同时就感到这样做会有"以权谋私"之嫌。不过,我想,如果先在《集刊》上组织一场"重新评价西方现当代文学"的讨论与笔谈,倒不失为一个好主意。

于是,我一开始就正式而高调地打出了"重新评价西方现当代文学"的旗号。说实话,我组织这次"重新评价"的行为,既有"用尽心机"的谨慎,也有强烈的个人英雄主义动机与"自行其是"的痛快，而这，实与我当时获得了一个十分方便的施展平台有关。《集刊》虽说是研究所的机关刊物，但筹备的方针、头几期的策划、组稿的设想基本上都由我做主，因为我是被任命的首席筹备者，也是唯一的筹备者。当然，《集刊》的方针大计，所长冯至先生是要亲自过问的，但他对我充分信任，完全放手，我也很珍视老人家的这份信任，要求自己至少做到秉公办事与谦虚谨慎。具体来说，首先约稿组稿的对象力求广泛周到，凡是所内从事西方文学研究与翻译的同志，几乎都得到了邀请。最后总算征集了一批有分量的应邀者，如卞之琳、袁可嘉、李文俊、郑敏、朱虹、吕同六、高慧勤、郑克鲁、张英伦、董衡巽、陈焜、张黎……这些人或者是西方文化翻译界的名家，或者日后不久也成为名家。

到了1978年盛夏，我基本上完成了两件事。一是为向日丹诺夫"揭竿而起"草拟了一篇"檄文"，或者说是"檄文"的大纲与细则，是我所依据的"纲领"。二是征集、组织了一支"重新评价"的队伍。当然，实在不能说这就是要"揭竿而起"的"突击队"，因为，每个答应写笔谈文章的人都有自己的讲究与分寸，毕竟都是有头脑、有主见的学人嘛，不会被人牵着鼻子走。而从后来的实际情况看，事实也的确如此，《集刊》上的笔谈，并没有起到一种"冲锋队""突击队"的作用，而只起了一种敲边鼓、助声势的作用。

8月的一天，所长冯至召我去所长办公室。那是在原来学部大院老四号楼西头的一个小房间。当时，"文化大革命"刚刚结束，我们刚刚恢复业务工作，研究所的办公条件还很简陋，四号楼既是办公的地方，也权作宿舍楼，住了一些从干校回京后已经失去了宿舍的双职工家庭。所长办公室则被挤在西头的一个角落里，里面摆了三张办公桌，一张是所长冯至的，一张是党委书记吴介民的，再一张是副所长叶水夫的。那天他们三人都在，由冯至对我下达工作指令。简而言之，内容是这样的：在中宣部与中国社会科学院的领导下，由外国文学研究所出面，准备10月在广州召开全国外国文学研究工作规划会议并借此成立全国性的外国文学学会，大会上需要有一个重点的学术发言，所领导因为知道我近期对20世纪西方文学的重新评价问题已经做了些研究，并且有实实在在的准备，所以要我就这个问题在大会上做个"重点发言"。既然是"重点发言"，当然可以讲得"充分些"，时间"也可以长一些"……

我几乎不敢相信自己的耳朵。在一个全国性的学术大会上做重要学术发言，而且是由主办单位推荐安排的，这简直就是破格重用，真是天大的喜事，这在学术地位上意味着什么，在学术前途上意味着什么，是不言而喻的。

从冯至那里得到"将令"之后，在广州会议之前的将近两个月的时间里，我就全力以赴，紧张地投入了"备战"。虽然已经准备好了一份"重新评价"的草稿，但我还得再深入仔细地推敲论点，拿捏分寸，补充例证，开掘深度，增添思想火花，还得把一篇已初步成型的"文章稿"修改为一篇演讲稿。因为，我生来有点讷于言，缺乏出口成章的才能，也没有记诵在心、讲起来滔滔不绝的本领，我在讲述中往往要借助某种提示才能一气呵成。于是，我又把整个演讲稿做成卡片以便于在讲台上自我提示。

完成了所有这一切之后，我总算把心放了下来。为了到时候能做到熟能生巧，我私下里又自演自讲了两三次，这还不够，出发到广州去之前，我又做了一次"实战演习"，在当时中国社会科学院研究生院外国文学系主任朱虹的安排下，我为该系硕士研究生做了一次"20世纪西方现当代文学重新评价问题"的学术报告。这一班研究生被戏称为"黄埔一期"，都是"文化大革命"前大学毕业的，都有一些工作经验，在现实中也受过一些磨炼，思想上都比较成熟。后来，从他们之中产生了一批著名的人文学者，如赵一凡、黄梅、钱满素、赵毅衡、施康强、郭宏安、吴岳添、章国锋、杨武能等。在整个报告的过程中，他们听得很专注。报告后至少有好几位上来表示赞赏、认同。从这次预演中，我进一步有了底气，有了自信，剩下的事就只有——到广州去！

会议是在越秀宾馆举行的。这个宾馆坐落在广州市风景如画的"氧吧"越秀公园的后边。在羊城十月残存的暑气之中，一入住便有清凉之感。在20世纪70年代末的广州，这算是上佳的宾馆，平日要入住这里并非易事，而这一次，宾馆却把几乎所有的客房都腾空，供这次学术会议使用。

　　会议开得很隆重。虽说是由外国文学研究所出面，但上有中宣部与中国社会科学院的大力支持，从旁又有作家协会、外文局、各出版单位，以及各重点大学的有关院系的协作，所以主办单位与协作单位阵容强大。中宣部的领导、文艺批评家周扬，中央编译局局长、资深翻译家姜椿芳，中国社会科学院副院长兼秘书长、著名小说《钢铁是怎样炼成的》的译者梅益等均到会指导。

　　会议规模甚大，与会者有三百人之多。除了少数工作人员与新闻媒体的列席人员外，全是来自全国各地的外国语言文学工作者。包括：研究机构的学者、高等院校的教师、编译机构与对外文化交流机构的工作者，以及报纸杂志编辑、出版机构的从业人员等。

　　特别令人瞩目的是，很多有声望的名流方家也都来参加会议，他们基本上来自一些著名高等学府与权威的学术文化机构：来自北京大学的朱光潜、季羡林、金克木、李赋宁、杨周翰等；来自中国社会科学院的冯至、李健吾、罗大冈、戈宝权、陈冰夷、叶水夫等；来自南开大学的李霁野等；来自中山大学的梁宗岱、戴镏龄等；来自中央编译局的杨宪益、叶君健等；来自复旦大学的伍蠡甫、杨恺深等；来自北京外国语大学的许国璋、王佐良等；来自上海译界的草婴、辛未艾、吴岩、方平等；来自山东大学的吴富恒、陆凡等；来自人民文学出版社的楼适夷、孙绳武、绿原等。除了这些文化学术界的名流外，还有各单位的党政负责同志与已经在学界文坛崭露头角的业务骨干，真是名家聚首、精英荟萃。

从我明确知道大会这一安排的那一刻起，我就深感这次机遇对自己的可贵，一种不辱使命的感恩心情就油然而生。因此，我就下定决心一定要为外文所争光，一定要在学术上出彩，要尽可能谦虚低调。利用这次长篇发言对日丹诺夫论断"揭竿而起"，为西方现当代文学鸣不平、讲公道话。

在发言的过程中，从整个会场肃静屏神的气氛里，从满场学术精英专注倾听的神情里，从发言的上半部分暂停后人们纷纷表示"愿听下回分解"的期待里，从当场有一位师长慰问式地递过来一杯水以解我口干舌苦这样一件小事里，我就已经明确地感到了一点：发言得到了认可，受到了欢迎。

发言一完毕，我就深深感受到了成功的滋味：从走下讲台那一刻起，整整一两天之内，有上来握手祝贺的，有表示认同肯定的，有表示赞赏称道的，有表示关怀鼓励的，有竖起大拇指的，从会场内、过道里、餐席上、花园里我都遇见微笑招呼的人、热情攀谈的人、关心询问的人，自己似乎成了广州盛会中心的一颗"明星"。在向我表示称道赞赏的人中，有不少我一直敬仰的师长辈名家，我当时就把这些师长的称道记录在会议印发的一张日程表上作为纪念，记得有伍蠡甫、杨宪益、叶君健、草婴、杨周翰、李赋宁、梁宗岱、金克木、方平、王佐良……当然，使我最难忘的还是朱光潜当着周扬的面对我的称赞。那是在我发言的第二天，周扬莅临大会与会议代表见面的时候。他进入大厅，大家列队欢迎。朱光潜看见了我就把我拉过来，向周扬介绍说："这是柳鸣九，他昨天在会上做了一个很好的学术报告。"只不过，周扬当时对此没有任何反应。

今天，我喋喋不休地说起这些花絮，自己也觉得不无虚荣心。我虽然一生并无奔赴仕途的志向与追求荣誉的意愿，但如果这类性质的东西来得"事出有因"，的确反映出自我的某种实力，我还是沾沾自喜的。

很快，"战果"就有所扩大。会议期间，我就得到了各地大学的讲学、作报告的邀请，因为与会的有不少大学文科院系的负责同志。但受会议日程与我返京的行程所限，我只去了暨南大学、武汉大学等校，其他几个地方的学校，我都没有顾得上。

我从广州回到北京后，将那篇长篇学术报告《现当代西方文学评价的几个问题》调整润色为一篇将近六万字的长文，于1979年连载在《外国文学研究》上。如果说在对日丹诺夫的"发难"中，广州会上的发言是我射出的第一支箭，那么《外国文学研究》上的这一篇长文就要算是第二支箭，至于我在1978年通过《外国文学研究集刊》所组织的题为"外国现当代文学评价问题的讨论"的系列笔谈（分别刊载在该刊的第一期、第二期、第三期，直到1979年9月以后才陆续刊出）倒成为射向日丹诺夫论断的第三支箭了。

也正是在广州会议期间，我与参加会议的上海文艺出版社的郑镮达成了协议，由该社出版我的第一个论文集《论遗产及其他》，其中的主打文章就是对日丹诺夫论断"发难"的这篇长文。后来，论文集于 1980 年如期出版。初版 13000 册，两年后又获加印，达到 18000 册，算是那个时期一本颇受欢迎的书。

与萨特结缘

"为萨特办文化入境签证"

广州会议之后的 1980 年 11 月，"中国外国文学学会第一届年会"在成都召开。会上，出现了一个高调的批判发言，横扫外国文学研究、翻译领域里的"右倾翻案风"和"资产阶级错误动向"，其批判重点则是广州会议上我那个冲击了日丹诺夫论断的发言，给我扣下了这样一顶帽子："批日丹诺夫就是要搞臭马列主义"，大有一棍子打死之势。

那时的我，毕竟已经见识过、经历过暴风骤雨，多少有了一点点"临危不惧"的能力，我打定了一个更大的主意：进一步让事实说话，进一步以过硬的材料清除日丹诺夫的影响。我知道，在中国，首先需要的是实事与实话。我"进一步让事实说话"的主意，归结为一个行动计划，那就是创办"法国现代当代文学研究资料丛刊"。

于是，成都会议之后，我很快就着手筹办"法国现代当代文学研究资料丛刊"（以下简称"丛刊"），而其第一辑便是后来被文化读书界所熟知的《萨特研究》，紧随其后的，则是《马尔罗研究》《新小说派研究》《尤瑟纳尔研究》等。

为什么"丛刊"工程是从萨特入手？

首先是因为他在法国 20 世纪精神文化领域中超重级的分量。他不仅在小说、戏剧、政论、传记文学方面均有丰厚的业绩，是诺贝尔文学奖的获得者，而且以思辨的深刻穿透力与强大论证力使其存在主义哲理具有了全球影响与世界声誉，成为整整一个历史阶段的流行时尚。此外，他还是一个举手投足均有世界影响的社会活动家、政治思想家、时代的弄潮者。我的"丛刊"从萨特等人入手，得到了真正行家的认可与赞赏。1981年我在巴黎进行学术访问时，至少向西蒙娜·德·波伏娃和尤瑟纳尔这两位当今法国文学的名家介绍了我对"丛刊"的设想。西蒙娜·德·波伏娃——萨特的这位终身伴侣当然对我从萨特入手感到很高兴，也十分认同，而法国历史上第一位法兰西学士院院士尤瑟纳尔也认为我这一切入很有见地。选取萨特作为"丛刊"的开篇的第二个原因，则完全是由于国内学术文化界的实际状况。这样一个思想家、哲学家、文学家、文化名人理应在社会主义中国得到热情接待，他理应在这片土地上得到他"存在的支点"。

就这样，我很快就启动了《萨特研究》的成书进程。对我来说，这个进程，一开始就是胸有成竹、轻车熟路的，不论是对萨特问题的思想观点、识判评价、感情倾向，还是对萨特全面资料的基本掌握，都可以说已经有了某种"草图"与"毛坯"，在成书之前，至少有这么两方面准备。

一是在1978年的广州会议的长篇报告中，已经有了一个小小的"专章"对萨特做了相当充分的正面评价，并基本上明确勾画出了这样几道清晰的标线：（1）萨特继承了过去时代人类文学进步的思想传统，"达到了民主主义、人道主义的最高度"；（2）他的文学作品具备进步的思想内容，有对社会生活独特的观察与对资本主义社会的批判;(3)他的存在主义哲理,"自由选择"论有明确的善恶是非标准,有鲜明的积极价值取向,有助于世人进取向上,不失为人生道路上一种可贵的动力;(4)在社会政治活动中,他是法国历史上从伏尔泰、雨果、左拉到法朗士这一作家兼斗士传统的继承者,并且达到了激进左翼与共产主义同路人的高度。

二是于 1980 年发表在《读书》上的《给萨特以历史地位》一文中,我又进一步延续、扩充、细化了广州会议上对萨特的正面评价,更强化了为萨特挺身而出、仗义执言的立场与态度。

这就是在《萨特研究》成书之前,我对萨特的基本思想立场与理论观点。有了已经形成的这样一股底气与主意,成书过程也甚为顺当了。

编写《萨特研究》,首先要拟出全书的框架,旨在保证全书能够全面、准确反映萨特厚重深刻甚至纷繁复杂的哲人思想,经得起推敲而又易于为中国人所理解,因为毕竟这是第一次全面地把萨特展现在一个对他并不了解的国家面前。

第一个板块是要选出他的文学代表作。他的长短篇小说以及戏剧创作有二三十种之多,不可能在一个选本里都选上,只能选出一部分有代表性与表征意义的作品。而且,为了避免有断章取义的可能,最好是将入选的作品完整推出,不做删节,这样就必须在有限篇幅范围里,做出最精当的筛选。经过反复考虑与斟酌,我把他的全部文学作品划分为两大类,一是社会政治写实性的作品,一是哲理寓意性的作品。写实性的作品中有长篇小说《懂事的年龄》《延缓》《心灵之死》，短篇小说《一个工厂主的童年》，剧本《肮脏的手》《毕恭毕敬的妓女》《阿尔托纳的隐藏者》；哲理寓意性的作品有剧本《苍蝇》《间隔》《艾罗斯特拉特》，小说《恶心》，这类作品都比较浓烈地、凝聚地表现出了萨特的哲理。在我想来，《萨特研究》的一个首要任务就是阐明萨特核心哲理的内涵、性质、界定与意义，如果没有完成这一任务，那就没有达到我自己心目中的"专业水平"。因此，我决定选取他的这几部哲理寓意性作品，作为《萨特研究》一书中完整地译介的代表作。

与这一大翻译板块相关的是另一大编述性的栏目，在这个栏目中，对萨特其他一些小说、戏剧作品一一提供了"内容提要"。这是为了适应中国人对叙事类作品需要先了解其故事情节与人物关系的阅读习惯，并以此弥补上一大板块不可能全部译介萨特所有作品之不足。两个不同板块互为弥补，相得益彰，就能够使读者对萨特全部叙事类作品有一个概貌性的认识。

《萨特研究》的第三大板块则是对萨特文论的译介。这一部分选题工作进行得更为费时费劲。首先是明确指导思想与取舍角度，其次是划定范围，圈出篇目，然后再加以筛选，一一衡量，最后因篇幅所限，我选定了这样极为有限的几篇：其一，《为什么写作》，这是萨特作为哲理大师与文学大师的一个纲领、一具魂魄，与他的传世经典大作《文字生涯》互相呼应，既是它的一种理论概括，也是它的一种精神升华，是了解智者、写作者萨特不能不读的"入门导读"；其二，《七十岁自画像》，这是萨特对自己的理论活动、文学创作活动与政治社会活动的诠释与说明，鉴于他只活到 70 多岁，此作实乃他一生的全面回顾与总结，其重要性是不言而喻的；其三，《答加缪书》，这是萨特、加缪这两大哲理巨人关系中关键性历史事件的标志，既反映出法国 20 世纪精神领域里存在主义思想潮流中两翼的深刻分歧，也折射出萨特本人在社会生活中的为人与个性，是一份颇有研究价值与思索空间的文论。虽然入选的文论只有这三篇，但我自己觉得实为准确精当之选。

《萨特研究》封面

以上三个板块，构成了《萨特研究》一书的主体，其余的栏目则是补充资料性的：计有《作家与批评家论萨特》《关于萨特戏剧创作的文学背景资料》以及《萨特的生平与创作年表》。世界各国研究者论萨特的评论实在是浩如烟海，筛选起来殊为不易，最后总算选出了大学者、大作家安德烈·莫洛亚的《论萨特》，法国批评家加洛蒂论萨特的戏剧与小说《我们时代的见证》。

除了以上这些板块、栏目与内容外，我没有忘记全书要冠以一篇研究性的、有分量的、有充足篇幅的序言，我的目的很明确：不仅要做一个选家，以选本的内容来展示，而且要做一个立言的研究者，道出我的研究心得，讲出我想讲的话。

选本的"节目单"一旦确立，我就不无自信与自得之感，自信这将是一个专业水平相当高的"拼盘"，经与纬交织，点与面互补，全译与内容提要配合，足以编织出一幅历史社会与文学发展背景上完整的萨特画像。当然，我更加自信的是，这本书将是在中国的第一个信息丰富、全新的萨特专集，因为其中所选定的近20篇作品中，除一两篇外，其余都是第一次在中国译介，应当能给人耳目一新之感。

选目确定后，就剩下写全书的序言与组织翻译这两件大事了。序言共两部分，第一部分是对萨特的全面评价，其主旨是"给萨特以历史地位"，这一部分我几乎全文沿用了在《读书》上发表的那篇纪念文章中的立论与言辞，因为那篇文章对萨特的精神文化业绩与历史社会地位做出了全面的评价，对他以"自我选择"论为核心的哲理体系做出了普及化与中国本土化的阐释，也充分表现出了我自己为萨特挺身而出讲公道话的激情与勇气，似乎在两年前就是专为这本书写就的。序言的第二部分则是说明专集内容的编选原则与理由，并对选目一一做出评析。全序洋洋洒洒共约2万字，对萨特来说，不失为一篇全面的表彰书。

至于组织翻译一事，应该说，我要进行这项工作的环境与条件是相当好的，我的那个研究室，当时在外国文学研究所以"兵多将广"而著称，法语人才济济一堂，如罗新璋、谭立德，特别是以李健吾、罗大冈和我为导师招收了一批硕士研究生，共有十几人，他们早都在"文化大革命"前就已完成了大学学业并已积累了好几年的工作经验，考入中国社会科学院当研究生更是"浪淘沙"后选出的精英，如施康强、金德全、罗芃、郭宏安、吴岳添、李清安等。我根据既定的选目，选贤任能，使他们各得其所。正是在这些同道的合作下，全书约50万字的译介工作量，得以在不长的时间里全都完成了。

1982年，我在《萨特研究》一书挨批的时候

　　全部书稿完成后，由中国社会科学出版社于1981年10月出版。此后，"法国现代当代文学研究资料丛刊"又陆续出版了《马尔罗研究》《新小说派研究》《尤瑟纳尔研究》等。

　　此书的完成与出版，使我颇有成就感，我确认这是对那个"批日丹诺夫就是要搞臭马列主义"的批判发言的一个有力而响亮的回答，同时，我也确信，自己较好地完成了对一个大哲人、大作家做鉴评、解析、展现与引进的全过程，使得萨特在精神文化上公开进入中国，这在中国无疑是一件具有开拓性的事情。我日后把这称为"为萨特办了文化入境签证"。

　　面对中国的法国文学学科发展，《萨特研究》也可以算得上是一所"公学"，我与一些同道共同在萨特的语境中有过一番体验，各自留下了值得纪念的足迹，而我的老同学李恒基、罗新璋与老同事谭立德所译的《间隔》《萨特年表》与《苍蝇》，都成为他们自己译作中的"保留节目"，不断被后来多个选本"征用"。再如"黄埔一期"出身的施康强，自从在《萨特研究》中承担了萨特两篇最重要的文论《七十岁自画像》与《为什么写作》的翻译而令人瞩目之后，便一发不可收，几乎成为萨特文论翻译的"专业户"，他后来重要的译作之一《萨特文学论文选》便是在以上两篇文论基础上发轫而成的。

拜谒萨特墓，拜访萨特夫人西蒙娜·德·波伏娃

　　1981年10月，我来到法国巴黎。

　　到了巴黎，我关心的第一件事，就是到蒙巴那斯公墓去看

让 - 保尔·萨特。很自然，在我向法国外交部文化技术司提名要见的作家名单中，西蒙娜·德·波伏娃也就名列首位了。我想去和她谈萨特。同行的金志平当然也乐于陪我去会见这位当代著名的法国女作家——萨特的挚友、终身伴侣。

正式凭吊的那天，天气阴凉，天空中迅速吹过一阵阵灰黑色的云，似乎雨意很浓，但又没有下。巴黎的 10 月总是这样，很少有晴朗的时候，不过，风倒是没有半点寒意，只使人感到凉爽而已。公墓外宽阔的人行道上，有几排高大的洋槐，在风的吹拂下奏出了和声，地面只散乱着少许刚刚发黄的树叶，如果不是前天夜间下了雨，也许它们还不会落下来。

蒙巴那斯公墓就在埃德加·基内大道旁，外有高大的布着常春藤的围墙，看上去就像一座巨大的庄园，站在大门口，面前呈一 "上" 形的两条柏油路，构成了墓地的主要交通干线，横路与

1981 年，我在萨特墓前

围墙平行，从大门口往右走不到 20 步，就可以看到在一大片古老的灰黑色墓碑中，有个浅黄的石墓，墓碑只有一尺来高，上面简单地刻着萨特的名字和生卒年。

萨特的墓碑只在一片丛立的墓碑中挤出了一块小小的地方，低矮小巧，朴实无华，也没有任何装饰性的雕塑。远远不及那些名不见经传但先占好了地盘的邻居们那么气派。但是，我每次来的时候，萨特墓上都有鲜花：水仙花、菊花、玫瑰花、鸢尾……有的是花束，有的是盆花，而他那些邻居巍峨的府第前，却缺乏这些鲜艳的有生命力的色彩。

尽管墙外的大马路上汽车来往不断，但墓地毕竟是墓地，一片凄清，一片寂寞。在这个简朴的墓前，如果只是为了"到此一游"，一分钟也就够了。可是，因为墓中这个人物和我自己近两年的工作颇为有关，所以我在这里流连了将近一小时之久。

我带着一种感情在萨特的墓前站了一会儿，而后坐在它旁边一条木头已经发朽的破长凳上。我想起萨特生平中的一些事：参加反法西斯斗争，反对侵朝战争、侵越战争、阿尔及利亚战争，支持法国革命群众运动，挺身而出保护《人民事业报》，拒绝诺贝尔奖奖金和"一切来自官方的荣誉"……他在哲学上提倡人进行积极的自我选择，以获得积极的本质，过有意义的生活；他的文学作品在反法西斯的斗争中曾发挥过积极作用，他还在作品中抨击和讽刺过种族主义、法西斯残余以及 20 世纪 50 年代的冷战狂热。我想，所有这些不正是汇入了当代进步事业的历史潮流中吗？为什么不可以说他是属于无产阶级的？列宁曾把托尔斯泰的名字明确地和俄国革命联系在一起。说"属于",并不是说"等于",更不是说"就是"。何况,一切优秀的文化遗产本来都是无产阶级应该继承的。

面积不大的公墓只有少数几个凭吊者,的确显得有些空旷,可是,一年多前,萨特葬礼的那天,却曾有好几万人把萨特送到这里,它怎么容纳得了那么多人呢?

两天以后,当我和一位法国朋友谈起萨特时,他以一种不可思议的表情说:"我真感到惊奇,那天竟有那么多人为他送葬,什么人都有。"在另一个场合,我又听说,法国学术界对萨特的研究越来越细致,已经有了相当一批萨特学学者,不久还将成立萨特中心。萨特是人们公认的思想史上的一个伟人,这在法国已经是无须再争议的了。其实,何止在法国如此呢?在世界其他地方,萨特也作为人类精神领域中一块高耸的里程碑而成为学术研究中的一个大课题。

可惜萨特已经去世,我来巴黎太迟了。不过,西蒙娜·德·波伏娃还在,在我的心目中,她与萨特就是不可分割的一体。他们在求学时代就相识并成了终身伴侣,只不过他们为了表示对传统习俗的藐视,而从未举行结婚仪式;他们同时开始创作活动,西蒙娜·德·波伏娃帮萨特建立了人类思想发展历程中存在主义这一独特的路标,她以与萨特思想倾向一致的作品,与萨特在法国当代文学史上构成了影响深远的存在主义文学;她始终是萨特的同志和战友,共同参加过反法西斯的斗争,从事过种种进步的事业,一同访问过新中国,对中国一直怀着友好的感情；在生活上，她实际上是萨特的妻子，萨特一生得力于她实在不少。20世纪30年代，萨特曾一度精神不正常，是西蒙娜·德·波伏娃在经济上和生活上给了他极大的支持，帮助和照顾他恢复了健康。他们两人在巴黎虽然各有寓所，但相距很近，几乎是每天，萨特总是从他的住处，步行来到西蒙娜·德·波伏娃的家，在这里看报、读书、讨论问题、修改稿件，度过一整天……那天，我几乎是怀着见萨特的心情来到了西蒙娜·德·波伏娃的门前。

门开处，一位衣着雅致、气派高贵的老太太站在我们面前，从面部的轮廓上，我马上认出了这就是我曾在照片上见过的与萨特在一起的那位风姿绰约的女士。她的老态是非常明显的，虽然体格清瘦，但是动作迟缓，她裹着一条浅黄色的纱巾，穿着浅色的衬衫，灰蓝色开胸的羊毛衫里，又露出罩在衬衫上的雪白的绒背心，下面则是一条墨绿色的绒裤。如果说她身上的色彩是丰富的话，那么，房间的色彩就不知丰富多少倍了。浅黄色的墙壁、浅灰色的窗纱、深红色的帷幕、墙壁四周的上方是悬空的书架，书籍浩繁的卷数和式样，又必然带来缤纷的色彩。屋内的陈设琳琅满目，各种美术作品，东方和西方的古董，沙发、灯罩、茶几都呈现出各种式样和颜色。鲜花也有好几种：洁白的兰花、鲜红的玫瑰……墙壁四周的下方，是一圈落地的书架，除了书籍以外，还有数不清的唱片和更加数不清的小摆设，其中有中国的泥人和皮影。室内到处都有她与萨特的照片，有的挂在墙上，有的放在书架上、茶几上或书桌上。这是她的客厅，也是她的书房，她的书桌就在一个角落里，那里更是集中地摆着萨特的照片。房间的中央，有一架好看的绿色螺旋形楼梯盘旋而上，通往一套房间，显然那是她的寝室和其他的用房。

她把我们让在房间的一角，这里有好几张彼此靠近的沙发。我先向她表示问候，并特别强调我不仅是把她看作法国当代文学中的大作家，而且是把她看作萨特最亲密的战友和伴侣来致以问候的，这使她显得很高兴。

我们开始谈到了萨特。陪同的沈志明向她介绍了我对萨特的研究和评论。西蒙娜·德·波伏娃一听到这些，像关心自己最重要的事一样，就单刀直入地问我对萨特的观点和看法。我陈述了我的一系列观点，她注意地听着，不插话，不出声，只是点点头，从她的表情来看，我觉得她似乎对我认为萨特是法国文学史中从伏尔泰开始的作家兼斗士这一传统在 20 世纪最杰出的继承代表的这一论点最为欣赏。

在我说完以后，她对我的陈述总的表示了赞同的态度。她话语不多但却干脆而毫不含糊。接着，她又详细问我《萨特研究》的内容，萨特的文论选了哪几篇，萨特的小说和戏剧选了哪几部等。我一一介绍的时候，她都频频点头，表示了赞同，并希望出版后，能寄给她一本。

这时，我发现一个对我来说颇为严重的问题，时间已经过了半个小时了，而我想要她谈的问题还没有开始。她的身体显得并不怎么太好，难道好意思占用她两个小时以上的时间？何况，听说她也是法国作家中不轻易见客的一个，每次见客时间都不长，甚至对法国那些萨特学的学者几乎一概拒而不见……

　　我赶快提出我的问题："您是最了解萨特的人，我想听听您对萨特作为一个战士、一个文学家、一个哲学家所具有的最可宝贵的价值的看法。"

　　我想用这样一个大题目引起她大段的论述，没想到她的回答却是这样浓缩："萨特作为思想家，最重大的价值是主张自由，他认为每个人必须获得自由，才能使所有的人获得自由，因此，不仅个人要获得自由，还要使别人获得自由，这是他作为社会的斗士留给后人的精神遗产。"

1981 年，我与西蒙娜·德·波伏娃在她的寓所

我赶紧接过自由的话题，谈到了萨特与加缪在自由观上的区别，萨特不脱离社会条件，而加缪却有些形而上学。

果然她接下去了："在萨特看来，只要作为一个人，就要获得自由，并且，在争取自由的时候，要知道别人也是缺乏自由的，因此，也应帮助别人获得自由，当然，不是形而上学的自由，而是具有政治意义和社会意义的自由。是的，加缪也提倡自由，但只是人自身所要求的一种抽象的自由，而萨特，他虽然也认为自由是人自身的内部的要求，但他同时认为必须通过具体的社会环境，既要超出眼前的物质利益，也要通过物质利益表现。"她说这些话的时候，都是以干脆利落、斩钉截铁的口吻，声音有点发尖，因此，更加显得严肃，完全像是答记者问，而当她发言一完，就不再作声，等待着对方的新问题和新反应。

我把问题引到萨特与马克思主义的关系，在我看来，萨特并不是马克思主义者，但他可以算得上是马克思主义的朋友。

"当然，他当然是马克思主义的朋友。"西蒙娜·德·波伏娃迅速地做出了回答，"他虽然也写过分析评论马克思主义的东西，但他是在尊重马克思主义的前提下这样做的，照他看来，马克思主义应该是发展的，所以，他主观上想要尽可能补充马克思在有生之年所创立的学说，譬如说，马克思对人本身的研究并不充分，萨特想在这方面加以补充。总的来说，他对马克思主义还是很尊重的。"

我很清楚，西蒙娜·德·波伏娃是言之有据的，萨特在晚年的时候，就曾明确地说过，"马克思主义是我们时代最先进的科学"。不过，她说萨特企图在人自身的研究方面补充马克思主义的不足，这与西方批评家认为弗洛伊德在对人的研究方面补充了马克思主义的不足有何区别？于是，我要求她在对人的研究和发现上，将萨特与弗洛伊德做个比较。她的回答简要而明确。我们又谈了萨特的存在主义哲学。

关于萨特，我向西蒙娜·德·波伏娃提出的最后一个问题是：萨特作为一个文学家在文学史上的贡献。

她简要而全面地谈到了对萨特作品的看法，虽然并未做概括性的评价。关于萨特的剧作，她最喜欢的是《上帝与魔鬼》。关于萨特的小说，她认为《恶心》表现了作者的世界观，是他最重要的作品。她还谈到萨特另一部重要的作品——自传《文字》。她还特别着重谈到萨特的文集《境况种种》，认为这10本文集是人类的宝贵财富，一定能流传下去。她还告诉我，萨特最重视的也是他这一套文集，希望它能传之于后代，因为文集中有他的文学理论、哲学观点，有对当代政治和人物的看法，反映了萨特时代的人和事。

我很满意地结束了与西蒙娜·德·波伏娃关于萨特的对话，把剩下的时间留给她自己。

谈起她自己，她一点也没有那种津津乐道的劲头，其实，关于她，可谈的实在不少。她不仅是当代的一位大作家，而且是西方妇女的一位精神领袖，她一直为争取妇女权利、反对对妇女的偏见和不合理的习俗而进行奋斗。她的《第二性》（1949）一书已成为西方妇女的必读书之一，是当今西方女权运动的先声。在巴黎，还有这样的说法：西蒙娜·德·波伏娃经常接见一些不相识的普通妇女，倾听她们诉说自己的痛苦、不幸和苦恼，为她们做些分析和指点，帮助她们解决在人生道路上所遇到的难题，因此，西蒙娜·德·波伏娃在法国有"好心的老太太"的美名。

然而，她却很少在我们面前谈自己，面对我所提出的一系列问题，她只做了最简单的回答，话语比她谈萨特时少得多，似乎她最感兴趣、最关心的是萨特，而不是她自己。关于她为什么写作、在写作中所怀有的信念和原则这个问题，她只说，她经常有所感，有很多话要讲，愿意把它们写出来，帮助其他人了解世界，了解生活，帮助他们更好地生活。关于她自己的作品，她只简单地提了一提《第二性》一书的影响，指出她所重视的是自己的四部回忆录，因为她在那几本书里讲了自己的经历、观感、体会，以及有关萨特的事。关于她近期的工作和创作，她告诉我，不久前她完成了关于萨特晚年生活和创作情况的一部回忆录，将要很快出版，其中附有她与萨特在 1975 年的长篇谈话。

在我从巴黎回国的半个多月后，西蒙娜·德·波伏娃的回忆录《永别的仪式》出版了，厚厚一大册。

不久，我收到西蒙娜·德·波伏娃赠给我的她的新作《永别的仪式》。

十五年会长不寻常

勺园盛会选出一个"矮个子"

1987 年 9 月，秋高气爽，天高云淡，北京大学勺园里一片热闹。中国法国文学研究会在这里举行第三届年会，内容是交流讨论有关二十世纪法国文学的学术成果，进行研究会领导班子的换届改选。

会议的规模相当盛大，为期将近一周，参加会议的有一百余人，国内各地凡与法国语言文学工作有关的著名学者与业务骨干几乎都出席了会议。第一任会长罗大冈亲自到会指导；我和另外两位副会长王道乾、冯汉津，秘书长高强全也出席了会议；还有高等院校中的法国语言文学教授，研究机构中的学者专家，文化界的出版者、编辑以及从事中法文化交流的翻译与专业工作者等。如译界的有郝运、郑永慧、徐知免等，高校的有陈占元、管震湖、齐香、桂裕芳、叶汝琏、许渊冲等，还有在翻译界、研究界、教学界崭露头角、风华正茂的"少壮派"汪文漪、金志平、张英伦、郑克鲁、李玉民、王文融、袁树仁、谭立德、施康强、郭宏安、余中先、黄建华、韩沪麟、夏玫、徐德炎、陈筱卿……可谓高朋满座、名家云集。

在年会上，罗大冈等老一辈法国文学工作者主动提出辞去原任领导职务，由与会代表推选出新的领导成员。大会在团结热烈的气氛中进行了广泛的民主协商，选举产生了新的组织机构：

名誉会长为罗大冈、闻家驷；名誉副会长为王道乾；顾问
（按姓氏笔画为序）为石璞、许汝祉、陈占元、李廷揆、郝运、
赵瑞蕻、梁佩贞、鲍文蔚、管震湖；名誉理事为齐香；我当选
为新任会长；副会长为张英伦（常务）、叶汝琏、郑克鲁。

1987年，我当选为法国文学研究会会长后与著名翻译家郝运（右三）、郑永慧
（右二）、汪文漪（右一）、张英伦（左一）在一起

大会一致同意将法国文学研究会的常设机构设置在中国社
会科学院外国文学研究所。

由于完全出于事先的预期，我当选会长后并没有感到"受
宠若惊"、兴奋得不能自持。当然，喜悦之情、得意之感的确
是有的。能置身于外国文学翻译与研究这样一个人才济济的学

界并充当其"领头羊",该是一件备感荣幸的事情,有当选后这种荣誉感,自然就立下了这样一个志愿:不辜负学界同人的信任,要当一个"好会长",要当一个与这个学界相称的会长,要当一个以自己的见识、能力与风格给这个学界添光增色的会长。要勤勤恳恳、踏踏实实做事,使大家公认自己是一个务实的人、做事的人,而不是一个享受虚荣、爱出风头、追求"出镜"的人。

至于踏踏实实做哪些事,如何去做,我也早已胸中有数。具体来说,我对自己有若干戒律。戒律之一,不做空头学术活动家。戒律之二,不在学林中刻意经营派系关系,不花心思去搞合纵连横。戒律之三,不要在出国出访上多耗费工夫。

自我设定了的这三条"戒律",多少表现了这样一个事实:虽然勺园会议后我在学界的身份与地位有了点变化,但我思维方式并没有什么变化,我仍然像过去那样,并不准备成为"长"、成为官,只想成为学术领地里的一个"强劳动力"、一个能干的"把式"、一个能出活的"庄稼人"。要做一些实事以活跃本学界的学术气氛,以推进本学界的学术发展,以积累更多一点有用的人文成果。只不过,在勺园会议之前,我是"独善其身",自己埋头书斋只顾写自己的文章、出自己的书;而勺园会议之后,我就得尽可能引领本学界多思考、多研究点问题,多组织大家去做些成规模的人文积累的实事了。概而言之,就是要在促进本学科的发展上多做实事。

"矮个子"会长的作为

一个研究会要推进本学科的发展，或者说要显示自己的存在与活力，最基本的方式就是开学术会议，我作为一会的会长，当然要致力于此。至于怎么开学术会议，开什么样的学术会议，那则是大有讲究的。我所选择的方法是：开一次次专题明确的学术讨论会，议题一明确，有研究者、有成果者才能赴会，参会人数自然也就减少一些，开会所需的经费也就少了许多，但一旦召开，其学术纯度、学术含金量在本学界反而会令人瞩目，成为有亮点的学术活动。

要筹办这样的专题学术讨论会，如何选定议题，是一项首要的"技术活"，其"技术含量"在于一是要选定议题的学术时令性，二是要了解本学界的"消化能力"，三是我自己对议题要有引导的主见与掌控的能力。所谓"学术时令性"，通俗的说法就是学术文化上的"逢年过节"，一般就是某个文学事件、某个作家或某部作品的"周年纪念"。本学界的"消化能力"，就是指本学界对议题了解研究的广度与深度以及总体学术准备的程度，只有当学界有了学术准备，这个问题才能讨论得起来。再就是出题者本人的主见与掌控能力了，这要求他必须要一定程度上"先行一步"，自己多少有过研究，有一定的研究心得与见解，有一定的发言权，如果没有，那如何起引领作用？总之，应该具有这三个条件，而且这三者在你身上必须统一起来，最终才能构设出一个让学界激发思考、引起兴趣、有话要说、有话可说、说出颇能在学界别开生面的议题。也许，一两次学术会议的议题选得中肯而精当还不难，但每次选题都要中肯而出彩就不容易了，更难的则是基本上每次都能如此，且始终贯彻十来年之久。

1987年我上任后，首先就需要搞一次学术活动以显示自己的"政绩"，但近一两年之内偏偏没有适合的"文学时令"，相距较近的就是1990年的左拉诞生150周年，于是，我就以迎接这个诞辰纪念的名义于1988年筹办了左拉学术讨论会。不过，"个人原因"毕竟是次要的，主要还在于学术问题本身带有其必要性与急需性。

长期以来，国内对左拉与自然主义的评价一直存在着明显的偏颇。在我们的文学批评界，左拉的"自然主义"是一个颇具贬义的用语，如果人们谈到烦琐的、死板的、令人感到厌烦的描写，经常就用"自然主义"一词去加以概括；如果人们谈到色情的、黄色的描写，更是经常用"自然主义"一词去加以称谓。如果是谈一个写实的作家，对他作品里一些值得肯定的成就与长处，人们总是把它们归功于现实主义，而对他作品里的一些缺点与毛病，如"歪曲了现实""歪曲了人的社会性与阶级性""没有反映出社会现实的本质""以表面的貌似真实的描写掩盖了社会的本质"，等等，则都归罪于左拉与自然主义的影响。而如果要谈人类文学思潮发展演变的过程，那么，人们则把自然主义称为现实主义的蜕化，还有更不客气的，干脆称之为一种"堕落"。

　　我一直认为这种偏颇是狭隘的现实主义至上理念与"左"倾简单化主观臆断所导致的，对左拉与自然主义的评价严重不公正、不科学，亟须在评论中、在高等院校的文学教学中加以澄清与纠正，很有必要在本学界进一步深入研究左拉及其自然主义并做出重新评价，因此，决定以这个议题筹办一次学术会议，作为我上任会长后的"开场锣鼓"。

　　应该看到，这个会颇有"风险"，因为对左拉与自然主义评价的偏颇与恩格斯1888年4月一封著名信件中的文艺论断有关，在这封信里，恩格斯对现实主义文学提出了严苛的标准，做出了大褒巴尔扎克、大贬左拉的文艺论断，对后来的现实主义至上论、自然主义糟粕论有很大的影响。恩格斯是我敬仰的导师，事实上，我在研究工作与为文作评中，一直是以他为学习的榜样，甚至是模仿的对象，特别是他那泽润的文风。面对他的文艺论断，我且不说为了自己政治上的安全，即使只是面对自己崇敬的偶像，我也不敢造次，何况引领本学界去对革命导师的论断进行商榷，还有一个"殃及池鱼"的责任问题。因此，我作出这样一次学术会议的决断是经过反反复复、深思熟虑的考量的，甚至是经过了煎熬性的思想斗争的，是在我对左拉自然主义问题的纯学术性有了充分把握，并且在文学史料与理论分析上做了充分准备之后，才决定付诸行动的。而为了做到"文责自负""公私分明"，我自己以个人的名义另行准备了一个长篇学术发言。这个发言对左拉及其自然主义重新进行了全面的科学评价，做到了实事求是，小心求证，平心静气，以理服人，后来获得了广泛的认可。"功夫不负有心人"，1988 年的左拉学术会议在北京召开，特别恭请了两位名誉会长罗大冈和闻家驷、顾问陈占元三老莅会指导，会议取得了成功。我在会上的长篇发言，后来也在《外国文学评论》上公开发表了。

难办的事过去，前方就是一马平川。1988 年的左拉学术会议以后，我在举办专题学术会议方面就"轻车熟路"了。

之后，我把举办专题学术会议当作自己作为会长的主要职责来做，基本上不到两年就举办一次。到我辞去会长职务为止，由本学会主办的专题学术活动主要有这样一些：巴尔扎克文学创作讨论会（北京）、文学中的意识流问题讨论会（北京）、文学中的荒诞问题讨论会（长沙）、存在文学与文学中的"存在"问题讨论会（西安）、法国二十世纪文学讨论会（广州）、雨果诞生二百周年纪念大会（北京）及雨果文学创作讨论会等。

我在任期间，法国文学研究会的学术活动与学术会议专题性强，在学界产生了实实在在的影响，因而法国文学研究会也就成了一个令人瞩目的学术团体，获得了"有学术活力""有学术生机"的佳誉。法国文学研究会还往往在专题学术会议的基础上，进一步组织专题论文集公开出版，如《荒诞文学论文集》《存在主义文学论文集》等。当然，这一切并非什么了不起的业绩，不过，对于我来说，却殊非易事。无行政与人力资源可征用，无助手秘书前来相助，凡事就得自己动手，何况我天生没有坐享其成的命，喜欢事必躬亲，总觉得自己来干更为放心。每组织一次学术活动或一次学术讨论会，先设想出主旨、主题与创意后，再联系合作单位，邀约学界有分量有水平的学者同人前来赴会，为此，自己要拟出通知和邀请函，而为了使得学术会议能做到有的放矢、言之有物，又经常要拟出与讨论问题有关的范围与论纲，以便受邀者事先胸有成竹、有备而来。

特别令人"没辙"的是"巧妇难为无米之炊"。对于我而言，在书斋里做学问，只需有书籍与纸笔就够了，但要搞学术活动，特别是要搞学术讨论会就必须有大量的经费，但研究会基本上要每两年才能争取到一笔经费，每次不过三五千元人民币而已。因此，要开学术讨论会，我们这个研究会就必须在外省市找一个高等学校的有关院系作为合作伙伴，我方有"京字招牌"与卓著的学术名声而苦于"囊中羞涩"，对方却有大宗学术经费而正求提升学术地位与名气，两方优势互补、一拍即合，法国文学研究会与西安外国语学院、长沙铁道学院、广州中山大学等单位就存在文学、荒诞文学、法国二十世纪文学发展等专题开展的学术活动就是这么搞起来的。这也是法国文学研究会的学术活动大都选在外地召开的原因。

敬老尊贤

按我有限的理解，如果想成为一个口碑不错的会长的话，基本上只有两大要务必须尽可能地去做好：一是要举办一些有质量、有水平的学术活动，以促进本学科的发展，这是"硬道理""硬任务"；二是尽可能地促进本学科内部和谐的人际关系与和谐气氛。对我来说，我更为操心的是后一项要务，而不是前一项。因为与人打交道，正好是我的弱项。我生来就缺少在人际中应对、周旋的机巧，甚至每当面对他人时，也经常有难以轻松自如之感。面对一般的人际关系，我尚且是这种心理状态，何况我必须面对的是一个很有个性、很不容易面对的学术文化群体。

我与著名翻译家许渊冲及其夫人

而要面对这个学界的人际关系，做任何事情都有"如履薄冰"之感。

我深知，对于根植于人性深处的事情，我是无能为力的，但我既然做了会长，总还可以怀着诚意去尽自己的人事，姑且"但问耕耘，不问收获"吧。正是在这种思想下，我在一些方面做了些努力。

其一，在研究会的范围内，尽最大可能建立起对有一定业绩者均作充分尊重并给予一定荣誉的机制。何谓"有一定业绩"？我这个"矮个子"会长所掌握的标准很简单，凡是出版过一种学术研究论著或翻译作品的专业人士，皆被视为"有业绩者"，门槛显然不高，在本学界，出版有学术论著并非易事，但出版有一两种翻译作品，对很多专业人士来说并非难事，达此标准者大有人在。"作充分尊重并给予一定荣誉"具体何所指？要知道，研究会既非领导机关，也非经济实体，既无法授予奖章奖状，也无法发给奖金，只有虚名虚衔可赠，只能根据业绩的大小分别依阶推举为理事、常任理事、顾问以至名誉顾问、名誉副会长等。按"矮个子"会长的理解，这不过是多设一些大大小小的座椅，有椅子坐的人多了，学会里自然会更平静更安定。为此，在几乎每年一次的年会上，总有一项增补理事的议程，事先由"矮个子"会长提名并在一定范围里有所酝酿，凝聚共识，最后鼓掌通过。这事做得很有诚意，程序又简单易行。于是，逐年下来，法国文学研究会理事会就像滚雪球一样，人数愈滚愈多，形成了一支"浩浩荡荡的队伍"。

其二，努力营造互相承认、互相赞许、互相赏识的气氛，促进团结和谐。

文人由相轻而至不和，这根由来自人性深处，谁也无法根除，这一点我很清楚，何况我自己身上也并非没有若干成分。但是，与"发乎情而止于礼"是一个道理，理应加以掌控、抑制与削弱。为此，我必须做出自己的努力。我自己首先保持低姿态，多次自嘲是"矮个子"，坦言自己的智商在本学界仅为中等偏下的水平而已。当然作为一个多少有所作为的人，我也不宜妄自菲薄，分寸掌握得不好，说不定又露出了浅薄自得的狐狸尾巴。唉，我也是"文人"嘛！

收敛自谦固然重要，更重要的是对他人要能进行积极的评价，要善于发现他人的长处，特别要有为他人唱赞歌的诚意，甚至要有唱颂歌的雅量与风度。我特别乐于为我的同辈人唱"赞歌"，因为我从自己的经历中深知他们的业绩来之不易，对他们的溢美之词也就不少。我知道，零零星星与人为善的言论与点评，当然还不足以在学界营造出和谐互敬的关系，还应该尽可能做些实事。多加考虑之后，我终于只办成了一件像样的事情，那就是1999年举办的"'六长老'半世纪译著业绩回顾座谈会"。在会上，我做了一个开场词，也算是主旨发言。

这次活动虽然场面异常简朴，但效果与影响甚好。会后不久，我也得到齐香教授托人捎来的问好的口信，她是罗大冈教授的夫人，是我在北大时的老师，我一直尊敬她，但她与我从来都没有过任何联系，虽然我跟罗大冈教授是在同一个单位工作。

豪华的文化学术盛会与"矮个子"谢幕退场

早在2002年之前，我就已经准备在这一年要有所作为，因为恰逢雨果200周年诞辰。雨果是世界一流的大作家，200周年诞辰又是一个极其难逢的"文学时令"，而雨果在中国的影响又特别巨大，作为法国文学研究的中心机构，对此文学时令责无旁贷要有一个大举动。何况，我主编过二十卷《雨果文集》，也有自己关于雨果的论著与译著问世，在"雨果学"上还真有点发言权。既然客观的必要性很充分，自己又是一个有准备的人，何不把事情做大一点？何不按最高规格来办？具体来说，就是要搞一个纪念雨果的大会并配备一系列雨果学术讨论会，既作为法国文学研究会一次空前的学术文化盛举，又作为我个人学术组织工作中浓墨重彩的最后一章。

规模多大？规格多高？这是标杆，先定下来，取法乎上，再作"跳将过去"的各种努力吧。整个学术活动的名称是"首都文化界纪念雨果诞生 200 周年大会暨雨果文学创作学术讨论会"，既然是首都文化界，那就不限于法国文学界，甚至也不限于整个外国文学界，至少应有首都文化界其他领域的代表人物参会，其规格当属我这些年来在首都所见识过的最高级别的文化纪念活动，如像过去文化部、作家协会所举办的那种高级文化活动。

要实现这个蓝图，前提当然是经费，到底需要多少钱呢？我必须先做一个比较准确的估算，而要做出估算，必须先做调查。靠别人调查是不行的，必须靠自己；靠自己道听途说或间接打听也是靠不住的，必须我自己去跑腿查实，取得第一手资料。于是，我出了书斋跨出了我的第一步，先到附近的两三个五星级饭店去物色可用于纪念大会的场地，既不能太大，因为场地的租金会非常昂贵，也不能太小，因为要与"雨果诞辰

200周年"相称，要与"首都文化界"相称，还要与"200位与会者"相称，经过我独自一个人做了一番实地勘察与反复比较后，我终于认定北京国际饭店的大宴会厅，不论面积大小与设施装潢都最为"相称"。

地点问题解决了，下面就是价格问题了，这就更需要我去与饭店有关部门的负责人进行深入的面对面的沟通。

场馆与聚餐两项调研完成后，还有会场设备与装潢布置以及有关劳务费用、摄影录像等项的调研要一一完成。要知道会场讲坛的气派、牌子的美观、雨果大幅头像的设计，都是纪念大会最为重要的"门面"，而摄影录像则是纪念活动的资料文献保证，都应该有细致的考虑与安排，而每一项的花费都不在小数，必须一一摸清楚、开列预算……

在完成了这一系列的调研后，我总算得以开列出了纪念活动的全部财务预算清单来，做到了心里有数：如果我能募集到五六万元人民币，那么，我就可以在五星级饭店里举办一次规模盛大、豪华耀眼的纪念大会啦！

编制财务预算靠自己，募集经费更得靠自己。途径是征求合作伙伴、拉赞助。通过以法国文学研究会的名义发公函与通知，再加上我自己打的几十个沟通电话，总算征求到了将近二十个重要的文化学术单位作为合作伙伴。

总的来说，征求合作伙伴、拉赞助的工作进展得相当顺利，几乎是一呼百应。于是我便开始甩开膀子，投入到纪念活动的具体筹备工作中。

首先，敲定纪念大会在北京国际饭店的大宴会厅里举行，而为了避开春节前饭店营业的拥挤高潮期以节省相当大一笔"旺季高价"，大会不能严格按雨果的诞生的实际日期2月26日举行，必须提前到1月初举行。但这么"不守规矩"未免太不专业了吧，我得先找一个说辞当成"理论根据"，我很快在文学史上找到了法国人提前祝寿的先例，而且也正是在雨果老人八十周岁的华诞之际。

然后就是向将近二百人发出请柬了。既然是一次高级的盛大的雅聚，那就必须让被邀请者一见到请柬就感到一股高雅精致的气息。多花点印制费是不可免的，重要的是设计出一张有浓郁文化气息的请柬，决不能只是一张大红纸。我虽然天生手拙不善于画画，但对构图与色彩还是颇有感觉的，过去一直喜欢为自己的书封面提供构图与配色的创意，且不乏成功的先例，如我的《巴黎对话录》与《世界最佳情态小说欣赏》就是。在我看来，这张请柬就是雨果纪念活动的"封面"，我又情不自禁地手痒痒了。除了请柬外，还有纪念会上发的礼品资料袋，也得有特色有品位，对这两者的构思设计，我都费了些心思，加上美工师的技艺，后来制作出来的效果很不错，颇获与会者好评。至于会场上的格局构思、安排布置、色调装潢当然更是重头戏：惯用的主席台套式不可取，必须以宏大宽阔的讲坛代替，台上起背景作用的大幅底板至关重要，其色调、大幅头像、文字说明、标识都必须一丝不苟。于是，书斋学者又亲力亲为，构思出了既美观大方又气派恢宏的会场构图方案。

　　会场布置中还有一项特别的内容，那便是图书与图片展览，这里不仅有工艺美术的考虑，也是为了展示与会出版社在出版雨果作品方面的业绩。

　　此外，会场的"硬件"设计，还包括贵宾席与听众席的安排，以及众多圆桌的布置，来宾名次牌的摆设等细节，我都要有妥善的考虑。

　　有了以上这些对纪念大会"硬件"的安排，将来再加上一顿北京国际饭店丰盛的自助餐，我相信一次场面豪华的文化活动已经呼之欲出了。但我很明白，所有这些都不足以造就一场真正高规格、高质量的纪念大会，还必须在至关重要的"软件"上下真功夫，那就是参加纪念大会的贵宾名单与我作为大会的发起者、组织者的开幕词，前者最好是"群星灿烂"，后者则理应达到思想见解与文采表达俱佳的标准，因为我毕竟是一个学者、一个文化人，高水平的来宾与听众自然会对我有此高期待、高要求。

　　纪念大会的发起与主办单位包括了国内涉外文化领域里几乎所有重点院校与学术出版机构，这些单位的学术名流与文化精英基本上都将赴会，这是不在话下的。问题在于"水涨"则"船高"——该有高级别的贵宾来撑场面。这样一次高规格的涉外文化纪念活动，按照过去的先例，于外，得请有关国家的驻华大使赴会；于内，得有副委员长级、中国社会科学院院长级的领导撑台，最好还有学界泰斗、文学巨擘前来添光增彩。也许是因为雨果在中国颇有感召力，也许是我这个"草根学者"

在学术文化界还算有点虚名，邀请总算没有碰壁，一位学者出身的全国人大常委会副委员长欣然接受了邀请，中国社会科学院的院长也答应来出席，法国驻华使馆也表示大使将乐于赴会，学界泰斗季羡林、文坛大家王蒙更是答应了在纪念会上发表讲话。

"硬件"与"软件"齐备，更需要有一个精彩的开幕词。我如临大敌，不敢有半点轻忽，特在纪念大会之前足足给自己留出了半个月的时间，决心以"优势兵力"打"歼灭战"，就为写出一篇出彩的演讲词。我好歹是一个研究雨果的学者，也是一个多少有点思想的人，对文采和风格也有所追求，总之，还算得上是一个"有准备的人"，事实上只花了两三天就写成了一篇开幕词，也就是在 2002 年 1 月 5 日雨果纪念大会上被来宾赞为"有见解、有文采的演说"。

雨果诞生 200 周年纪念日是 2002 年 2 月 26 日，我们筹办的纪念大会则于 1 月 5 日在北京国际饭店大宴会厅隆重举行。

开会的前一天，我亲自到北京国际饭店布置好了的会场最后巡视了一遍，把开幕词的打印稿事先装进我的西装口袋里，我在国内几乎从不着西装，但这次必须破例，好在我多年前去美国时所置办的那身衣装还很新，式样与颜色也没有过时，正符合我学者的身份。万事俱备，气定神闲，开会前一天夜里，我竟睡得相当安稳，没有平日遇事容易失眠的状况。

1 月 5 日，来宾纷纷入场，在大厅门口每人领取了一个精致美观、印有雨果头像的纪念袋，里面除了出版社赠送的雨果作品与资料外，还有纪念大会的开幕词文本、大会的程序表和发言次序。北京国际饭店的大宴会厅，本来就很富丽堂皇，经过一番布置，又增添了几分西洋式的典雅与雨果式的恢宏气度，前台阔大而空旷，台上蓝色的大幅底板上印有黑白分明的雨果老人巨型头像，他白发苍苍，神情严肃而带忧思状，目光深邃而执着，定下了全场庄严凝重的格调。大厅里设有数十张圆桌，来宾皆分桌而座，每桌十人，贵宾则集中为四桌，靠近前方的讲坛。在大厅旁侧设有漂亮的展台，展有出版社的《雨果文集》（中译本），后边则挂有雨果作品中译本的大幅美术照片。

高朋满座，济济一堂，加上媒体记者与工作人员，有将近三百人之多，真可谓首都文化学术界的一场盛会。名流云集，

我与学界老友（前排从左至右为金志平、柳鸣九、罗新璋；后排从左至右为张晓强、余中先、史忠义、谭立德、王文融、朱穆）

赴会的著名作家与评论家有王蒙、张炯、朱寨、刘锡诚等；首都高校名教授有张芝联、郑永慧、桂裕芳、袁行霈、管震湖、胡家峦、王宁、王文融、陶洁、范大灿、蔡鸿宾、顾蕴璞、黄晋凯等；新闻出版界的首脑与著名出版家有于友先、刘高、杨牧之、聂震宁、孙绳武、王亚民、赵衍、辛未艾、董秀玉等；中国社会科学院的领导与著名学者有汝信、江蓝生、叶水夫、钱中文、黄宝生、朱虹、李文俊、罗新璋、金志平、谭立德、史忠义、倪培耕、叶廷芳、张羽、张黎、郑恩波、黄长著等；以及法语翻译界名家高手丁世忠、李玉民、刘华，等等。至于法方来宾，驻华大使据说不在北京而未出席，除他之外，使馆的重要官员，从公使、政务参赞、文化参赞一直到普通外交官来了十几人，文化参赞给我带来了三卷《雨果文集》，我把这视为法国使馆对这次盛会所做的贡献。

我在"纪念法国作家雨果诞生 200 周年大会"上致开幕词

大会开始了，我第一个登上讲坛致开幕词。皇天不负有心人，开幕词赢得了热烈的掌声与之后两位登台演说的重要贵宾的赞语，一位是作协副主席王蒙，一位是法国驻华使馆的公使燕保罗。这篇开幕词不长，算是一篇显示出一个文化学者的专业水平与个性特点的文字，也还算得上是一篇文化美文，不妨全录于下，作为这次纪念大会的写照。

尊敬的来宾们：

1881 年，法国人开了为作家提前做寿的先例，这年的 2 月，巴黎公众以纪念雨果华诞 80 周年为名，举行了盛大的庆典，政府首脑、内阁总理前往雨果寓所表示敬意，全市的中小学生取消了任何处罚，60 多万人从雨果寓所前游行通过，敬献的鲜花在马路上堆成了一座小山……这庆典再一次表明，在一个人文精神高扬的国度里，拥有声望的作家，其地位可以高到什么程度。

2002 年 2 月 26 日是雨果 200 周年诞辰，我们眼前的纪念大会提前了一些时日，在不少人有感人文精神失落的今天，这种超前的行动不能不说是表现了中国文化界与人文学者对雨果的特别关注与格外尊崇。

雨果是人类精神文化领域里真正的伟人，文学上雄踞时空的王者。在世界诗歌中，他构成了五彩缤纷的奇观。他上升到了法兰西民族诗人的辉煌高度，他长达几十年的整个诗歌创作道路都紧密地结合着法兰西民族 19 世纪发展的历史过程，他的诗律为这个民族的每一个脚步打下了永恒的节拍。他也是文学史上最伟大的抒情诗人，人类一切最正常、最自然、最美好的思想与情感，在他的诗里无不得到了酣畅而动人的抒发。他还是文学中罕见的气势宏大的史诗诗人，他以无比广阔的胸怀，拥抱人类的整体存在，以高远的历史视野瞭望与审视人类全部历史过程，献出了诗歌史上绝无仅有的人类史诗鸿篇巨制。他是诗艺之王，其语言的丰富，色彩的灿烂，韵律的多变，格律的严整，至今仍无人出其右。

在小说中，他是唯一能把历史题材与现实题材都处理得有声有色、震撼人心的作家。他小说中丰富的想象，浓烈的色彩，宏大的画面，雄浑的气势，显示出了某种空前的独创性与首屈一指的浪漫才华。他无疑是世界上怀着最澎湃的激情、最炽热的理想、最充沛的人道主义精神去写小说的小说家，这使他的小说具有了灿烂的光辉与巨大的感染力，而在显示出了这种雄伟绚烂的浪漫风格的同时，他又最注意，也最善于把它与社会历史的必然性与人类现实的课题紧密结合起来，使他的小说永远具有现实的、社会的意义。尽管在小说领域里，取得最高地位的伟大小说家往往都不是属于雨果这种类型的，但雨果却靠他雄健无比的才力也达到了小说创作的顶峰，足以与世界上专攻小说创作而取得最高成就的最伟大小说家媲美。

在戏剧上，雨果是一个缺了他欧洲戏剧史就没法写的重要人物。他结束了一个时代也开创了一个时代，是他完成了从古典主义戏剧到浪漫主义戏剧的发展。他亲自策划、组织、统率了使这一历史性变革得以完成的战斗，他提出了理论纲领，树起了宣战的大旗，创作了一大批浪漫剧，显示了新戏剧流派的丰厚实绩，征服了观众，几乎独占法兰西舞台长达十几年之久。

如果仅把雨果放在文学范围里，即使是在广大无垠的文学空间里，如果只把他评判为文学事业的伟大成功者，评判为精通各种文学技艺的超级大师，那还是很不够的，那势必会大大贬低他。雨果走出了文学。他不仅是伟大的文学家，而且是伟大的社会斗士，像他这种作家兼斗士的伟大人物，在世界文学史上寥若晨星，屈指可数。他是法国文学中自始至终关注着国家民族事务与历史社会现实并尽力参与其中的唯一的人，实际上是紧随着法兰西民族在19世纪的前进步伐。他是四五十年代民主共和左派的领袖人物，在法国政治生活中有过举足轻重的影响……其个人勇气与人格力量已经永垂史册。这种高度是世界上一些在文学领域中取得了最高成就的作家都难以企及的。作为一个伟大的社会斗士，雨果上升到的最高点，是他成了人民的代言人，成了穷人、弱者、妇女、儿童、悲惨受难者的维护者，他为人类献出了崇高的、赤诚的博爱之心。

雨果的一生经历了各种新思潮的冲击，但这样一个文学存在的内容实在太丰富、太坚实了，分量实在太庞大、太厚重了，任何曾强劲一时的思潮与流派均未能动摇雨果屹然不动的地位，一个多世纪漫长的时间也未能削弱雨果的辉煌、磨损雨果的光泽，雨果至今仍是历史长河中一块千千万万人不断造访的胜地。

从林琴南以来，中国人结识雨果已经有了一百多年，雨果的《巴黎圣母院》与《悲惨世界》等等经典名著早已成为中国人的精神食粮。中国人是从祥子、春桃、月牙儿、三毛等等这些同胞的经历，来理解与同情《悲惨世界》中那些人物的，因而对雨果也备感亲切。当然，百年来中国的历史状况：民族灾难、战祸、贫困，都大大影响了中国人对雨果的译介、出版、研究、感应的规模与深度……

随着社会的进步与开放，时至今日，在中国，对雨果进行系统的、文化积累式的译介已经蔚然成风，大厅里所展示的图片，就说明了近些年中国文化学术界、出版界在这个方面卓有成效的努力。我们这个一改过去简单形式的纪念活动，也凝聚了中国学术文化界对雨果不可抑止的热情，反映了当代中国作为有悠久历史文化的世界大国，熟悉世界文化并持有成熟见解的文明化程度。

人文文化的领域，从来都不是一个取代的领域（莎士比亚并不取代但丁），而是一个积累的领域。文学纪念总蕴含着人文价值的再现与再用。我们对雨果的纪念不仅仅是缅怀，也是一种向往与召唤。在现实生活中，我们还需卞福汝主教这样具有崇高的人道主义精神与人格力量的教化者，需要马德兰市长这样大公无私、舍己为人、广施仁义的为政者，需要《九三年》中那种对社会革命进程与人文精神结合的严肃深沉的思考，需要《笑面人》中面对特权与腐败的勇敢精神与慷慨激昂。

我们今天的社会进程与发展阶段还需要雨果，需要他的人道精神与人文激情，因为雨果的《悲惨世界》所针对的他那个时代的问题，如穷困、腐败、堕落、黑暗，至今并未在世界上完全消灭。作为一个发展中国家，我们还有很多很多的事要做。

见识短浅，有辱雨果华诞。

感谢大家的倾听！

（本书整理者对原稿个别句子进行了删节。）

开幕词之后，依次登台发言的是：两位作协副主席王蒙与张炯，代表法国驻华大使的公使燕保罗，代表中国社会科学院院长出席的副院长江蓝生，代表季羡林的北京大学外语学院院长胡家峦。之后发言者还有中国出版界两位精英人物聂振宁与王亚民，以及高等院校的学者代表北大教授董强。方方面面，还算周到齐全，会议内容可谓相当充实，安排得也很紧凑，前后不到两个小时即告结束。

最后，作为整个纪念活动真正的圆满句号，是一顿美味、丰盛的自助餐。早在纪念大会的前几天，我就拟了一份十分坚决的辞职声明，重申前两年就不止一次提出过的辞去会长一职的要求，并明确推荐吴岳添为继任会长。我将这份声明打印了数十份，交给了吴岳添，嘱咐他在雨果纪念大会召开两天以后寄发给法国文学研究会的各位理事和有关单位。说实话，此举我并未通过理事会"一致同意"的常规程序，实际上就是硬性的辞职。

从此，我再没有过问法国文学研究会的任何事务。

翻译界的"票友"

报刊在刊载某篇文章的时候，常要介绍一下作者为"何方神圣"，我曾经多次被介绍为"翻译家"，每遇此种情形，我总感到别扭。

因为我觉得翻译并非自己的主业，仅"偶尔为之"而已，我倒希望人们只按我的主业来实事求是地称呼我，在众多译林高手面前，我岂非被编辑先生陷于"掠美"之不义境地？

被称为翻译家，当然也是"空穴来风"，并非"无中生有"，毕竟自己在翻译方面也爬了近百万个格子，出版过若干译作，有一点被认可似乎也是很自然的事。关键在于我既没有把翻译当作热爱的事业来从事，也没有把它当作安身立命的行当来经营，而是另有所务，另有所钟，总觉得径直把我归于翻译专业一类，颇有点"不合辙"。

关于翻译何以未成为自己的主业，我不无调侃地说过，原因很简单——能量守恒。如果在这方面花的精力与时间较多，那么在那方面投入的也就较少。我不仅在翻译方面投入的时间与精力少，而且译题也比较分散，这就像在浩瀚的译海里，这儿捞一片海藻，那儿拾一只贝壳，到头来零零星星，不成体系，令自己也深感寒碜。到如今能够勉强构成四五个"点"的，只有雨果、都德、梅里美、莫泊桑与加缪，雨果我只译过一本文艺评论集，都德、梅里美、莫泊桑、加缪也只是各一两个小说集。

说实话，翻译之所以未成为我的主业，更主要的是主观上根本就没有打算多投入、多从事。

然而，凡是学外文出身的人，一旦进入文化学术行当，总难免或多或少要搞些翻译，这不仅因为在这领域里，"文史不分家""中外不分家""古今不分家"，而且阅读、思考、研究、论述、移译、编选、编辑等各种劳作方式在某个精神产品的研制过程中，往往不可避免地要互相渗透、彼此交织、杂然纷呈，不要以为只有像傅雷那样把一部部法文作品移译成一本本中文书才是翻译，而钱锺书富含外国文化认知与典注的学术论述，就没有翻译的质地与分量，也许这是一种更为升华的"翻译"。何况，经典的外国文学名著，的确如璞玉般地诱人，容易使得学过外文的学人技痒，总想译之为中文而一快，即使是几乎从不翻译整篇作品的钱锺书，在海涅优美的文笔面前也曾情不自禁，将他著名的文论《精印本〈堂·吉诃德〉序言》全文翻译了过来。虽档次不同，但我自己也经常处于这种劳作状态，同时，也不时有这种情不自禁搞点翻译的冲动。

在我有数的几项翻译作品中，出于"有所为而为者"，实在是很少。译《局外人》、译萨特、译图尔尼埃也都是颇有犹疑之后才终于动手的，是为了给我自己提供研究论述的佐证，为了配合我主编《加缪全集》及"法国廿世纪文学丛书"而非得由自己来动手做的，可以说是我研究与编纂工作的必然的"副产品"。在我退休以前的大半生里，在我所有的译本之中，真正出于自己主动、有所为、有所图谋而做出来的，基本上就只有《雨果文学论文集》这一种。这本书的翻译最早可追溯到我在北大当学生做毕业论文时期，而真正开始着手进行翻译则是在我供职于《古典文艺理论译丛》编辑部的时期，那时，我的本职工作是该刊的翻译与编辑，我在翻译工作中必须要有所表现，必须要搞出点像样的成果，正是怀着如此明确的目的，我才有计划地进行了这本书的翻译与编选。

我的大多数译作都是不得已而为之或恰巧是为了"无为"而为之的。

译都德，为了令人神往的绿色家园

我译都德作品基本上与功利目的无关，而更多地带有一些灵性的色彩。

北京大学西语系很重视文学作品原文的阅读，我们从二年级就开始在课本里读到文学作品的原文片段、章节，到三年级，自己就可以抱一部名著的原文去啃了，我最初选的作品就是都德的小说名著《磨坊文札》。

之所以从都德开始，是因为他的语言很纯净，适合当时规范化语言教育的要求，而且原文难度也不大，除了偶尔有一点普罗旺斯语外，很少有生僻的词汇，正适于大学生阅读。更重要的是，他那平和自然的风格很叫人喜爱，他那种富有感情与情趣而又蕴藉柔和、不事张扬的笔调特别叫人神往，在听多了高亢、强买强卖的噪音之后，这不啻一块使人精神得到些许宁静的绿洲。

对于学外文的人来说，最大的欣喜莫过于从目不识丁到能够阅读原文，特别是文学作品的原文，那就像刚学会走路的幼儿有一种本能的欢快。于是，在三年级的课余时间，我就开始译了一点都德的作品。

课余时间很有限，当然译得并不多，只不过两三个短篇小说而已：《繁星》《赛甘先生的山羊》和《高尼勒师傅的秘密》。

尽管数量很少，却都是我喜爱的作品，译起来也就特别投入，它们不仅应和、启迪了我内心深处的一些思绪，而且还叫我搭进去不少自己的感情。

如《繁星》，少年牧人在山顶上得以与自己意中人相处了一夜的那种纯净柔情与自持操守，实在太迎合一个大学生将要进入感情领域有所作为的情愫状态了，而且还相当清晰地引发出对牧人式的"绅士风度"的向往。

又如《赛甘先生的山羊》，它比任何一门思想教育、人生辅导课都似乎对人更有影响与启迪。小山羊向往自由，它跑出了羊圈来到山里的经历与感受，的确也很新鲜、浪漫、欢快，但入夜它就被狼吃掉了。都德这则寓言故事本来想对巴黎文人与自由生活作点讽刺，却"无心插柳柳成荫"，造就了我这样的人一种山羊式的思维方式。

再如译《高尼勒师傅的秘密》更是给了我深切的感受。普罗旺斯乡村里一风力磨坊的营生被城里的机器面粉厂压垮了，乡人见磨坊主人痛苦不堪，全都自动把小麦送到磨坊里来维持它的运转。这是对工业化冲击下，小作坊必然的衰落命运的一曲温情的挽歌，说实话，它与生产力历史发展的方向颇不相合，但其中那种宗法式的、乡土气息的共济会精神，却使我非常心动神往。这与我当时曾经有过一段倒霉的经历有关。

有一个学期我害了严重的神经衰弱症，不是整夜失眠，就是只能入睡一两个小时，至多两三个小时，几乎每天做噩梦，夜里如此受熬煎，白天还要背着大书包，从这栋楼的教室赶到那栋楼的课堂，上十几个小时的课，晚饭后，又要在图书馆里苦读三四个小时。当时学校里"向科学进军"的冲锋号吹得震天响，眼看周围的同学个个紧张有序，昂扬自若，不断在"攀登科学高峰"的战斗中，节节胜利，步步攻克，而自己却在掉队，很快就要有休学一年甚至两年的危险，心里的那份焦急、恐慌、忧虑真是难以形容。于是，我不得不每隔一天请假一次，骑车到西苑中医研究院针灸。每天课后，还要到烧开水的锅炉房去，在一炉熊熊大火的旁边拨出一堆文火来熬中药。在这个时期，我特别感到周围人的每一声问候、每一份理解与同情、每一次帮助的宝贵。事实上，我也得到了一些友人的关心与帮助。负责学生工作的同班同学刘君强为减轻我的学习负担，给我争取到一个不小的特权——政治课与历史课我不用去听讲，只需期末通过考试就可以；丁世中每隔一天就把他崭新的自行车借给我，让我骑车去西苑针灸；还有同宿舍的学友常向我介绍他们应付病痛、健体强身之道……正因为自己经历过这样的坎坷，所以《高尼勒师傅的秘密》中乡人那种纯朴诚挚的互助精神，使我特别感动。

不久后，西语系学生会办了一个油印刊物，发表三、四年级同学的学习心得、读书笔记以及翻译作品之类的东西，我的都德译文在上面发表了，这是我在自己这个学科领域里第一次学步的正式记录。

出了大学校门，我与都德一别也是将近三十年。这期间，我一直忙于很多别的事情，几乎没有再回到都德那里去，只是在写《法国文学史》时，又读了一些都德的作品，完成了文学史中的都德一章。至于又译起都德作品来，则是前几年，起于一次偶然的触动。

在一次会议期间，我听一位与会的朋友介绍了他的乡居安排：在京郊一个山川秀美的地方购下了一个四合院，加以装修，形成一个乡野其表、现代化生活条件其中的别墅，每个周末就驱车去那里避开尘嚣，享受乡居生活的乐趣，或者疲惫心烦时，就去那里住上一个时期。他这种"绿色生活"使我羡慕不已，如此这般，置房费与装修费并不多，这与演艺圈中的人士到乡下去购置一片土地，在上面建造自己的宅子那样的大举动、大投入相比，较为经济、省力，同样都可以享用田园生活。我不禁怦然心动了，心想这倒也在自己的经济承受能力范围之内，未尝不可一试。于是，我就下了决心去实施这个计划。然而新的问题、新的情况纷至沓来，不断磨损着我的这个决心：杂务纷繁没有时间去进行，没有车，也不会驾驶，往返城乡不无麻烦与困难……于是，从俗务考虑逐渐就把这个冲动淹没掉了，我仍蜗居在钢筋水泥的筒楼中，像奥布洛摩夫躺在床上耽于空想一样，不断地做自己的绿色梦……很自然，我想起了都德。

都德成名后，在普罗旺斯乡间的一个山坡上，购买了一座旧的风力磨坊，经常从喧闹的巴黎脱身来到这里过隐居生活，进行写作。《磨坊文札》一书的灵感与题材就是在这里获得的，它基本上也是在这里写成的。这大概是要算田园生活中最潇洒、最令人神往的一例了。

一边是令人神往的绿色田园，是"磨坊"向往，一边是城市的噪音，二环路边的废气污染，特别是在这种环境下要从一个项目忙到另一个项目，不仅是伏案中殚精竭虑的绞脑汁，电话铃带来的急务、琐事，而且还有人情世故、鸡零狗碎所带来的令人血压升高的难题、麻烦以及不痛快……这些东西在我们的现实生活中是太常见了，也最为要命。它很难让人平静下来，甚至让人很难入眠，所以必须找一个逃遁所、避风港、绿色宁静的栖身之地。

然而，我没有绿色宅子，没有远离尘嚣俗务的"磨坊"，我只能望梅止渴，自我麻醉。

于是，每当我实在平静不下来，实在陷于烦躁、焦急、匆忙、眩晕的状态中摆脱不出时，我就拿起《磨坊文札》，开始是看看，后来觉得如果真要压下或消除焦急、烦躁、烦恼、火爆的情绪，最有效的办法是潜下心来，将这一恬静、平和的书译个两三段，这样，情绪很快就会平静下来。于是，都德成为我那几年的镇静剂、"降压灵"，需要时，就拿来译上一两个小时，不需要时，就放在一边，往往两三个月甚至半年乃至一两年也不去碰它。

如此断断续续，几年下来，没想到我把一本《磨坊文札》几乎全都译出来了。由于译得不紧不急，自己觉得倒也译出了一点原汁原味。

译莫泊桑，一个被逼无奈之举

说到莫泊桑，还得从大学时代讲起。记得那时法文精读课与泛读课中，都会选一些莫泊桑的作品。给我们上这门课的，是郭麟阁和李锡祖两位先生，他们是北大西语系语言修养精深、为人品性又极好的法文教授。郭老师讲课时语言实例特别丰富，大大有助于学生深入地理解与多方面掌握。他对文学作品的那种津津乐道与如痴如醉，本身就是一个榜样。他经常在课堂上旁若无人地双目紧闭，摇头晃脑地背诵成篇成段的文学名著，甚至是高乃依与拉辛那些令人读而生畏的长段韵文，赢得了我辈的格外敬佩。李锡祖先生简直就是一部活字典，在课堂上特别善于"说文解字"，一个词从字根讲到词组、词族以及相关的知识，旁征博引，举一反三，甚至还带有历史的、社会的学问。在他们如此这般的讲解与阐释中，法国文学的名家名篇对异国的学子也就更具魅力与吸引力了。

那时，在名家名篇课文中，"短篇小说之王"莫泊桑的作品最具魅力，他的小说里总有一个真实而又引人入胜的故事，有几乎完美无缺的布局谋篇，有对人情世故的深刻洞察与针砭，而语言风格又是那么纯净、清晰、顺畅、舒适、亲和、平易而又色彩缤纷。因此，西语系法国语言文学专业的学生，恐怕没有人不曾有过想成为莫泊桑小说译者的向往，我也不例外。

虽然有此向往，但大学毕业后很长一段时期里，我并没有从事过莫泊桑小说作品的翻译，只是刚毕业后不久，译过莫泊桑论短篇小说的一篇文章。那时，我刚被分配到《古典文艺理论译丛》编辑部做编辑、翻译工作。这个丛刊每期都有一个中心，如希腊罗马诗学、古典主义文艺理论、浪漫主义理论、美学理论、戏剧理论等，围绕一个特定主题翻译介绍西方诗学、西方文艺批评史上的经典理论文献，但每一期都配一两篇作家谈创作的文章，或者是作家重要的文学书信、文学日记。

记得《古典文艺理论译丛》1959 年的第一期正好缺一篇配搭的文章，于是这个任务就落在了我头上。我选定了莫泊桑的《论小说》这一篇在世界现实主义创作论中脍炙人口的理论文字。由于当时需要赶时间发稿，来不及请著名翻译家译出，只好由我这个初出茅庐的小编辑承担。说实话，当时《古典文艺理论译丛》这个高层次的学术庙堂，是轮不上我这么一个刚大学毕业一两年的小字辈入场的，因此我把译文交给了编委李健吾先生审阅批改。李先生是我国对法国文学有精深研究的学者、翻译家，他也和钱锺书、朱光潜一样，对后学晚辈充满了爱护与提携的热情。李先生审阅通过了我的译文，只在莫泊桑所引证的布瓦洛那句诗上，改动了几个字。原来，我把这一句诗译得甚为刻板，有点"硬译""死译"，而李先生则改得很活，两三个字之差，达意传神，优劣尽显，正像那首诗所言，显示了

"一个字用得其所的力量"。为了感谢李先生的鼓励，也出于"拉大旗作虎皮"的心理，译文初次在《古典文艺理论译丛》上发表时，我署上了"李健吾校"的字样。

在那以后的几十年里，我就没有再译过莫泊桑，只是在1980年代写《法国文学史》中卷的"莫泊桑"一章时，才对莫泊桑进行了比较系统的、全面的阅读。说实话，文学名著的艺术魅力也曾经常引起我从事翻译的冲动，但是我后来长期身居研究工作的岗位，实在顾不上去多搞翻译，于是几十年来就忙于去理论思维，去评论、鉴赏，直到退休之后，作"年终清点"时，才悟出了"理论是灰色的，生命之树常青"的道理。

当然，还有一个重要的原因，那就是，我从感情上真正钟爱的一些古典名著都已经有了译本，甚至不止一两个、两三个，"名花有主"，何必前去凑热闹，更何况一些译者都是我所敬重的前辈与学兄。后来之所以译起莫泊桑来，几乎可以说是被"逼出来"的事。

1997年，我开始主编"外国文学名家精选书系"。这是一个以"名家、名著、名译、名编选"为特色的大型文化积累的项目。为了体现这套丛书的设想与规模，便于组稿、"滚雪球"，我自己先编选出一本《莫泊桑精选集》，除了自己提供较长的学术性序言外，在译文方面，为了贯彻"名译"的特色，我把在翻译莫泊桑方面有所建树的几代翻译家代表人物都选入了，当时也出于一个良好的愿望，希望这个"精选集"不仅能成为莫泊桑文学业绩的一个缩影，也能成为中国的"莫泊桑"翻译史的一个缩影。但没有想到在选用一位老前辈的译文时，却遇到了不可逾越的障碍：版权问题。选用了人家的译文，如果不事先征得同意，那是要吃官司的。为了不至于使良好的愿望招致尴尬的后果，我特别致函该译本原来的那家出版社，提出"申请"，并请他们帮我与译者的后人取得联系。后来，回信来了，出版社不仅对译者后人的通信处严加保密，而且对我的"申请"更是严词拒绝。既然如此，那么，最简单、最有效的办法就是——自己译。而且，一不做，二不休，索性多译两篇。今天想来，我实在应该感谢那家出版社，如果没有他们的拒绝，而且是严词拒绝，我就不会动手去译莫泊桑。这就是这个译本最初的缘由。

我译的少数几篇莫泊桑小说出版后，不止一个外国文学的选本选用了我的译文。在外国文学名著重译成风、莫泊桑的译本林立、全集和选集早已为数甚众的情况下，我这几篇拙译尚能被选家惠顾，使我颇感欣慰。浙江文艺出版社总编叶晓芳与主管外国文学的曹洁也曾对拙译颇感兴趣，故邀我在他们的"经典印象"丛书中，承当莫泊桑这一辑，于是我便答应了下来。我只好把我本职之内的一些项目搁置一旁，赶译一本小说。

译《小王子》，作为祖父送给小孙女的一份礼物

退休后，我开始主动搞一点翻译，其中主要就有《小王子》一项。我做这件事仅仅是为了我的小孙女艾玛。

2003年初，当我将要进入古稀之年的时候，在美国的儿子

儿媳的小家庭里，喜添了一个小千金，就是我的小孙女。虽然远隔重洋，我对这个小孙女却了如指掌，这是因为老伴儿朱虹为了帮儿子儿媳带孩子，毅然发扬慈母精神，从波士顿大学客座教授席上请了一年假，来到他们家帮助照顾母婴二人，因此，有可能每天看着小孙女的变化成长。她以老祖母的慈祥之爱与出色的人文学者的理解力相结合的眼光，观察着这个小女婴，竟然发现了那么多的可爱与有趣，而且几乎每一两个星期就与我通一次越洋电话，让我分享她充满亲情与富有情趣的观察，这成为两个老人之间最大、最温馨的乐趣。另外，再加上儿子儿媳每隔一小段时间就发回小千金的大量照片，这样，我几乎就像是生活在小孙女的近旁，对她人之初的脾性、习惯、成长变化甚至一颦一笑都了如指掌，从其中居然还没少感受和体味出丰富的意趣。正是有老夫人与儿子儿媳提供了丰富的素材，我才得以写出了《小蛮女记趣》一文，这篇文章在报刊上发表后，颇得广泛的欣赏，故被我笑称为"自己的散文代表作"。

对小孙女如此熟悉、如此钟爱、如此思念，就不免总有要为她做点什么的意愿，但是，为她做点什么呢？当然，可以为她写点散文（可惜我不会写诗），可以为她将来的教育贡献一笔"基金"，可以为她将来回北京游学、小住准备一处"落脚点"……但我实在离"大款"很远，物质财富实力的确寒碜可怜，更为关键的是，我的任何努力也填不满对小孙女的钟爱，我得一件件来做，我得做一件算一件。

2005 年，一家背景雄厚的出版社前来约稿，称他们计划出

一套精装绘图本的"世界儿童文学名著",其中有法国作家圣
埃克絮佩里的著名童话《小王子》,希望我能为他们翻译此书,
如果我不拟承当的话,至少也为他们物色一位高水平的译者来
完成这件事。我当即表示我无意于翻译此作,愿意为他们物色
适合的译者。但是,在考虑物色译者的过程中,我突然悟出,
一部儿童文学名著,这不正是为小孙女做一件事的机会吗?区
区几万字,何必另费周折?自己动手不是更为便当吗?花不了
多少时间即可为小孙女做一件事,而且在译本的扉页上标明是
为小孙女而译的,这岂不是一件很有意义、很有趣味的事?这
就像为小孙女做一件手工艺品一样,比如用纸折叠成一架飞机,
用泥土塑一个小人,不都是一个充满乐趣的过程?只不过,眼
前的这桩手工活,有更深隽的精神成分,因而也可能成为更长
存的纪念。于是,温馨乐趣淹没了世故的考虑,我轻快地完成
了《小王子》的译本,然后,高高兴兴在译本的前面加上了这
样一个题词:"为小孙女艾玛而译",在自己心目中,这个题词
胜于一切,重于一切,是一个老祖父的心意。

我的"学者散文"情结

我的散文写作生涯

我的散文随笔情结由来已久,始于中学时代,但我的第一篇正式散文随笔作品却迟至1981年我快五十岁的时候才产生,地点是在巴黎北站一套公寓的幽暗书房里,那是清朝名将左宗棠后代左景权先生的寓所。

中学时代,我的散文知识与散文修养,不外是来自课内与课外两个方面,似乎课外较为主要。其中,古代散文基本上就来自一部《古文观止》;现当代的散文知识,则来自课外阅读,而课外阅读中的一个很重要的方式,就是跑书店,"看站书",每次在书店里一站就是一两个钟头,自由地从书架上取书进行阅读。"五四"以后新文学作家作品我就这样零零碎碎、片片断断浏览阅读了不少,以小说与散文作品为主。在散文方面,虽然我读过的作家不少,但很多都像过眼烟云一样,没有在自己的脑海里留下很深的印象,而真正在脑海中留下了记忆、真正使我心仪的,基本上有三篇:一是徐志摩的《我所知道的康桥》,二是俞平伯的《桨声灯影里的秦淮河》,三是朱自清的《荷塘月色》。我对这三个名篇,简直是有点膜拜,心想,要是我能写出这种文章那该多好。这三篇散文名作有一个共同点,那就是写景写得颇具诗情画意。但我这小小的散文爱好,连一颗小蓓蕾也没有结出来,而且,写景抒情,恰好是我后来散文写作中的弱项,显而易见,我于此无才。

在大学，我这点散文情结是一条隐而未露的伏线，没有什么发展，因为，我念的是西语系，我的时间和精力要用在学外文、背单词上，用在应付北大西语系科班教育所设置的许多门繁重的功课上。但在这个过程中，这一个情结却得到了不同方面丰富养汁的滋润，比如说：王瑶的中国现代文学史课，大大扩增了我对"五四"后散文随笔的见识；杨伯峻的汉语写作课，则多少给我们提供了写作的实践经验；更为重要的，恐怕还是通过法文精读课和泛读课，读了不少法国的名篇，其中就有卢梭《忏悔录》中的写景抒情的篇章，左拉激昂慷慨的政论性的散文名篇《我控诉》等，扩大了我的散文视野。而且，我还在课外"结识"了两位散文大家。一位是都德，我大概二三年级就开始翻译都德的《磨坊文札》及其他短篇。《磨坊文札》其实在很大程度上是一本散文集，它风格素净淡雅，题材平淡自然，有那么一点诗意，有那么一层忧郁的色彩，它不愧是都德的成名作。它对我的影响自然比我原来心中的那"老三篇"影响要大。可以说，都德对我的散文写作的启示就是：写散文不怕题材平淡，就怕没有自己独特的观察与感受，就怕没有情趣。我结识的另一位散文大家是文学巨人雨果。因为我写论文需要参阅雨果的文艺理论，我与雨果的大作《〈克伦威尔〉序》结了缘，这篇洋洋洒洒四五万字的大文，既在文艺批评史上吹响了向古典主义宣战的号角，是当时整个浪漫派在文学创作上的理论纲领，也是一篇气势宏伟、语言形象生动、色彩绚丽的散文鸿篇，我不仅是它的读者，而且也是这篇序言的译者，不可能不受它的影响。如果说都德教会了我如何处理平淡题材的"窍门"，如何把平淡无奇的题材写得有那么一点味道、有那么一点情趣，那么雨果的华章则给我提供了理论批评与散文化文笔结合的典范，使我感悟到评论文章还可以这么写呀，这使我后来有的文章既可以说是学术性的作家作品评论，也可算得上是具有一定文采的散文篇章。

研究外国语言文学的人，有一个好处，那就是多一双眼睛，可以看外国的名篇；多一扇窗户，可以看外边的散文风光；当然也就多一条渠道，吸取外来文化的乳汁与营养。因此，从大学时候起，虽然北大西语系是把我当作一个法国文学的研究者来培养的，而没有把我当作散文写作者来培养的意思，但是，这个过程对我有潜移默化的影响。

我的职业对散文随笔写作的影响

我大学毕业后，先被分配做翻译与编辑工作，后又被调去搞文艺理论批评，再后又被调去做文学史研究，工作内容虽有差异，但大同小异，基本上都是学术研究与理论研究工作，而在中国社会科学院，对研究人员的职业规范与工作表现考核的依据，主要是看学术性的研究成果的质量与数量，因此，只有学术成果在评职称时管用，什么文学翻译作品、编选工作成果，一概都不算数。作为研究人员，要在学术阶梯上往上爬，就得不断地拿出学术成果来。我就是这么服从"饭碗"要求的，别说是从没想到过要去写散文，即使是文学翻译我也很少去搞，虽然有些小渗透、小打通、小融汇，但毕竟不是越界。

1981 年，我作为法国文学研究的专业工作者，第一次到法国做学术访问。法国外交部文化司为我安排与法国文化界一些著名人士会见，我见到了西蒙娜·德·波伏娃、罗伯格里耶、米歇尔·布托、娜塔丽·萨洛特、玛格丽特·尤瑟纳尔、皮埃尔·加斯卡尔、皮埃尔·瑟盖斯、弗朗索瓦·莫里亚克等相当大一批法国文化界的名家大师。每次会见都是实质性的学术文化谈话。能直接听取他们学术性的谈话，不仅增加了我对当代法国文学的认识、理解和感受，达到了为法国文学研究收集资料的目的，而且见到了当代法国文学舞台上一个个活生生的名士，每一次见面都是一段文学旅行中难忘的经历，是一次对“这一个”的摄像经验，对“这一个”近距离的细致观察与亲切感受。对写作而言，是一大堆独家素材；对于研究工作来说，是一笔宝贵的资源；对精神历程来说，是一大笔财富……

显然，收获是应有尽有，究竟如何运用这些资源呢？如果只是用于写学术性的论文，写评论文章，或者把对话中的学术文化内容整理为纯学术性的对话记录，那么很多鲜活的内容全都舍弃掉了，我该写出什么样的东西呢？用什么形式写呢？这是我一开始就碰到的问题。

经过一番考虑，我决定首先一定要把实质性的学术文化对话中的学术性的、理论性的内容保留下来，而这些“硬货”，都是干巴巴的，对研究工作来说都是正式的文学资料、至关重要的思想材料，把它们整理出来，用一定的形式呈现出来，正是我这次学术访问的工作内容，是研究者的职责，因此，这方面的内容，是千万不可丢舍的。而另一方面的内容也极为宝贵，那就是我所获得的那些"鲜活的东西"：过程，经历，对方所给予的印象，自己的感受，自己的观察、对交谈者外在形象的观察与内在性格的观察，自己的分析以及心理活动，等等，在我看来，这一部分的宝贵程度实不亚于前者，至少获取这些鲜活的东西，要比获取思想材料、文学资料在机遇上更为难得，当然也不可丢舍，记叙它们意味着把这个特定的空间、特定的时间用文字的形式留存下来，有如普鲁斯特把小玛德莱娜蛋糕的味道保存到久远。

于是，我本着这样"双重视"的理解，怀着这样"双追求"的目标，开始写出了第一篇《与萨特、西蒙娜·德·波伏娃在一起的时候》，这第一篇自然就成为"双组合"式的玩意儿，它既有扎扎实实的、干干巴巴的学术理论内容，又有生动的、形象的、感性的成分和散文随笔的外形结构与散文文笔，我由来已久的散文情结，总算在我的一篇专业性的学术访问报告中释放出来了。这第一篇很快就在《读书》杂志发表了，也颇有点影响。见势头不错，我接着将陆续写出来的《"于格洛采地"上的"加尔文"》等，以"巴黎鳞爪"的栏目发表在《读书》上，这就逐渐形成了我的第一本散文集《巴黎对话录》。该书出版后，获得一些好评。后又再版重印多次，每次再版，出版社就改一个书名，有《巴黎名士印象记》与《我所见到的法兰西文学大师》等。

　　稍后，我又得到了第二次访法的机会，由此，又产生了一本与《巴黎对话录》相似的小书《米拉波桥下的流水》。此外，在两次访法后，我还写了一些关于巴黎名胜古迹的文章，其中多篇是对卢浮宫与罗丹雕塑博物馆中各历史时期、各种类型艺术品周详而仔细的"观赏报告"，同时把我个人的印象、感受、鉴评与思考也写进去了；有的文章则是写巴黎圣母院等历史古迹的，将实地景观、文史探究、历史回溯与个人刻骨铭心的感慨熔于一炉。这些文章后结集为《巴黎散记》出版。

　　这三个关于巴黎的文集，在散文的表现形式中，都力求蕴含尽量多的历史文化内涵、个人真挚的感受和独特的文化识见，跟浮光掠影和走马看花式的游记散文颇有不同。它们都有一个共同的特点，就是将干涩的学术内容与生动的印象、形象的描绘、特定的感受相结合。它们携带的历史文化、专业见解的"行李"多了一些，和那些文笔如行云流水的散文经典篇章相比，则有自己的特色与所长，无以名之，且称之为"学者散文"吧。

年龄与散文随笔创作

　　散文写作本是我的"客串"，何以跃居为我的主业？是否我工作的重点做了调整？得从我退休谈起。

　　在退休之前，我除了写出三个巴黎题材的散文集外，基本上就没"客串"过什么散文写作了。在退休之后，我的一些业务项目，仍然是以法国文学为主。直到2002年，我还筹备了

"首都文化界纪念雨果诞辰 200 周年学术讨论会"。我觉得搞了一辈子法国文学研究，已经完成了自己的历史性任务，老是从事一个行当，多少有点审美疲劳，是到了换一个活法的时候了，可以去干一点别的事。

事实上，我一退休回家，就门庭若市起来，虽然我门口老挂着一个纸牌"年老有病，谢绝来访"，但编辑部、出版社纷纷来访，约稿约书，求文求译。于是写书、译书、编书，写散文、做评论……爱干什么就干什么，能干什么就干什么，这么下来，我相当大一部分重要的论著、翻译作品、大型主编项目都是在我退休之后完成或出版的。特别是在退休之后才完全开始了散文生涯，仅成集出版的就有《兄弟我》《山上山下》《"翰林院"内外》《父亲 儿子 孙女》《名士风流》《且说这根芦苇》《后甲子余墨》《回顾自省录》等。至于外国散文的各种选本以及大型主编项目则有多种。此外，我又担任了两个大型文丛的主编，其中就有"本色文丛"。于是，在散文方面，除了出席座谈会、典礼、仪式外，我主要是约稿、组稿等，真正算得上是有了自己的"散文生涯"。

当然，我主要是写，有所感才写，有所思才写，有所忆才写，有所痛才写，不再有写"学术考察报告"时的这种那种制约，无须携带那些"学术行李""思想观点行李""学识见解行李"，而是跟着感情走，跟着思绪走，跟着感觉走，人轻松些了，笔轻灵些了，开始有了真正散文的名堂，有些篇章，自己还甚感满意，客观评论也很好，如《兄弟我》《父亲的故事》

《小蛮女记趣》《忆小霸王》《蓝调卞之琳》……由此，得到了一个"散文家"的虚名。

"学者散文"的社会影响力

前几年，素昧平生的深圳海天出版社的领导突然来寒舍，约请我为他们主编一套"世界散文八大家"。这种书我过去就被邀主编过不止一部，没有想到的是，"世界散文八大家"即将完成之际，海天出版社又诚邀我为他们主编"本色文丛"，以当代国内的著名文化人散文写作为内容。这是我过去从未涉足过的领域，他们找我来做这种事，唯一的依据大概是，我自己也写过一些散文随笔；而我之所以应下来，仅仅因为我有一些同行学者也写散文，要张罗出一两辑以答青睐厚爱之谊，并非难事。没有想到完成了第一辑八种书后，就被出版社拽着不放了。出于责任感，我深感不能辜负深圳海天出版社的信任与厚望，虽然我不敢说有什么宏图与雄心，但我以一贯的思想方式行事：要干，那就要把事情干得像个样子，干得有点特色，干出一定的规模。本着这种思想态度，几年下来，我倒也的确为"本色文丛"做到了这样几点。第一，明确提出只以有作家文笔的学者与有学者底蕴的作家为组稿对象，以求弘扬知性散文、学识散文、哲思散文、文史散文、本色散文，从而使"本色文丛"具有了一定的特色与格调。第二，明确采取了一种提倡学者散文的态度和立场。我以为，一个文化项目，一套文丛，有了自己的格调，自己的立场，就有了自己的灵魂，有了自己的个性。接下来就看做到什么样的规模，做到什么样的层次了。第三，"本色文丛"至今已经出版几十种，应该说，成了一定的气候。第四，坚持组稿对象上的高水平要求，诚邀加盟的均为国内散文领域中的大家名士、才俊雅人，每一辑八种，基本上形成了一次较高层次的散文雅聚。参加者是什么样的人，自然就带来什么样的文字、文脉、文风。这样，"本色文丛"也就成为一道小小的风景线。

学者散文是一种客观的存在，不仅在我们现实生活中存在，而且在文学史上早就存在了，它不是今人所推出来的新的文学品种。在中国，《左传》被认为是最早的一部散文集，不管它的作者是左丘明也好，还是妄猜中的杜预、刘歆也罢，这三人无一不是学者，而且就是儒家学者，古代学者写的散文，总不能反对把它们列入"学者散文"之列吧。再看外国文学史，我们不要言必称希腊，且不谈柏拉图与亚里士多德，仅以欧美散文几位"祖师爷"、开拓者，并实际上开创了一个辉煌的散文时代的大师为例，英国的培根、法国的蒙田以及美国的爱默生，无一不是纯粹的学者，说他们是"学者散文"的祖师爷是不为过的。

学者散文本来就不是给那些热衷于恶搞、媚俗艺术的人群看的，"本色文丛"压根儿就没想到过成为畅销书。"学者散文的生态应该是安静的、寂寞的。"这话讲到了我的心坎上。意想不到的是，这种安静寂寞的素质与状态，有时反倒受到格外的欢迎，甚至也能形成一定的热闹景象。无心插柳柳成荫，这里不妨举出一个例子略加说明。孔夫子网从 2016 年陆陆续续发售"本色文丛"的作者签名本，12 位作者签售，每人 200 册，往往几个小时，就销售一空；如果采取网络订购的方式，200 本书往往仅在两三分钟之内就订购而空。这种现象，我作为"本色文丛"的"门房"，听到后深感欣慰。我觉得，这也算是当前文化中一个可喜的现象。

//先贤之德润无声//

严怪愚

他是我党早期的一位著名新闻工作者

严怪愚曾经是我党早期的一位著名新闻工作者，二十世纪三十年代中期，从湖南大学经济系毕业后，他就投身新闻界，先后任长沙一家著名报纸《力报》的采访部主任与主笔，经常撰文，揭露社会黑暗，抨击时政，颇有一番轰轰烈烈的作为。他拜会过鲁迅先生，从鲁迅那里得到过言传身教：傲气不可有，傲骨不可无。鲁迅逝世时，他的报纸开辟了专栏进行悼念，公开与右派报纸对着干。抗日战争爆发后，他为台儿庄战役写过大量报道，鼓舞了抗日的斗志。他揭露了汪精卫卖国投降的丑闻与罪行，有力地打击了敌人，震动了整个国统区。他历任《力报》《中国晨报》《实践晚报》的社长或总编，在整个思想文化界颇有影响。

中华人民共和国成立后，严怪愚担任过《大众报》与湖南省通俗读物出版社副社长。后来，他离开报界后，先是去了湖南省立一中任语文教员，一两年之后才离去，而我正是在他来到省立一中时见到他的。

一篇作文的故事

那好像是在我念高二下学期的时候。有一天，一直教我们班语文课的彭靖老师将一位中年人带进我们的课堂。那人年近40岁，穿一身很普通的布衣，有点不修边幅，相貌略显得怪，一双眼睛炯炯有神，定睛正视简直就有点英气逼人了。彭靖向我们宣布，这是新来的严怪愚老师，今后将由他接着教我们班的语文课。

彭靖是严怪愚在湖南文化界的老朋友，也可以说是严怪愚的一个"追随者""崇拜者"。他热情洋溢、充满尊敬之情地向我们介绍了严怪愚作为著名记者、著名文化人的历史与事迹，使我们从最初一刻起，就对这位新老师肃然起敬。

严怪愚在学校里的教课任务并不重，好像只教我们这一班的语文并兼班主任。我们这个班在"抗美援朝"时期堪称全校"一枝花"，被授予了一个特别光荣的称号——"金日成班"。

一开始，严怪愚的课给同学们以新鲜感，是很吸引人的。他往讲台上一站，两眼环扫课堂，透出一股气宇轩昂之势。与其说他是作为一个语文老师在讲课，不如说，他像一位文化名人、文化大家在演讲。他经常离开教材上的课文而高谈阔论、大恣发挥，特别是碰上有革命豪情的题目，他讲得更是有声有色。记得他有一次讲解高尔基的著名散文诗《海燕》，充满了激情，其目光如炬，声似雷鸣，似乎他自己就是那只在暴风雨中飞翔的海燕。

不过，中学语文课堂，毕竟不是名家文化讲座。中学生在这里希望得到的，是丰富而扎实的语文知识与应付裕如的作文技巧。特别是在我们这班，同学们对数理化的兴趣占绝对的优势，班上一大半人皆算得上是数理化的尖子，大家一门心思就是考上一所名牌高校，没有那么多"人文关怀"与"艺文兴趣"。何况严怪愚的特长也不是讲解艺文学理、赏析艺文妙趣，在这方面，他的本领并不比那些长期执教语文课的"教书匠"更高。于是，同学们对他感到新鲜一阵子之后，兴趣就不那么浓了。

但是，有一件事却是我永世难忘的。到了高三下学期，临近毕业的前夕，班上的团组织找我进行了一次郑重其事的谈话，出面的是班上团组织的几位"领导同志"，谈话的目的，当然是进行思想教育与思想帮助，因为，那时全班同学都是清一色的团员了，唯独我仍然待在"组织"之外。不过，应该说明，我也并非自甘落后，不求进步，我一直算是班上的一个"党（团）外积极分子"，长期担任黑板报与墙报的"主要劳动力"，为了这个先进集体"金日成班"的建设，可没有少出力费劲。至于"组织问题"，我当然一直渴望跻身这个"光荣的行列"，从高一开始，共申请了三次，竟被否决了三次，原因很简单，家庭成分不好——父亲是个厨师，是"为剥削阶级服务的"。与剥削阶级多少有点瓜葛，这在清一色工农子弟的"金日成班"就是很扎眼的事了。而且，既然家庭与剥削阶级有牵连，自己就必然有"个人英雄主义"甚至是"极端个人主义"了，这样"思想不纯"的人当然不能让"加入组织"，于是，高中即将毕业，我还被拒于共青团的门外。

在那次正式的谈话中，组织上开门见山地指点我"不要消极气馁"，"要坚持自己的进步要求"，"应该再接再厉"，尽最大的努力去争取。最后，他们还鼓励我说，据组织上的了解，"你最近一个时期思想上进步还是蛮大的嘛。"从他们这一席话里我认为入团的事情很可能"有谱了"。

不久以后,我总算得知了"真相",听说此事正是语文老师严怪愚起了作用的结果。原来他在审阅我的作业时,从一篇作文中发现我"对社会主义日新月异的生活很有感受","很有爱国主义感情",遂正式询问团组织为什么我临近毕业还不能入团。严怪愚这一推荐式的评语显然起了关键的作用,组织上才对我作了以上的指点,并且以极高的效率解决了我那个老大难的"组织问题"。

严怪愚在我们班任教的那一年中,我几乎没有跟他有过任何个人的接触。一方面因为我自知是"先进集体"中的一个边缘人物,凡事都往后缩,更不会主动到老师面前去表现,尽管当时我已经有"重文轻理"的倾向;另一方面则是因为严老师不大好接近,他脸上又很少露出笑容,而那双眼睛还肃光毕露,甚至有点咄咄逼人。我一直以为他是一个很威严的人,但最后,我没有想到他对一个边缘化的小人物有着准确的理解、人文的关怀与善意的帮助。我因为他才没有带着"伤疤"离开那个先进集体,我一直记得他。

严怪愚的班主任工作以一个完满的句号而告终,我们这一班在高考中的成绩极为优异,数十人的班级有将近一半人被北大、清华录取,其余的则由哈尔滨军工、北航、北钢、北师大等名校全部收罗。这一班毕业之后不久,严怪愚就离开了省立一中,调到湖南师范学院去了。

朱光潜

说实话，我与朱光潜先生并不熟稔，交往也并不很多，因为我和他不是在同一个单位任职，也没有严格意义上的师生关系、师徒关系。一度学术文化界曾有人把我称为"朱光潜的学生"，基本上是一种牵强附会。原因不外有三：第一，我是北大西语系毕业的，而朱先生就是西语系的名教授，但我在北大时，的确没有听过朱先生的课；第二，我也做过一点西方文艺批评史的研究与翻译，而朱先生就是西方批评史、西方美学史的权威；第三，朱虹的确是朱先生的受业弟子，在北大上过朱先生的翻译课，曾被朱先生称为他的"三个得意学生"之一，此事在学界广为人知，因为朱虹与我是一家人，难免有人会把我这一粒"鱼目"误认为是"珠子"了。

虽然我与光潜先生相隔不近，接触不多，交往甚少，但是，在学界长辈中，他却是我从青年时代一直到上了岁数，仰望得较多、关注得较多、思索得较多、揣摩得较多的一位。

让我肃然起敬的"小老头儿"

在前辈师长中，我最早知其名者，要算是朱光潜。从初中起我就开始喜欢跑书店，在书店里就曾不止一次见过开明书店出版的《给青年的十二封信》，我也曾翻阅这本书，当时觉得书中所谈的好像都是比较深奥、比较严肃、比较"正经"的内容。什么美呀，艺术呀，审美呀，等等，离我那尚未开窍的脑袋比较远。即使后来到了高中快要毕业，已经准备投考西语系的时候，对朱光潜那高深的美学我仍然不敢问津。真正对朱光潜这个名字肃然起敬，是在进了北大西语系以后的事了。

在 1950 年代的北京大学，每年新生入学时，各系都要举行大规模的迎新活动。在西语系，活动的一个主要内容，就是毕业班的老大哥带领这年的新生在校内整个燕园里走一遭，三三两两，边走边介绍，特别深入细致。在那次活动中，我记忆中最深刻的就是从他们那里知道了北大西语系的教授阵容很强，有一大批著名的学者：赵萝蕤、吴兴华、张谷若、闻家驷、陈占元、郭麟阁、吴达元、田德望，等等。而名人中之名人，则是两位"一级教授"：冯至和朱光潜。对于这一大批名师，西语系的学子无不津津乐道，并都引以为傲。

在北大的几年中，西语系这个"一级教授"朱光潜，则是很难见到的，全系师生会，一年难得有几次，即使有他也不大出席。听说，他前两年教英文专业高年级的翻译课，高年级毕了业，他就没有课了，西语系教学中心的那幢楼也就几乎见不到他的踪影。只是有那么一次，一个小老头从附近穿过时，有同学告诉我："那就是朱光潜。"

朱光潜早已是资深的美学研究的大师，早年几部力作并没有因为时代的变迁而褪色。而且，早在抗战期间，他就担任过大学里的文学院院长，蒋介石为了表示自己礼贤下士，尊重文化，还曾接见过他。蒋介石撤离大陆前，他也是国民党派专机要抢运到台湾去的名教授之一，但他拒绝登机离去。

他大名鼎鼎，但毫不起眼——身材矮小，穿一身深蓝色卡其布中山装，踏一双布鞋，像图书馆的一个老员工，甚至有点像一个杂役工。他满头银发，露出一个大而饱满的额头，几乎占了半个脑袋。他步履稳当，全身透出凝重肃穆之气。

不苟言笑的长者

我与朱光潜开始有具体的接触，是从北大毕业分配到《古典文艺理论译丛》刊物工作之后的事。

《古典文艺理论译丛》是文学研究所办的刊物。1953年刚成立的文学研究所当时还隶属于北大，老老少少的研究人员基本上都是从北大的中文系、西语系、俄语系与东语系抽调过去的。其中的西方文学研究组，起初就在北大西语系办公，和朱光潜可算是同一个大单位的。

我1957年毕业后，就是分配到《古典文艺理论译丛》编辑部工作。我是年轻的西语系大学毕业生，于是到一个个编委那里特别是到西语一片几个编委那里联系跑腿、接送稿件的任务就都由我承担。我对这种跑腿工作特别喜爱，每一趟都有学术内容，知识含量，实际上是对一位又一位权威学者的专访，是听一堂又一堂的"家教"，是吃一顿又一顿的"小灶"。何况，骑一辆自行车驰来驰往于中关村与燕南园之间及未名湖畔，沿途垂柳飘飘，湖波粼粼，绿荫掩映，小径成趣，出入学术界名人的寓所，又肩负着一个学术刊物的使命，这对于一个刚大学毕业的青年来说，实在是一件潇洒愉悦、风光得意的乐事。那个时期是我一生之中最值得怀念的，也就是在那时，我与朱光潜有了具体的接触。

朱光潜的家是在燕南园深处，环境格外幽静。而他那幢楼房与他那个院落，至少如我所见的，更是阒寂无声，渺无人迹，像电影中一个无人的修道院或古刹。我头一次去时，按了好几次门铃之后，才有一个女孩走出来，她年龄看来不算太小，但身材矮小而瘦削，她有一个大得出奇的朱光潜式的前额，显然是极为聪明的，样子不像一个少年，而像是一个传奇中高智商的精灵。我只见过她一次，但印象却十分深刻。

我见到朱光潜的时候，他已经六十多岁，虽然瘦小单薄，白发苍苍，但精干灵便，精神矍铄，他宽而高的前额下一对深陷的眼睛炯炯有神，老是专注地注视着甚至是逼视着眼前的对象，手里则握着一支烟斗，不时吸上一口，那态式、那神情似乎面前的你就是他观察分析、研究揣摩的对象。别忘了，他专攻过心理学，有过心理学方面的专著，而且是变态心理学的论著！坐在他面前，你似乎感到自己大脑的每一个褶皱处都被他看透了，说实话，我开始并不感到舒服自在。

作为学者，他对刊物选题与编译的意见都很明确、干脆，绝不含糊圆滑，绝不模棱两可，而对于刊物之外的任何学术理论问题，他又有严格的界限，绝不越雷池一步，绝不高谈阔论、枝叶蔓延，而这正是青年学子每遇名家大师都期望见识到的"胜景"。如果说我曾经感到他身上有一种肃穆之气的话，那么，接触之后，我就明确感到他更有一种由内而外、并非刻意求之而是自然而然渗透出来的威严。他讲起话来一副非常认真的样子，一口安徽桐城的乡音，听起来相当费劲。他脸上一般是没有笑容的，但有时笑起来却又笑得那么开心——咧着嘴，笑容像是从心底里蹦出来的，这经常是在他讲了一个自认为得意的想法或意见时才有的，而绝不是听了对方的趣语或交谈甚欢的产物。而且，这时他会停止说下去，将那咧开了嘴的笑停驻在脸上，眼睛盯着你，似乎在等着你的回应。有了几次接触后，我就相当确切地感到，他是一个很自主的人，一个很有主见并力求影响别人的人。他绝不跟对方讲多余的话，但当我小心翼翼地从业务工作范围里挪出去一小步，恭维他精神很好、身体很好时，他也很和气、很善意地告诫我："身体就是要锻炼，每天不必要长时间，但一定要坚持。"当我又得寸进尺奉承他的太极拳打得好，青年学子称其"出神入化"时，他以权威的口吻提示我："跑步，最好的运动是慢跑，每天慢跑半小时，它给我的身体带来的好处最大。"从此之后，我一直记住了他这一经验之谈，并断断续续效法他这一健身之道。而且有时在慢跑时，脑海里还偶尔浮现出朱光潜在燕南园迈着小步慢跑的瘦小身影。

有幸与朱先生"共事""共会"

《古典文艺理论译丛》于 1957 年开始出版，因"文化大革命"的到来而收场，最后一期出版于 1966 年，前后 10 年，共出版了 17 册，均由人民文学出版社出版，每册 30 万字，总共 500 多万字。

那个时期这个刊物在学术文化界还是很有影响的。它是中华人民共和国成立后少有的一个西方橱窗，它为我国的西学文化，为后来几十年西方文艺批评史的研究打下了坚实的基础。其成功，除了由于刊物有明确的办刊宗旨外，那就得归功于由国内一批最出色的专家学者所组成的编委会的努力了，当然还缺不了学界与译界同人的一致支持。

在编委会中，朱光潜和钱锺书一样，也是一位特别重要的编委，在工作上也得到主编蔡仪的格外尊重。朱光潜也很重视来自文学研究所的这份尊重，因此，他在《古典文艺理论译丛》的创办上贡献甚多，出力不少。如建议选题选目、推荐译者、审定译文以及提供自己权威性的译稿，他所译的黑格尔的《美学》，就是提前在这刊物上面世的，他还特别为美学问题的专号赶译了德国19世纪后期著名的心理学家、美学家里普斯的长篇论文《论移情作用》。

"文化大革命"前夕，《古典文艺理论译丛》停办后，我就再没有见到朱光潜，直到"文化大革命"完全结束，我才再次见到他。他又活跃在学术舞台上。他的学术活动之一，是受聘于中国社会科学院外国文学研究所担任该所的学术委员。根据中国社会科学院统一规定，每个研究所的学术委员必须由所内与所外两个方面的著名学者联合组成。所外的除朱光潜外，还有季羡林、杨周翰、王佐良。所里的当然以冯至、卞之琳、李健吾、罗大冈、戈宝权、陈冰夷、叶水夫为主，也提携了几个在"文化大革命"前即已崭露头角的"青年人"，其实他们也不再年轻了，都已经过了"不惑之年"，敝人也是其中之一。所学术委员会每年总要开两三次会，讨论若干重大的学术问题，倒也真能起些"开会有益"的作用。正是在开会的场合我有幸成为这些学长的"同会者""共事者"。

十年过去了，朱光潜基本上还是老样子，总是一身蓝布中山装、布鞋，头发白得闪光，两眼有神，目光炯炯，一身肃穆，不苟言笑，从不与人寒暄。他的安徽桐城乡音，很不容易听懂。我参加这种会，都尽力摆正自己作为小字辈的位置，一般总坐在门口，离那些在一个长条桌周围就座的"长老"们远远的，因而，他们的高论与教诲，我听取得相当差，只是有一次，朱光潜发言时，我特别竖起了耳朵去听，唯恐漏掉一句话、一个字，那是他对编写文学史一事在发表意见。

我当然非常重视朱光潜对编写文学史的意见，因为，这首先与我本人当时正在进行的工作直接有关。还有一个重要的原因是，他于1962年出版了《西方美学史》一书，在我看来，这部美学史要算是二十世纪中国最具开拓意义的史学著作。他那次发言的大意是说，编写文学史是一件高难度的学术工作，必须在有充分积累的基础上才能动手，不是谁都可以写文学史的。他还说，写文学史是要引导读者遍游一个文学国度，首先要把文学史客观事实介绍得比较全面、真实、清楚，然后才作评价与议论，合格的文学史应该像一本好的地图指南，一本好的导游图，如果达不到这样的水平，那就不要去硬写。

他的这一席话充满了作为一个老资格学术委员的提醒与忠

告，但我却有些敏感，觉得虽然老先生不至于认为当时外文所我们这一辈人不具备写文学史的基础与条件，但我却至少抱着等着瞧、拭目以待的态度。这在当时对我既是压力也是激励，使我决心要写出一部在规模、广度与深度上都像个样子的文学史。至于他讲的那些道理与忠告，我倒是深有同感的。重视文学发展与作家作品的客观实际，并尽可能加以贴切、准确地描述，正是我自己编写文学史的主导思想。我不喜欢并切忌自己脱离作家作品实际去高谈阔论，天马行空。我后来写成并获得国家图书奖提名奖的《法国文学史》基本上做到了这一点，总算没有辜负朱老先生这一番苦心的忠告。

永远的"西西弗斯"

在七八十年代，我还有一次与朱光潜"同会"的经历。那是 1978 年 11 月在广州举行的"全国外国文学工作会议"。广州会议之后，我与朱光潜再无工作联系，只有一些零星的交往，主要都是他作为师长辈对后生的关怀，如他托人转告我，说狄德罗有一篇短篇小说很有价值，建议我把它译出来。再如，他不止一次赠书给朱虹和我，题词很是客气，总用"赐教"二字，还称朱虹为"老学友"。他对后辈学生这种谦逊态度，使得我们很是惭愧，愈加感到他人格境界的高尚。

1980 年代末，有一次我们法国文学研究会在北大举行学术讨论会，我利用晚上休息时间到燕南园向他问安。与我同去的还有王道乾和金志平。大家寒暄闲谈时间不太长，为了不影响他休息，我们及早告退，这是我最后一次见到朱先生。

朱光潜先生辞世后，我不止一次想起他。他著作等身，译文浩繁，西方文艺批评史、美学哲理的几乎所有重大问题，几乎所有名家经典，他无不涉猎。你如果进入这个领域的每一个地区，都能看到这位思想者坐在那里，握着拳，支着下颌在进行思考。

他的精神之所以值得景仰，就在于他是一个纯粹的学者。他只专注于学术，心无旁骛。他作为学者的最突出的精神品质是"毅"与"勤"，像他那样做出了厚重的学术业绩，产生了那么多的论著与译著，并且是以康德、黑格尔、克罗齐、维柯等这样一些高难度的人物与文本为其研译对象，如果不是每天从不懈怠、坚持长时间艰苦的脑力劳动，那是不可能达到的，这对于早年就已经功成名就、有条件"歇一口气"的学人更是不容易做到的。根据他的家人回忆，直到他逝世前几天，他还亲自爬上楼去为他译的维柯查对一个注释，他简直是一息尚存就劳作不息……在学界，有谁能常常使我想起加缪的西西弗斯？他终生推石上山，周而复始，永不停歇，那就是朱光潜。

吴达元

2005 年的一天，我接到素不相识的吴庆宝女士的电话，她是吴达元先生的女儿。她告诉我说，为纪念她父亲诞辰 100 周年，她已经组织了一个纪念文集，参加写纪念文章的有杨业治、杨绛、徐知免、桂裕芳等。她得知我在北大时听过吴先生的课，邀请我也参加。

写吴达元的文章，不可辞。原因很简单，有师恩在也。

"洋派大教授"和他的精品课

我于 1953 年进北大西语系法国语言文学专业学习，正好吴达元先生任一年级的老师，讲授法语语法。学法语，必须从语法学起。如果不先搞清动词变位、名词的阳性阴性、单数复数以及形容词相应变化的规则等，那就无异于一头掉进荆棘丛生的密林里，会不断碰上麻烦。因此，先学语法，就是打基础，这个重中之重的课程由一个有名望、有经验、高水平的教授来执掌，实乃最合理也最能使学生受益无穷的教学安排。

吴达元先生的语法课可称得上是"教课艺术的精品"。他的课条理清晰，讲述精当，循序渐进，层层深入，他把枯燥烦琐的语法规则讲得叫人听起来兴味盎然。每堂课的主要内容凝练鲜明，给人深刻而突出的印象。而一待讲授告一段落，吴先生又带领同学们进行练习，将所学的内容"趁热打铁"，还经常把一个个学生叫起来，进行强化训练，最后再简要做出总结。

他不用捋起袖子看手表，更不用一上讲堂就把表摘下来放在桌子上。他话音一落，下课铃就响了。每堂课的时间，他都掌握得如此精确，几乎分秒不差。若无熟能生巧的功夫，岂能达到这么神的境界！

他不仅课讲得好，而且字写得也好。他的一手黑板字甚为漂亮，工整利落，井然有序，对学生抄录做笔记大为方便。一堂课下来，一黑板的粉笔字就像正式印制好的那样排列整齐。他这种干净明晰、有条不紊的风格与严谨明确、精致细密的法兰西语法实在是太相得益彰了。至今，他那漂亮的法文书法，仍历历在目，特别是他写草书字母"r"时，笔法别致而优美，他不是写成"几"形，而是写成"r"形，像一叶小芽，如果跟其他字母连在一起，一"笔"呵成，真是潇洒之至。这一笔法那时就成了我模仿的对象，我不敢说他的语法课我完全学到了家，不敢说所有的细则我至今都没有忘记，但他的字母"r"的写法，特别是与其他字母一笔呵成的写法，我倒是学到手了，而且数十年已经形成了习惯，例如：一写到 Tres 一词时，一"笔"呵成，再加上一撇，真像溜冰一般舒畅。

吴先生除了以教课好而闻名外，还有洋派大教授的名声。他的生活方式，至少他的着装方式，基本上是洋派的。头发梳得整齐而光亮，偏左的一条发缝笔直而一丝不乱。他戴一副金丝边眼镜，平日总是穿西装，而且特别严整、配套，内有马甲，领带打得极有功力，皮鞋锃亮，整个衣着装束没有丝毫休闲随便的影子。人如其文，整齐、洁净、利索、规范，就像他爽净、利索的语法课一样，也像最为有规有矩的法文语法一样，与北大不少名教授的不修边幅形成一道截然不同的"风景"。他的这种风格，看来是体现了他"纷吾既有此内美兮，又重之以修能"的理念了，而在欣羡西方文明的学生们看来，这是一种根深蒂固的名副其实的教养，甚至可以说是法兰西的都雅与风度。在那个历史时期，所有的人都被关在国门之内，外国的一切，对于青年学生来说是可望而不可即的，但他们从吴达元身上却似乎看到了巴黎，似乎闻到了法兰西的气息……我想，这大概可以说是"身教"，至少是带来了些许鲜明的色彩。

　　吴达元先生只教过我们班一年法语。进入二年级后一直到毕业，我们就没有再见过吴先生，只知道他又在为一届又一届一年级的新生打语法基础。即使是在他教我们的那一年里，除了在课堂上目睹他的风采外，课堂外跟他极少有接触的机会。说实话，他身上那种不同凡俗的"派"与由此而产生的"威"使人有点不敢跟他接近，至少我这个"土小子"有点发怵……但毕业之后，同学们聚会时，大家都会想起吴先生，都会赞美他的语法课，都感谢他为我们打下了坚实的语法基础。后来，商务印书馆出版了吴先生的《法语语法》一书，基本上就是他给我们教授的讲义，而这种语法书在全国似乎只此一种，可谓这一学科的最高水平。我们也的确曾因为自己是出自吴达元这样的名师门下，自己的那些基础是他给打下的而有些感到自得……

法国文学史研究的先行者

吴先生原来是在清华大学任教。中华人民共和国成立之初，高校院系调整，他才到了北大。他在清华、北大除了教法语语法外，是否还教过文学课程，我不得而知，但我知道他对法国文学是很有研究、很有业绩的。大概是在二十世纪三四十年代，他写过一部《法国文学史》上、下两卷，在中华人民共和国成立前的同一类学术著作中，不论以规模还是以水平而言，都是首屈一指的，他是这个学科名副其实的先行者与开拓者。

在翻译方面，他主要的贡献是译介了18世纪的著名戏剧作家博马舍的作品。博马舍的《费加罗的婚礼》曾被誉为"法国大革命的序曲"，达元先生正是译出费加罗三部曲的人。他要算是博马舍戏剧在中国最主要的也是最好的译者。在二十世纪七八十年代，吴先生译的博马舍戏剧被收入了外国文学所等单位主编的具有权威性的"三套丛书"。从吴先生文学研究的业绩与水平来看，我至今也不明白学校为什么在二十世纪五六十年代一直未安排他讲授文学课程。我想，如果他在讲台上讲授法国文学史的话，当另有一番风采。他完全服从组织上的安排，本本分分、尽心尽力地去教语法课，勤勤恳恳地为一年级的新生打基础。这种精神与品德实在令人钦佩。

1957年毕业后，我见过吴先生一次。那时我刚被分配到《古典文艺理论译丛》编辑部工作。我知道博马舍不仅写作了著名的费加罗三部曲，而且在戏剧理论方面也留下了一些精彩的篇章。为了译介这些文字，我前往登门向吴先生约稿。因为那个刊物从来都是约请高层次的学者、专家承担译介的，吴达元于博马舍，当然是最佳人选。那是我第一次也是唯一一次造访燕东园吴府。进入他那间明窗净几、雅致非凡的书房时，我如同进入圣殿一般怯生生。那次，我约稿没有成功。也许是吴先生对理论翻译不感兴趣，他婉言谢绝了。从那之后，我再也没有见过吴先生。

1976 年，吴先生逝世。当时我听说他患的是喉癌。得知这个消息时，我想，也许是因为长年吸入粉笔灰而患上喉癌的。这么想着的时候，我既有一份哀悼，也有一份感恩。

陈占元

名教授的广东腔

　　陈占元先生原是北京大学西语系的资深老教授，从 1946 年起就一直在北大任教，桃李满天下。我是陈占元先生 1950 年代的受业弟子。陈先生早已于 2000 年去世。

　　人民文学出版社曾经出版了《陈占元晚年文集》一书，占元先生的女公子陈莹教授特地寄赠了一本给我。这是她收集了占元先生晚年的全部遗稿后编汇而成的，包括未出版过、未发表过的译文，评论以及散文杂记，共三十余万字。这本书使我对占元先生有了更多的了解与认知，也引起了我对占元先生更多的回忆、更多的怀念。

　　在北大期间，我们这一班到三年级才见到占元先生，先是三年级的翻译课，然后是四年级的巴尔扎克专题讲座。那时的占元先生将近 50 岁，正是学者魅力最佳的年龄。他给人的第一印象是令人难以忘记的：高阔的前额，聪睿的面孔，彬彬有礼的举止，整洁合身的衣装……这些形成了他十分鲜明的儒雅风度。那光润的头发、两鬓顺着耳根往后梳理的发式，似乎还残存着洋派学人早年的优雅。

　　当年，占元先生在北大西语系是一位名教授，但在我们的记忆里，他并不大擅长讲课。他的思维丰富而细密，他要表述的内容实在太多，却未能层次分明、条理清晰，而经常丢失了讲述的主干，不自觉地陷于恣意蔓延的枝蔓细叶之中，因此使人大有进入了枝节横生、根茎密布、藤条缠绕的大林莽之感。他的广东腔很重，似乎在吐每一个词的时候，都要费劲地去找普通话中的相应发音，就像在进行"语音翻译"。陈先生在他晚年的一篇文章里，回忆他有一次单独与卞之琳论学，他是广东腔，卞之琳是原汁原味的浙江话，两人对谈达半个下午之久，结果是，用占元先生的话来说，"我怀疑双方究竟互相听懂了多少。"我辈当年听占元先生讲课，如果不全力以赴集中注意力听，那是听不进去多少的。

润物细无声

　　占元先生给我们上的翻译课仅限于笔译，口译课则另由陈定民教授担任。占元先生的笔译课有两个特点：一是翻译理论讲得不多，而是以翻译实践为主；二是法译中的练习较少，而中译法的练习较多。这种构设也许不是他的意思，而是课程目的性的需要，因为西语系的教学任务除了主要培养外国语言文学翻译研究与教学的人才外，还要兼顾培养外事翻译工作者。我当时觉得，陈先生一定长于法文写作，至少其法文写作优于中文写作，这种课程设置正好发挥了他的所长。但我们这一班学生偏偏对将来从事对外宣传译事不感兴趣，都想像黎烈文、傅雷那样，去从事法国文学的翻译介绍，颇有点好高骛远，因此在陈先生的中译外实践课程上不是特别用心，倒是在另一个方面下足了劲头。我自认资质中等偏下，尚且操起了一本法文作品翻译起来，其他班的少年天才更是不在话下。罗新璋逐字

逐句校对了傅译全本《约翰·克利斯朵夫》好几大卷，大有要
将傅译精华全都学到手之势，他今日已赢得"傅雷的传人"之
美誉，实乃从当时就开始下了苦功也。但占元先生的中译法的
教学劳绩，看来也是"润物细无声"的，我们班后来出了一位
对外译事的罕见的才俊丁世中，与陈先生最初的培育有关。

　　大学四年级，占元先生给我们班讲授了巴尔扎克专论，每
周两小时，共讲了两个学期，课程容量几乎与闻家驷教授的
《法国文学史》相当。占元先生的巴尔扎克专题课，内容扎实而
丰富，他对巴尔扎克的总体评论虽没有也不能超出恩格斯论述
的水平，但却有历史的丰富性。他很注重引证具体材料说明问
题，常引述巴尔扎克在给自己的妹妹和韩斯卡夫人的信件中的
自述，来说明他的生活创作状况与思想见解。显然，在巴尔扎
克学中，他研读甚广，认知颇深，是一位真正的专家，因此，
他的专题课很具有知性的魅力，至少我觉得是我们大学课程中
最有吸引力的一门课，尽管他的乡音将讲课的效果打了一些折
扣，但他的讲稿基本上是成文的。我做课堂笔记也特别认真，
这份课堂笔记是我最珍视的，我保存了很久，可惜在下干校期
间，我把书籍资料集中存放在单位时，这份笔记丢失了。

真正的谦谦君子

　　占元先生给人最为深刻的印象，还是他的平易谦和。他是
名教授，但在待人接物上绝没有半点架子。当他发觉你上前去
有跟他说话的意图时，他总是先和颜悦色，笑脸相迎。在交谈

中，他没有长辈的态势，总是先倾听你，理解你，从不截话。他说起话时，谦让得简直就有点羞涩，似乎两人交谈感到荣幸的不是你，反倒是他。在课堂上，他极少"点将"回答他提出的问题。如果在讲课中不可避免地有了讲授者与听讲者之间的互动局面，听讲者习惯性地站起来作答时，他总是显得有点不好意思，他会赶紧要对方坐下来回应。占元先生在这样做的时候，都是发自内心的，是一种真诚情感的流露，并没有刻意追求某种风度的考虑，更不是沽名钓誉的作秀。可以说，占元先生算得上是一位真正的谦谦君子。

刚毕业的那几年，我多次遇见过占元先生，因为那时文学研究所先是设在北大，后迁至中关村，相距甚近，而我正式分配到了文学研究所，在《古典文艺理论译丛》编辑部供职。这本刊物有一个阵营强大的编委会，占元先生是这个熠熠生辉的团队中的一位，这足以使刚从大学毕业的我对占元先生的学养和学术地位有更清晰的认识。我遇到占元先生多是在燕园之内。我经常出入母校，占元先生也经常骑一辆自行车来往于未名湖畔。他很有活力，身手甚是矫健，对人则平易谦逊如故，一见到你，他老远就下了车来跟你打招呼，比我们当他学生时更为客气，大概是因为我们已经毕业，算得上是一个"成年人"了，因此，他待我更像是平辈。因为他是编委，我这个小编辑免不了到他那里跑腿、联系工作，就不止一次造访了他在朗润园的住所。他家独居一个院落、一所平房，宽敞而又幽静。他接待客人，总是在书房。占元先生的书房不是以气势轩然、精致高雅取胜，而是以其充实令人难忘。他的书很多、很丰富、很杂，以法文旧书居多，可见其学养的厚实。书置放得颇为凌乱，留下了主人兴之所至、随意取阅又随意放下的痕迹。而在接触中，你也很容易感到占元先生对学术文化关注的广泛。与他交谈你会感到颇有收益，颇有启发，而绝不会感到轻松自如，因为他的谈话中只有学术文化的"干货"，而无寒暄闲聊的"水分"，更是不涉及世事俗务半个字。加上他的视角多变、思绪蹦跳，要跟得上他实在不易，且不说他那口听起来费劲的广东方音了。

葆有对学术文化的新鲜感

随着中国社会科学院各研究所集中迁进城里，我就很少再遇见占元先生了，整个20世纪80年代大概只见过两三次，都是在学术活动的场所。记得他有一次见到我，没有讲几句话，就主动大谈起对法国新小说派的看法。据我的经验，当时一般老一辈学者对这种特别新潮、特别先锋的文学流派是不大注意、不大跟踪的，但占元先生对战后这个文学新时尚却所知甚多，很有见解。他这种对学术文化的新鲜感受着实使我很惊讶。再者，他对人对事的谦逊礼让的态度与精神依然如故。这里有两件事给我的印象十分深刻。第一件事是，1980年代初，有一项国家级的大型文化工程，其中外国文学中的法国文学部分的编委会，由于种种原因，占元先生在编委会中只任副手，而以他的文化学术老资格和对法国文学的广博学识，以及虚怀若谷、能团结学界同人的人格精神，他担任主编之职都绰绰有余，或者至少也应该并列为主编。第二件事是，在 1987 年，中国法国文学研究会改选，前辈学者均已上 80 岁，决定全部退休，只担任名誉职务，由 50 岁左右年龄段的学人接班。为了大体上不失衡，李健吾、罗大冈、闻家驷并列为名誉会长，陈占元为顾问。虽然这并没有达到绝对的平衡，但在当时已经是令人煞费苦心了。占元先生以他惯有的谦逊与宽厚对此表示了理解与支持，并且当着我的面把新当选的会长、副会长称为"时贤"，这是我当时得到的第一份也是最有分量的祝贺。

关注时尚与思想的翻译界元老级人物

在外国文学翻译介绍领域，陈占元称得上是元老级的人物，至少是老资格的先行者。1934 年，鲁迅与茅盾创办中国第一家文学翻译杂志《译文》，陈占元就是积极的参与者、重要的合作者，因此他与鲁迅曾经有过直接的接触。与《译文》合作的这个时期，陈占元的译作甚多，可谓丰收，他作为译家的"路数"有两个特点。一是他关注的并不是历史上的经典文学作品，而在那个时代，很多古典文学名著还不为中国读者所知，如果他当时译这些作品，他今天的"翻译家"名声一定大得多。他关注的是当代，他所译介的作家都是 20 世纪才登上法兰西文坛的世界性经典名家，如纪德、罗曼·罗兰、柏格森等，这种视角显然是"时尚"的，又是准确的、有见识的。二是他所感兴趣的多是文学中的思想材料。他译的几乎全是知性的文论与随笔，如纪德的《论歌德》、罗曼·罗兰的《向高尔基致敬》《论个人主义与人道主义》等。这种重思想、重知性的特点，我想是与他在巴黎大学攻读了好几年哲学专业有关。

抗战时期以及整个 1940 年代，陈占元在中国文化领域里也留下了不可磨灭的足迹，做了一些有益的文化工作。他译了一些文学名篇名著，如罗曼·罗兰的《贝多芬传》、纪德的《妇女学校》、圣埃克絮佩里的《夜航》、莫洛亚的《英国人》、茨维格的《马来亚的狂人》等。他作为一个学者，兴趣仍未改变。充实而无言，资深而低调，这正是占元先生的君子风度。

醉心于法国文学翻译的研究型、学者型翻译家

也许和他低调谦逊的性格有关，占元先生在学术上一贯的作风是厚积薄发。据我所知，他在法国文学方面研读很广，见识颇丰，但他生前几乎从来没有发表过研究、评论文章。他遗作中有限的几篇，也说明他的确很少写这方面的文章。他将自己的业务活动，基本上局限在翻译领域。中华人民共和国成立后，他继续在这方面扎扎实实地耕耘并收获了硕果。他仍保持了自己重知性、重思想材料的"路数"。1950 年代初，他发掘并译出了巴尔扎克极为重要的文论《〈人间喜剧〉序言》，发表在《古典文艺理论译丛》上，此文乃巴尔扎克整个文学创作的纲领与思想原则，对于研究巴尔扎克与现实主义问题有极为重要的作用。这篇文论正是当时文艺界急需的一份"思想材料"，发表后也确实成为理论界人士经常引证的典籍，产生了深远的影响。他在 1950 年代译出的巴尔扎克的两部作品《高利贷者》

和《农民》，在巴尔扎克的《人间喜剧》中算是具有"思想材料"性质的作品。在中国，当时《巴尔扎克全集》的翻译工程尚未启动，能从《人间喜剧》近百部作品中挑出这两部来率先加以翻译介绍，这正表明陈占元先生选题选材的"慧眼"，说明了即使是选材，他也是以全面的研究为基础的。

作为翻译家，占元先生所做的特别贡献，是译出了狄德罗的画论画评。狄德罗是启蒙时代伟大的思想家、哲学家、文学家，他的唯物主义哲学思想具有完整的体系与令人赞赏的深度，他的文学成就，不仅有出色的哲理小说与戏剧作品，而且他的画评画论与戏剧理论更成为美学史上、文学理论批评上极为珍贵的瑰宝。时至今日，狄德罗的画论画评仍然是美学研究中的经典文献。占元先生克服了文论翻译的困难，将这份珍贵的典籍比较完整地引进中国，这是一件功德无量的事情，只不过在该书出版的 1980 年代，正是我国理论批评界一些人士对时髦的欧美新潮派文论趋之若鹜的时期，狄德罗这一份典籍的光辉多少被时尚的云雾所遮掩。

陈占元在当代中国翻译领域里的地位与影响，早已被他的业绩所证实、所确认，他自己在晚年所写的《生平小传》一文中这样说："我作过一些翻译，但我不是翻译家。称我为翻译家，只使我想到自己工作的粗糙拙劣，于心有愧。"陈先生如此谦虚的美德的确令人感动、令人钦佩。但对此，我不能不说，他的自谦过了头。虽然绝对十全十美的、毫无瑕疵的译品在世界上几乎是不存在的，翻译泰斗傅雷亦不例外，但陈占元的翻译绝不是"粗糙拙劣"的。就译事的最高境界"信、达、雅"而言，他的翻译至少在"信"与"达"上是高水平的、上乘的。他是一个研究型、学者型的翻译家。在翻译界中能达到此种境界的唯有少数出类拔萃的佼佼者而已，如李健吾之于莫里哀、福楼拜，卞之琳之于莎士比亚，冯至之于里尔克、歌德……

闻家驷

　　闻家驷先生是 20 世纪北京大学的资深教授。早在 1920 年代赴法国留学，长达 6 年之久；1930 年代回国以后，曾历任北京大学、西南联大等名校教授。我在北大期间，他给我们班讲授《法国文学史》两个学年，指导过我写毕业论文，是完全意义上的授业老师。

听闻先生讲《法国文学史》

　　我们 1953 年进北大西语系，闻家驷的名字就如雷贯耳，其名声之大虽比不上被视为西方美学大师的朱光潜和曾被鲁迅誉为"中国最杰出抒情诗人"的冯至，但也足以令人肃然起敬。不过，说实话，那倒不是因为他有厚重的学术文化业绩，而首先是因为他有一个哥哥叫闻一多。"我们系里的闻家驷教授就是闻一多的弟弟"，我们一入学，高年级的同学都这么介绍说，言下颇有夸耀本系丰富的名人资源之意。但按时下的观点，很难说这个血缘关系究竟是给家驷先生添光增彩了呢，还是像浓荫一样遮挡了他本人作为资深教授的光度？

　　我们入学后长达两年之久只闻闻一多的老弟之名却没有见过家驷先生其人，他的形貌如何？与闻一多的气质、风度相近吗？青年学子喜欢猜度，尤其是对心目中的学术偶像。我们之所以难见到他，是因为他深居简出，既不参加本系师生的集会活动，也不出席学校的庆典仪式。一是因为他长期身体不好，需要多休息，多静养；二是因为他乃民盟的高级领导人。据说，其一，他要参加一些高级别的社会政治活动，学校里的基层活动自然不用参加；其二，他本人是高级统战工作的重要对象，属于学校里的重点保护对象。总而言之，他不同寻常的政治地位使他与一般的师生之间存在着相当一段距离。

到了大三，我们新增了一门主课《法国文学史》，授课教授为闻家驷，这是我们等待已久的一门课，家驷先生也是我们等待已久的一位老师，我们总算见到久闻其名的这位老师了。他不愧是闻一多的同胞老弟，他的身姿与面貌都颇像常在照片上见到的闻一多，只不过，他没有闻一多那双英气逼人的眼睛，他的眼睛要平和一些，他的额头也很高阔，但头发不像闻一多那样给人一边倒的印象，而是呈"山"字形覆盖在额顶上，满是青丝，未见白发，至少在头发上不见老态，毕竟那时他并不是很老，只有五十多岁。他平日穿着还算普通，一般都是整齐的布料中山装，有时也着半新不旧的毛料制服，不难想象，出席党和国家的活动时，他是会换上笔挺的正式礼服的；不过，即使是着平常的衣装，他也自有一种高层民主人士的气度。他的步态轻柔缓慢，举止儒雅端庄，脸上总是一片严肃凝重，表情则是郁气沉沉，一副压抑之态，总也见不着他开颜一笑。不过看得出来，他倒并不像是不苟言笑的人，似乎只是没有心情笑、笑不出来而已。本来，我们以为只要他一进入我们的教室，走上讲坛，他与我们的距离就消失了，我们对他的神秘感也不会再有了，没有想到他走近我们后，仍然是那样不可亲近，仍然有一层神秘色彩。当时，我常纳闷，他自己是北大的名教授，又从其兄那里接受了丰厚的政治遗产，拥有比一般教授高出许多的社会政治地位，他为什么老是郁郁寡欢呢？后来才逐渐了解，这一切都是因为他身体不好，长期有病，以至外人第一眼就可以看出这位闻夫子活得很是无精打采、暮气沉沉，甚至生趣索然了。

看起来，他的确面有病容，脸上没有血色，眼光有一点凝滞，讲课时语速缓慢、中气不足，显然身体甚为虚弱，有时，天气并不热，可他都有点冒汗，那似乎是虚汗。他究竟有什么健康问题，我们起初都不甚了然，后来，才逐渐听说，他并无恶疾顽症，但是有神经衰弱，而且是"严重的神经衰弱"，这一点，我们在课堂上亦可见其端倪：不时，他在讲坛上要停顿一小会儿，似乎是受到了什么干扰，甚至在停顿的时候好像是在聆听什么、专注地捕捉什么，其实，周围一切都很肃静，并无任何动静。每当他这样的时候，我总是很紧张地注视着他，唯恐他有进一步的异常反应，总算还好，他很快又恢复了正常的讲课，只是有一两次，他从停顿中缓不过神来，竟然问我们："你们听见楼上有什么声音？"我们摇头表示"没有"，这才使他摆脱了自己的幻觉与疑惑。我不敢说这是不是属于幻听的范畴，但至少是一种过度的敏感，表明他的确是"极度神经衰弱"。对此，大家看在眼里，心里对他这门两年的课程能否善始善终都没有把握。

神经衰弱远非绝疾顽疾，以闻夫子的政治社会地位、医疗条件与物质生活条件而言，他本不难迅速康复，完全走出阴影，然而，我们都没有这份信心，不敢有此期待。因为，听说他生活的"小环境"很不好，对他的健康十分不利。具体说来，就是他的夫人也已经重病在身，朝不保夕，而且，家里还有一个和他一样健康情况十分糟糕、同样"极度衰弱"的儿子。不难想见，他整个的家庭是愁云密布的。我曾经去过他家一两次，那是在朗润园深处一个单门独户的院落，里面是一座建构精良的西式平房，房前有宽阔的平台，平台前是一块绿茵茵的草地，整个院落十分雅致清幽，只他一家。显然，他的寓所的环境与条件比朱光潜、冯至、吴达元等名教授在燕东园两家合住的一幢幢小洋楼条件更好。可惜的是，他整个的寓所充满了阴郁、冷清、空寂的气氛，似乎是一个阒无人迹的空房子。屋内陈设也很简陋，一派疏于料理、懒于清扫的景气，显示出主人没有心情也没有精力顾及。见此情景，谁都很难对闻老夫子的迅速康复持乐观态度。

令人意想不到的是，闻老夫子带着病容、拖着病体终于把这门课讲授完了，真是善始善终，功德圆满！而且，在整整两年的授课过程中，每周四节课，他几乎没有请过病假，似乎只有一两次，因为有专车前来接他去参加"党和国家的活动"他才"旷了课"，但不久又另外找时间把课给补上了。他这种尽心尽职的敬业精神是可敬可佩的，他不以高级民主人士自居而以普通劳动者要求自己的态度是难能可贵的。

更为重要的是，他的《法国文学史》讲得十分成功，是我在北大期间所听过的最高质量的课程之一，也是获益很多的课程之一。他在讲坛上不是天马行空式地讲，而是从不脱离讲稿地照本宣科，他这样做至少是表明自己特别认真负责，保证自己所宣讲的每一句话都是经过深思熟虑、字斟句酌的。当然这样做也比较节省授课时所支出的脑力与体能，适合他的健康状况。

他所照本宣科的讲稿，应该说是写得相当出色的。其历史叙述明确扼要，颇有史家登高望远之势。在史实与例证上，都是选择精当、使用准确、很能说明历史的境况与发展的态势。在观点方法上，他不愧是一位高级民主党派的代表人物，鲜明地高举马列主义、毛泽东思想旗帜，力求运用历史唯物主义、阶级分析方法，与那个时代学术主流中的学者教授并无二致，但他高于一般人的水平，显示出了难能可贵的成熟性与明智的分寸感，没有过分的高调，没有生硬的思想批判，没有牵强的阶级分析，他尽可能做得通情达理、实事求是。看得出来，他有时在对一些作家作品板起面孔、一脸严肃作评的态度之下，实际上隐藏着、保留着他内心的一份赞赏与温暖。

家骊先生的文学史讲稿还有一大优点，那便是文字语言特别清澈、流畅，像一泓涓涓的清溪，映照出周遭的蓝天白云、绿茵花草，总之，颇具文采与诗韵。这在外文系的教授名家中也是很少见的，真不愧是诗人闻一多的老弟。

选闻先生做论文导师

闻老夫子不仅胜利完成了一门主课的讲授任务，而且还担负了指导学生写毕业论文的工作。我们毕业的那一个学年，每个人都必须完成一篇论文，我选了闻家驷先生作导师，题目则是《论雨果的〈艾那尼〉》。说实话，当时选闻家驷作导师的只有两个学生，我选了他的题目，多少有些"攀高枝"的心理在起作用，因为他不仅是有名望的文学史教授，也是雨果研究的权威，他翻译出版过一本《雨果诗选》，虽然篇幅有限，规模不大，但在外国文学研究与翻译成果出版得并不多的五十年代，就足以奠定了他在雨果译介领域里令人瞩目的地位了，而且，他在文学史讲课中评述法国浪漫主义文学的那一部分的确相当精彩。至于雨果的《艾那尼》这个题目本身，更是非常有吸引力，毕竟这是欧洲文学史上一部异彩纷呈的作品。这样一个近乎"辉煌"的论文题目，正撩动着青年学子牛刀初试的挑战心态，也投合了自己不无浅薄凡俗的虚荣心理。不过，我干得倒是十分认真、十分努力，钻研得也相当踏实深入，除了啃完这部诗体剧本的原文外，还把雨果与此作品有关的文学批评论著特别是他赫赫有名的批评名著《〈克伦威尔〉序》也找来啃了一啃，我后来翻译出《雨果文学论文选》一书，最早实源于斯也。至于论文写作本身，对于一部爱情题材的作品，一个大四的青年人是不会没有话说的，而且这是一出两个地位悬殊者之间的爱情悲剧，也投合我自己在"新社会"作为一个"平民"所具有的思想倾向以及某些潜在的感慨与思绪，当然，感怀抒情的灵感也是不缺的。于是乎，一篇论文之中，混杂着历史概述、思潮流派引证、文艺思想溯源、文本分析、思想见解、感触抒怀……一锅煮，竟也洋洋大观，篇幅达到了三万字的规模，这在当时的毕业生中尚属少见，也算得上是大学生中的"鸿文巨制"了。从领受题目到完成交卷，在整个过程中，我总共只到闻先生家去过两次，因为他身体不好，我实在不敢多打扰他。每次见面的时间也不长，他话不多，他本来就慎言笃行，似乎没有正确得体的把握就轻易不会有一言半语出口，跟我这样的晚生后辈，似乎也没有什么谈话的兴趣，我得赶紧告退。我宁愿拿出论文成果时给他一个"Surprise"（"惊讶"），令他刮目相看。在他审读之后，就我的感觉来说，我觉得的确是产生了这个效果。他是有点意外，但他并没有因此就对我多加称赞；他的评语很有分寸，态度不无保留，当时我多少有点失望。

"谁道人生无再少！"

闻家驷先生生于1905年，逝世于1997年，享年93岁。在我的师辈中，他要算是个长寿者，比精力充沛、声音洪亮的李健吾多活了十来年，甚至比古稀之年仍然骑着自行车、生龙活虎般往返于未名湖畔的陈占元也多活了两三年。在延年益寿的长跑上，他"后来居上"。谁也没有想到，二十世纪五六十年代还病病歪歪的他，竟然"笑到了最后"。闻老夫子的这种生命的韧性与耐力令人颇感意外。如果你了解这个韧性的过程与其中的根由，也许就更会感到惊奇了。

1950年代后期，听说闻老夫子的夫人病逝，人们在为闻老夫子担心的同时，希望他的健康能出现否极泰来的转机。过了一段时间，听说他并没有被丧偶的苦痛所压垮，至少健康问题没有比过去更糟糕，真值得庆贺。又过了一段时间，听说他续弦了，娶了一位比他年轻二三十岁的少妇。这个消息当然使人们很感意外，虽然是他的喜事，但人们却并不完全为他的健康高兴，总对他久病虚弱的身体是否经得起如此大喜事而心存怀疑。但出人意料而又令人宽心的是，此后并没有听到他健康恶化的消息，显然他已经平稳度过了他的新婚燕尔期，真是有老天爷在降福给他，老夫子真是"枯木逢春"了。又过了不久，闻老夫子又有大大的新喜讯传来：他的新夫人给他生了一个儿子。听到这个消息的人，无不表示惊奇。我想起当年他病病歪歪讲课的情景，面对这个新喜讯，不由得惊呼起来："这简直就是奇迹！"心里对他在将近古稀之年，于人生之途，仍然有"而今迈步从头越"的气概、勇气与坚毅，由衷感到佩服。而从这一连串事件所构成的生活轨迹来看，大家都非常明确地意识到，这一切应该说是他续弦再婚后的幸福家庭生活所带给他的。

　　他再婚后，我曾有幸去过他家几次，见过年轻的"闻师母"。那是一个面貌姣好、风姿绰约的少妇，衣着朴素又讲究，待人亲切而平和，谈吐得体而落落大方。闻老夫子家的氛围也似乎有了一些变化，不像以前那样阴暗沉郁、令人感到压抑，而多了几分明亮与生气。那位年轻的闻夫人，看来既有相当好的文化教养又颇精于家政料理，一切都井井有条，而且闻老夫子相当一部分外交事务都是由她承担的。显然，她替老先生把各方面的负担减少到了最低的限度，充分发挥了一个贤内助的作用。有这么一个赏心悦目的生活伴侣在身边，悉心照料，多方代劳，分忧解难，闻老夫子的那点"神经衰弱"何愁不烟消云散？生命力何愁不又一次焕发？

令人惊奇的还不止这些，还有闻老夫子在文化业绩上的又一次"容光焕发"。

说实在的，闻先生在1960年代以前，译述业绩与科研成果是很少的，我也许孤陋寡闻，只知道他1950年代出版过一本《雨果诗选》，另外就只有从未出版的法国文学史讲稿了。这种状况与他的声望、地位不能说是很相称的，人们往往更多地只把他视为受尊崇的高级民主人士。显然他自己也并不甘于这种状况，但由于健康原因，难以再创出学术辉煌。现在好啦，他有了美满的家庭生活与能支持艰苦劳作的健康身体，既然能创出生活的奇迹，为什么不能创出学术文化的业绩呢？

于是，不久后，就传出消息说，闻家驷已经开始翻译世界文学名著《红与黑》，并且据说已与一家权威的出版社达成了正式协议。他何时动的笔？我不知道，但从传出消息到该书于1988年由人民文学出版社出版，历时长达二三十年之久。世人常曰：十年磨一剑。闻老夫子打磨此剑何止用了十年？一个耄耋之年的老人至少花了一二十年的时间为一部闻名遐迩的世界名著伏案爬格子，这就是闻老夫子的学术文化晚景。这里固有他"青春焕发"的生命力，更有他不辞辛劳、持之以恒的坚韧毅力，毕竟这是一个难度不小的移译工程，一部五六十万字的文学巨著，闻老夫子终于把它完成了！我们从北大出来的这些同学，都为他高兴。他这个译本在注释与题解上都做得较为细致，所依据的也是一个比较权威的完善版本，自有明显的学术价值。其译笔虽守慎求实有余而灵动洒脱不足，但明达而流畅，正反映了他深厚的语言修养。它的完成与出版是一件大事，这是闻老夫子为中国的社会文化积累所做的一个很有分量的贡献，如果考虑它是完成于一个久病康复的老人之手，就更显出其难能可贵……

　　"谁道人生无再少，门前水流尚能西！"

李健吾

为李健吾等老一辈恩师编"盗火者文丛"

1982 年 11 月下旬，李健吾先生在北京去世，那时我正在外地开会，回到北京时，他的葬礼已经举行。

我怀着感恩的心情悼念健吾先生：是他认可通过了我的第一篇正式的翻译作品——莫泊桑的《论小说》；是他在我的《法国文学史》上卷问世时，发表了一篇热情洋溢的评论文章；是他对我所译的《〈克伦威尔〉序》表示了赞赏；是他在"文化大革命"后期在我和朱虹"挨整"时，给了我们亲切的同情与关照；是他仅仅因为我没有在运动中批判过他、对他表示了同情，后来就把我称为"孩子"……

他没有在大学里教过我课，但对我有师恩。他长我 28 岁，与我非亲非故，但对我有长辈般的关怀。人非草木，我怎能不怀有感恩之情？

2004 年伊始，我总算有可能为健吾先生、为其他前辈师长做一件像样的事了，那就是开始筹办"盗火者文丛"。此书系以中国 20 世纪从事西学研究、有业绩、有影响的学者名家为展示对象，每人一集，内容为散文随笔、休闲文字，并附有学术代表文论一种、学术小传一篇，以期构成集该学者学术成就、精神风采、艺术品位、生活情趣、文化魅力的一个缩影，实际上，就是一套西学学者散文书系。首先入选的就有李健吾，当然还有其他与我在同一个单位共同工作多年的师长，冯至与卞之琳。

与其说是我将他们收入书系，不妨说，这个书系最初的创意就是因他们而产生的，在一定程度上，是为他们"量身定做"的一套书。

这套书系中每一集的编选，尽最大的可能尊重已故作者的亲属的意愿，并发挥他们的作用，但健吾先生的众多子女中，只有李维永一位是从事文艺方面工作的，而这一位偏偏又有非常沉重的工作负担，且身体不好，实在无力承担基本的编选任务。我责无旁贷，便把编选工作承担了下来，主要从健吾先生的《福楼拜传》《咀华集》《杂忆录》《切梦》《意大利游简》《希伯先生》《戏剧新天》等十来部作品中选出了二十多万字的精彩篇章，组成了一本《李健吾散文随笔选集》，取名为《咀华与杂忆》。为了让李先生的子女有一个纪念，又特请李维永同志写了一篇后记。我自己则没有写任何纪念性、评论性的文字。

甘为他人作嫁衣

1957 年，我从北大毕业后，被分配到当时属于北京大学的文学研究所，具体的工作岗位是在《古典文艺理论译丛》编辑部。健吾先生早在 1954 年就从上海戏剧学院调到北京，在文学研究所任研究员，同时担任《古典文艺理论译丛》的编委。因此，可以说，我大学一毕业，就认识了健吾先生，并有了相当直接的工作关系，亲眼见证了他对于这个刊物的诸多贡献。就他的重要性与所发挥的实际作用而言，他仅次于刊物的实际主编蔡仪。在 17 期刊物中，他做出了明显贡献的有 9 期之多。有的是他全面提供该集的选题，有的是他承担了重要文论的翻译，有的则是他承担了校稿的"劳务"。

我在进入文学研究所工作之前，只知道李健吾译《包法利夫人》《情感教育》与莫里哀喜剧译得生动传神，他的《福楼拜传》写得灵动精彩，只是通过《古典文艺理论译丛》，才大大增加了对学者李健吾的认识，看到了李健吾关于西方批评史与法国文学史中名家名著名篇的渊博的、精微的学识。正是从那时起，我开始认定李健吾先生要算是高手如云的法国文学界中真正执牛耳的学者。后来，当罗大冈先生筹建中国法国文学研究会之时，我就力主李健吾应与罗大冈并列为研究会的会长。

也是从《古典文艺理论译丛》的工作开始，我对李健吾先生的学术人格有所认知、开始景仰。仅以选题工作而言，每条学术材料，对于学者而言，都是辛劳阅读生活中的所获，有的甚至来之颇为不易，而《古典文艺理论译丛》的每一则选目，其实就是一条条学术材料。我曾经见过不少学人均视学术资料为个人珍贵的"私有财产"，不仅自己"学术行囊"中的一条条学术材料、卡片箱里一张张学术卡片，从不见示于他人，而且连自己看了什么书，找到了什么书，也向人"保密"。健吾先生与此截然不同，他围绕已确定的中心题旨，总是热情洋溢地提供选题，让编辑部组织人去翻译、去介绍，甚至把只有他才藏有的原文孤本主动出借供别人去翻译。我自己所译出的费纳龙的《致法兰西学院书》与菲力克斯·达尔的《〈哲学研究〉导言》，不论是选题选目，还是原文书籍，都是健吾先生主动提供的。而我自己之所以能在参加工作之初就能顺顺当当走上文学理论翻译的道路并多少有些成绩，首先就应该感谢健吾先生。

在《古典文艺理论译丛》编辑部，还有一项工作更见李健吾先生无私的学术热情与乐于助人的豪爽，那便是校改译稿。这个期刊所发表的译文基本上都是出自一些权威学者、教授之手，组稿的对象不仅是在外语翻译方面属第一流水平，而且还要在文艺理论方面具有相当的修养。道理很明显，能译外国小说的人不见得译得好外国理论家、批评家的论著。这，对这样一个刊物，自然就形成译者不够用的问题，于是，主编就采取了一个变通的办法，也约请一部分科班出身、中外文均佳、并有一定人文学科工作经验的中青年承担一些非主打文论的翻译，但同时又立下了一个死规定，即这些青年学人的译文必须经过编委的审校与认可才可刊用。即便如此，事情也并不好办，因为这些编委都是权威学者、顶尖教授，或者正身负教学授业的重担，或者正致力于构建皇皇巨著，以校对这种劳役相烦，实在难以启齿。幸亏有健吾先生，他总是格外豪爽，特别热情，痛痛快快地承担了不少校稿的事务，不仅校法文译稿，而且也校英文译稿，有不止一个青年学人的译稿经过他的审阅与校对而得到了发表，其中就有我译的莫泊桑的《论小说》和费纳龙的《致法兰西学院书》。对于李先生来说，这是"为他人作嫁衣裳"的"义务劳动"，只不过，实际的主编蔡仪先生为了尊重老一辈专家的劳动，也为了保持刊物译文的权威性，规定这类青年学人的译文一概必须署出校对者的名字，因此，至今，我们仍可从这个期刊上见到桂裕芳、文美惠等人的译文后署有"李健吾校"的字样，而当年这些青年学人如今早已是名声卓著的大译家了。

《古典文艺理论译丛》是李健吾调来北京后一个重要的学术平台。在这个平台上，他展示了自己多年来作为一个西学学者积累下的深厚学养，为这一个学术文化项目做出了多方面的贡献，而且，也是从这里，他在学术上又开拓出自己一个专深的领域——西方戏剧理论批评史。他系统地研究收集了西方戏剧史上的所有重要的文论，并着手组织翻译，进行整理，要出版一部大型的西方戏剧理论资料的书籍，足有好几百万字的篇幅。这显然是一个巨型的文化积累工程，他正式投入这个工程的时候，已是二十世纪六十年代初了，那时，我已经调离了《古典文艺理论译丛》编辑部，听说他在研究所里找了一个从德国留学回来、专攻莱辛的《汉堡剧评》的青年学者当他的助手与合作者。到"文化大革命"的前夕，据说整个大型资料已完成了相当一部分。但是，经过十年"浩劫"之后，当李先生到研究所的仓库里去找他那些被抄家的重要稿件，想重起炉灶时，却再也找不到那份凝聚了他自己心血的戏剧思想史资料了，杨绛比他还幸运一点，总算在本单位仓库的杂物堆里，把她在"文化大革命"前译出的《堂·吉诃德》的译稿抱了回去。

唯有一张"古典的书桌"

李健吾在北京大学文学研究所工作期间，住在北大中关村二公寓。那是北大教职工的宿舍，环境当然不及燕南园那么清雅幽静。1955 年后，文学研究所从北大划归中国科学院哲学社会科学部，搬到了城里的建国门内，李健吾后来也就住进了哲学社会科学部在东单干面胡同新建的高级宿舍大楼，这幢大楼的住户还有钱锺书、杨季康、卞之琳、罗念生、戈宝权等。

　　不论是住在中关村，还是住在干面胡同，李健吾家里的陈设都非常简单朴素，客厅里没有高级的家具，书房里没有古色古香的书案与柜架，墙壁上没有任何字画条幅，虽然巴金、郑振铎、曹禺都是他多年的老友，他如果有心的话，那是不愁没有名人墨迹来装点装点的。和燕东园、燕南园好些名教授、名学者的寓所比较起来，他家毫无气派、雅致与情趣可言，陈设氛围颇像一个小康的市民之家，完完全全是一派过柴米油盐日常生活的景况，唯有宽大书架与旁边书几上堆得满满的书籍，才透露出主人的学养与渊博。

　　李健吾的书桌与书几，是他寓所里唯一能吸引人注意、也值得观察的景观。在我也许不尽准确的印象中，他的书桌首先是一张"古典的书桌"，也就是说基本都是洋书，而且是古旧的洋书，一看就是多年来自己所购置的，不是从任何一个图书馆里借用的。与他家的生活陈设、生活景况充满了日常现实气息形成强烈对照，他的书桌倒是绝无"人间烟火气"，没有《人民日报》《红旗》杂志，没有文件通知，甚至也没有文艺界的权威性的、指导性刊物，我想，这种情形大概正反映了他在文学研究所期间一直在集中精力研究法国十九世纪现实主义、研究与翻译莫里哀的业务状况。其次，他的书桌书几是拥挤不堪的，堆放的书足有几十本之多，而且杂乱纷呈，零散倒置，一本本都夹着书签，夹着纸条纸片，或者临时夹了一支铅笔、一支钢笔，有的仰面摊开，有的朝桌面扑俯，一看就是主人在迅速阅读时急于留记号、作眉批，或者是在查阅出处、引经据典、寻章摘句时，总那么手忙脚乱，实在是顾不上桌面的整齐。李健吾关于莫里哀与十九世纪现实主义的论著论文中旁征博引、注脚引文之多大有钱锺书之风，他那种学力学风的原始状态与奥秘就正是在他的书桌上……我曾经对李健吾学术文章中思绪的灵动、视角的多变、论点的飞跃感到惊奇，自从见了他的书桌书几之后，我便愈益明白了，其原因就在于他读得多、见得多，食粮的来源广、品种杂，他没法不兼收并蓄，没法不丰富，他的文章没法不像倒在杯子里的啤酒一样，丰饶得直冒泡……也许，正是在如此成堆的、卷帙浩繁的资料中他常常会应接不暇，他在思绪与思绪之间、论点与论点之间经常跳蹦得太频繁，而且，他手写的速度肯定大大跟不上思想的灵动与飞跃，以至于他的手迹往往像天书一样难以辨认，愈到他晚年，就愈是如此……

永远散发清香的"君子兰"

特别使我感念难忘的，是李健吾对后学晚辈的厚道与热忱。

我在中国社会科学院多年，一批智者、贤者不仅给了我深切的感受，而且使我深受其惠，而使我受惠更多的，则是李健吾。时至今日，仍有几个凸显的事例，使我一直感念不忘。

其一，我的第一篇翻译是健吾先生校对的，对于这件事我曾在本书前面《译莫泊桑，一个被逼无奈之举》一文中，做过如下的记载。我刚分配到《古典文艺理论译丛》编辑部做编辑、翻译工作。这个丛刊每期都围绕一个特定的主题翻译介绍西方诗学、西方文艺批评史上的经典理论文献，但每一期都配一两篇作家谈创作的文章。配搭文章，一般由编辑部里的年轻编辑自行选定与组稿。记得1959年的一期中，正好缺一篇配搭文章，于是，我便将这个任务承担了下来。我选定了莫泊桑的《论小说》这一篇在世界现实主义创作论中脍炙人口的理论文字，由于当时需要赶时间发稿，来不及请著名翻译家译出，只好由我这个初出茅庐的小编辑来试试。因此，我这个选题与译文由领导交给了编委李健吾审阅批改。李先生通过、赞许了我所提出的选题，在百忙中审阅了我的译文，只在莫泊桑所引证的布瓦洛的那句诗上，改动了几个字，显示了"一个字用得其所的力量"。

其二，我的第一批翻译，其选目有相当大一部分都是由健吾先生指点、提供的。我在从事外国文学研究工作之前先做了几年的翻译、编辑工作，由于岗位的性质，我早期的一批翻译成果很少是外国文学作品，而是外国文学理论批评的篇章。当然这两种翻译颇为不同，理论翻译有它特定的难度，对于年轻的译者来说，哪些理论批评的名著名篇该译、可译，首先就是一个问题，如果没有人指点，你就如同进入了一个大森林，究竟什么地方有美味的果子好采、可以采哪一种、应该采哪一种，你都会感到茫然的。李健吾对我正起了这种指点者与引导者的作用，如 17 世纪大学者费纳龙的《致法兰西学院书》与巴尔扎克的挚友菲力克思·达文的《〈哲学研究〉导言》，以我个人当时的知识积累与学力，是怎么也不可能找到这两个宝贵的选题的。它们就像两颗宝石埋藏在地底，正是健吾先生将这两个选题指点给我，并主动将两本原书借给我用，我才得以译出的。我还记得那是两本旧得发黄的法文书，想必是他早年在法国购存的，其中一本是有关巴尔扎克的资料汇编，十九世纪末出版的，一看就是"善本书"，用俗话来说，是"压箱底的存货"，在还没有"七星丛书"版的《巴尔扎克全集》的当时，实在是宝贵得很！

其三，我出版的第一个翻译成果《雨果文学论文选》，首先是得到了健吾先生的首肯与称赞。由于我大学的毕业论文题目是关于雨果的，走上工作岗位后，便一直保持了对雨果的兴趣，并没有中断对雨果文艺论著的翻译。从容译来，自得其乐，因雨果的理论篇章写得华美瑰丽，文采斐然，移译之中若遣词造句巧妙得手，那简直就是一种艺术享受。数年磨一剑，到 1960 年代初，总算译出了一本十几万字的选集，有幸被列入了"外国古典文艺理论丛书"的出版计划之中。这个译丛是著名的"三套丛书"中的一套，朱光潜、季羡林、金克木、辛未艾等名家所译的理论著作都已收入其中。这个项目本来审稿制度就很严，对于我这样一个年轻的译者当然更要慎之又慎，全部译稿必须经过多位资深专家一致审查通过。译稿先是交李健吾与鲍文蔚两位专家审阅，鲍文蔚是法文翻译界与李健吾同辈的一位权威，以善译难度较高的作品著称。审查通过了，健吾先生还直接告诉我，他与鲍先生都认为"译稿达到了出版的水平，其中《〈克伦威尔〉序》译得特别出色"，他还补充了一句："鲍先生特别要我告诉你这一点"。《〈克伦威尔〉序》是雨果讨伐伪古典主义的檄文，洋洋洒洒五六万字，是批评史上一篇经典文献，文笔如天马行空，而且旁征博引，典故繁多，翻译难度很大，译文能得到这两位师长的首肯与赞赏，说实话，我是深感荣幸的，几年的苦熬苦译，得此褒奖，岂能不有点"欣喜若狂"！多年来，这件事我一直感念难忘，因为它是我青年时期漫长行程中难得遇见的一件充满了善意、关怀与温暖的事件。

其四，我主编的《法国文学史》出版时，最先得到了健吾先生的"雀跃欢呼"。三卷本《法国文学史》开始写作是在"文化大革命"的后期。1979 年 1 月，《法国文学史》上卷出版了。坦率地说，我认为应该得到回报与赞扬，但我没有想到，回报与赞扬是来自李健吾，唯一的李健吾。他在一家大报上发表了一篇长达三四千字的文章，又是"不亦悦乎"，又是"兴奋"，真是热情之至。作为一个长辈，竟把后生的进步与成功视为自己的欢乐，高兴得像小孩过节一样，他毫无保留地这样说："世纪变了，现实变了，旧的该让位给新的"，"作者为中国人在法国文学史上创出了一条路"，他还讲出长者的赤诚心地与肺腑之言："老迈如我之流，体力已衰，自恨光阴虚度，无能为力，而他们胆大心细，把这份重担子挑起来，我又怎么能不为之雀跃者再？"

虽然李健吾对我关怀鼓励有加，但我们之间称得上是"君子之交淡若水"。只是过了多年，在"文化大革命"之后，我从一件事、一个称呼中才发现、才体会出他那种父辈式的亲切与感情。

1982年夏，美籍华人作家木令耆到北京访问，她是朱虹在美国的老朋友，因此要我陪同她、引荐她去见几位文化名人，其中就有李健吾。那是一个晚上，在干面胡同李健吾的寓所，时间虽只有两个来小时，但晤谈甚欢。李健吾像平常一样谈兴很高，热情洋溢，谈到他"文化大革命"前不久被当作"白旗"批判的经历时，他指着我对木令耆说："那些人在批斗我时，这孩子挺身而出，为我辩护，说了真话。"他这一番话后来被木令耆写进了她的散文《悼念李健吾先生》中，该文发表在香港《秋水》杂志上，后又被著名作家韩石山转记在他的《李健吾传》（北岳文艺出版社）中。在那次谈话的当时，他这句富有情感色彩的话就深深触动了我的耳根，这是我第一次听见他称我为"孩子"，而且是当着一个从未交往过的外人，显然，他是把人与人之间的理解、善意、照应、情义视为最宝贵的东西，凡是他所接收到的，即使再微不足道，他也看重着、存放着、珍惜着，而他自己则始终保持善良、仁义、热情的本性，就像君子兰般散发自己的清香……

仁者天寿

晚年时期的李健吾在学术上有了很多新进展、新成果，他相继问世的论著有《福楼拜传》《李健吾散文选》《戏剧新天》《李健吾戏剧评论选》《李健吾文学评论选》等，译作则有《包法利夫人》《意大利遗事》与《莫里哀喜剧全集》等，就其数量之多与出版率之高，在整个外国文学研究与翻译领域，要算是遥遥领先的。他充分利用了1970年代后改革开放时期较为宽松的文化空间，以他的劳绩，证实了他在外国文学与文化艺术领域里大师的地位。

1970年代后期，我国开始建立起硕士研究生学制，中国社会科学院也成立了研究生院，当时所招的研究生均为"文化大革命"前就完成了大学学业并经历专业实践与政治磨炼长达十年之久的新一代精英，即所谓的"老三届"。那时，正是中国社会科学院学术实力与学术影响的高峰时期，也是研究工作最为繁荣昌盛的"黄金时代"。

就法国文学这个小小的分支学科而言，第一届研究生就招收了十几个人，导师则是李健吾、罗大冈和我。前两位是我的师辈，与他们同列，是我的荣幸，也正因为我比较年轻，有关研究生的工作也就主要落在我肩上，包括从出考题、定考卷、主持面试、判分、录取到讲授两年专业课。就学术资历与学养而言，我显然不如两位长辈，但李健吾特别随和与宽容，放手让我去做，从不"以高妙自居""从旁指点""提醒告诫"。

晚年，李健吾先生一直笔耕不辍。我每次去拜访他，都见他在伏案工作，书桌上全是书与资料。有时是忙自己的事，有时则是替素不相识的译者与青年作者"作嫁衣裳"——校稿、改稿，推荐与张罗出版人家的东西。

1981 年秋，李健吾与夫人同赴上海，重游了他们过去居住的故地旧居，且又赴杭州游山玩水，然后，去长沙和贵阳看望老友。这年的冬天，他偕夫人回他的故乡山西。1982 年，他和夫人又三度出游——宁夏、北戴河和西安。这两年的出游，每次除了参加文化活动或戏剧活动外，就是看望老友。这年的夏天，他有一天还兴冲冲地带着相机来研究所与他的晚辈留影，那天我正好外出开会，错过了机会。见他兴致十足，跋涉南北，我很为他高兴，但多少也有点感觉。我想，他大概意识到自己已经老了，要趁脚力尚健的时候，多跑些地方，多见些故人，毕竟他已经快 80 岁了。

1982 年 11 月中旬，他从外地回北京后，仍在不断写作，仍像正常人一样参加研究所的活动。11 月 24 日，他在撰写游四川观感的文章时，在书桌前离世而去。他去得太令人痛惜，还不到 80 岁！但他未受病痛的折磨，又不失为不幸中之大幸。

仁者天寿，无病而终。他该是在对巴山蜀水之乐的奇妙感受中乘鹤而去的……

冯　至

　　从严格意义上来说，我不能算是冯至先生的学生。我在北大学的不是他那个专业，我没有听过他一堂课，他的三大"绝学"——德国文学译介、杜甫研究与抒情诗创作，我都沾不上边，甚至知之甚少。

　　从另一种意义上来说，我又的确是冯至先生的学生。我一进北大西语系，他就是我们的系主任。我出了校门，分配到研究所工作，他不久也调离了北大，来到文学研究所（1964年改为外国文学研究所）当所长（1982年辞去所长职务，改任名誉所长），他是我个人科研工作的直接领导者。何况，在"文化大革命"中，我还亲耳听人告诉我，他曾在一个公开场合正式说过，我是他的"学生"。

大学生活的一次美好回忆

　　在北大时，系主任一个学年同全系同学大概只正式见一两次，那都是在典礼上和重要活动上，不外是讲讲话。冯先生的讲话，给人的印象是极为深刻的，当年西语系的学生，恐怕今天还能记得起来。他并不善于演讲，从不长篇大论，也没有什么"起承转合""布局谋篇"，更没有抒情、煽情之类的词句与表达方式，看不出是鲁迅所赞赏的"中国最杰出的抒情诗人"。他讲的都是一般性的道理，都是常理常情，甚至是一般人的老生常谈，他绝不追求个性的表述，可是，作为一个新中国的系主任，他对学生进行训导时，能不讲点一般性的道理吗？不过，他讲起来，却完全沉浸在这些人云亦云的道理之中，特别认真，特别真挚，似乎不是讲出来的，而是从内心流出来的，头还轻轻地晃动一下，似乎有点沉醉，加上他声音特别柔和，带有明显的颤音与感情色彩，有时还将有的词语重复一下，不是在强调，而似乎是自己在体味、咀嚼，同学们对此还是颇有好感的，至少觉得他没有丝毫道貌岸然、板起脸来训人的样子。正是在同学们这种普遍的亲切感中，西语系发生了下面这么一件事。

一次，系里开师生联欢会，那是在一幢古色古香的教学楼的小礼堂里，气氛十分轻松热烈，是 1950 年代初到中期那一个特定时期宽松大环境的典型产物。节目都是师生们自己的"玩意儿"，其中最使大家觉得有趣有味的，是一个相声节目，表演者是我们法文专业高年级的两个同学，其中那个主要的，是一个"猴精猴精"的青年，平时老穿一身港式服装，一说话却是一口京油子腔，而且特别能"贫"能"闹"，周身充满了喜剧气味，他们表演的节目就是模仿冯系主任对学生的一大段讲话。毕竟是学法兰西文化的学生，颇沾上了法国人"自由、平等"的调皮劲儿，又学得了一些西方的幽默情趣，段子编得十分有趣，逗笑却又"谑而不伤"，声调与动作的模仿则基于长期的观察，因此表演得惟妙惟肖，逗得大家笑声不断，多次鼓掌助兴。那个节目虽然内容与表演都不无夸张，但至今我觉得并无恶意与不敬，在我看来，就有点像丰子恺画爷爷奶奶辈人物的漫画，或者像顽皮的孙子爬上了爷爷的膝头去扯他的白胡子。冯至先生就坐在前排，看着眼前这一出喜剧，面上并无尴尬之色，倒是带着一种憨厚宽容的微笑，当然，因为不好意思而有一点面红耳赤。总之，这个场景充满了善意、平等、轻松、亲和的气氛，至今仍是我对北大西语系生活的最为美好的一次回忆。

他的宽容与支持成全了我

在研究所工作的二十多年时间里，我几乎一直是在冯至先生的直接领导下工作，这是因为：我一直是所重点项目的负责人或主要承担者，这些任务都是由所长直接过问的，如1964年周扬提出外国文学研究所"生死存亡的大事是能否编写出大部头的文学史"后，我被任命为《欧洲二十世纪文学史》编写组的学术秘书，操持日常工作安排；"文化大革命"结束后研究所正式恢复业务工作，筹备与创办全所性的学术机关刊物《外国文学研究集刊》的任务，也落在我头上。所有这些都是直接由冯至先生领导。而在正式恢复业务工作之前的"文化大革命"末期，我邀约两位同道开"地下工场"写《法国文学史》，也是主动争取冯至先生的关怀与认可。

又如，1978年在广州举行的全国外国文学工作会议上我的长篇发言《西方现当代文学评价的几个问题》，对"日丹诺夫论断"提出了全面批评；在外国文学所当时的机关刊物《外国文学研究集刊》上连续三期组织开辟专栏《外国现当代文学评价问题的讨论》；1981年，我又推出《萨特研究》一书，全面

20 世纪 80 年代，我和朱虹与冯至先生在其书房

介绍萨特存在主义哲学思想与文学业绩……这些在外国文学界有较大影响的事情都是在他的关心与支持下完成的。

由于业务工作，我到冯至所长的家里去过两三次，有幸亲眼看见了他书房里的情景。

冯至的书房是我见到的最典雅、最精致、最整洁、最质朴的一个。明窗净几，一尘不染。两大排高档的书架上整整齐齐地放着一整套一整套外文书的精装本，内容丰富，色彩缤纷。洁白的墙上挂着茅盾书写、赠送的一个条幅，除此之外，别无任何装点。窗前一张大书桌，桌面上由两个书档夹竖着为数不多的几本文化学术书籍，几乎全是外文的，随时间的不同而有所调换，一看就是他近期关注与研读的书。一次我去他家时，他书桌的书档中夹着几本精装外文书，却有一本橘红色封面的中文书赫然在目，书脊有几个清晰的字样"萨特研究"。

冯至担任研究所所长的二十多年期间，虽然我一直是他领导下的一个研究室的"头儿"，但每当开所务会议时，我经常是远离中心会议桌而坐在门口，我总觉得自己既无庙堂之志，就尽可能不要有"登堂入室"之态，只求实实在在做出几件事就可以了，因此，我虽与冯至先生具体业务关系很多，但我与他之间的关系并不近乎，而总有着相当一段距离，这可能就是庙堂内与庙堂外的距离。我心里一直非常清楚，我那些年里做成的一件又一件的事情，都是以他的存在为重要客观条件的。他的宽容与支持成全了我，我感谢他。

卞之琳

学生时代的一次尴尬采访

　　从颇有古意的高塔的一侧顺下坡路而去，就是明媚如画的未名湖，沿着湖边平整的通道前行，经过一座古色古香的巨大体育馆，道旁又横斜出一条蜿蜒的小径，通往一大片郁郁葱葱的天地。小丘与丛林掩映，幽微灵秀，看不到尽头，那里面藏着朗润园、承泽园等好几个园林住宅区，是北大的鸿儒名家的高卧之所。就在这条小径的旁侧，有一座带围墙的幽深的院落坐落在朗润园的外围边缘，仅隔百把米与未名湖相邻，院落前有一座带石栏的小桥，但桥下并没有流水。好一个富于诗意的寓所。

　　北大，1954 年的一天下午。我们诗社的几个学生在宿舍集合后就是沿着上述路线如约来到这院落，要在这里拜会诗人卞之琳。这天下午是全校社团活动时间。

　　1950 年代，特别是在 1957 年以前，北大校园里形形色色的社团，真可谓繁花似锦，即使不说是北大校史上的一大胜景，至少在我心里也是一段五彩缤纷的回忆，仅以人文领域而言，就有文学社、诗社、剧艺社、民乐社、唱片欣赏会、合唱团……每到每周社团活动的前一天，校园里就贴满了各个社团活动的海报，琳琅满目，令人目不暇接。

　　参加社会活动的，低年级学生居多。因为在这些活动里，可以增加点文化内涵，如碰上报告会、座谈会、采访等，那简直就是一个个"准课堂"。我爱上古典音乐，并能背诵出贝多芬好几个交响乐里的某些旋律以及《天鹅湖》《圣母颂》《蓝色多瑙河》等名曲中某些段子，就是从那时参加有关的社团活动开始的。我并不是诗社的固定成员，因为自己不会写诗，不敢高攀，只是偶尔见有意思的报告会或活动就去参加，如田间的报告会，如这次采访卞之琳等。

"卞之琳"这个名字，当时于大一学生的我真是"如雷贯耳"。其实，我并没有读过他多少东西，但从高中时起就熟知他诗中那脍炙人口的名句：

> 你在桥上看风景，
>
> 看风景的人在楼上看你，
>
> 明月装饰了你的窗子，
>
> 你装饰了别人的梦。

那是在湖南省立一中读书时，一个语文老师向我们介绍、讲解的。那位老师名叫彭靖，他本人就是一位诗人，在诗歌创作与评论方面有一些成就。他极为赞赏、极为推崇卞之琳的这一名句，使我们对它语言之妙、情境之妙、意趣之妙与哲理之妙大为叹服。说实话，卞之琳仅仅以他这一绝句就征服了我们。即使在今天看来，对于相当广泛的读者来说，恐怕也是如此。

那天，似乎只是诗社的一次小组活动，一行仅七八个人，西语系的同学居多。我们进入一个幽静的院落，正面是一幢古朴而精雅的房舍。北京大学继承了原来燕京大学的校址与产业，校园里有不少这种幽静的院落与古雅的平房，房子外观古朴，而内部结构与装修却是十分现代化、十分讲究。屋里寂静无声。我们这些没有见过世面的新生就像进入了一个高雅肃静的圣殿，只不过，当时我有点纳闷，听说这所房子是西语系教授钱学熙的寓所，为什么我们到这里参拜卞之琳？一直到后来好些年以后，我才知道，卞之琳早年长期单身，自己没有置家，老在朋友家寄居，在上海时，在李健吾家；在北京时，则在钱学熙家，他倒是朋友缘特好的，看来，他是一个颇受欢迎的人。

钱学熙，我们并不陌生，他为西语系的学生开文艺理论课。他脸色赤红，一头浓浓的黑发披在大脑袋上，颇有雄狮之姿，他老穿一件军大衣，据说，是刚从朝鲜战场回来不久，他在那边当了一阵子英文翻译。他讲起课来，可不像雄狮，而像是一个老婆婆，常仰头，向着天花板，闭着眼，像是在喃喃自语，嘴里慢吞吞吐出一句又一句讲词，全是浙江土音，但隔那么两句，就要来一个口头禅："是不是的啦？"似乎在为他那些从"苏联老大哥"文艺理论里学来的论断一一征求堂下学生的同意。

这天，钱学熙没有出现，我们在雅致的客厅里等了十来分钟，从里屋出来一个中等个子、身躯偏瘦的中年人。也许是厅里不够明亮，他又穿着一身深灰的干部服，毫不起眼，几乎是一下就融入了我们这一群学生一片灰蓝的晦暗色调之中，而且是没有什么声响，因为他一脸沉闷，既没有跟我们一个不落地握手，也没有什么欢迎词，没有采访之前的寒暄……一群素不相识的学生来找他，和他在未名湖畔碰见一群不相识的学生有什么两样？点点头也许就足够了，可我偏偏因为客厅里光线不足而没有见他点头……真是不同凡响的见面，至少是不落俗套的见面，低调而自然合理。

访谈一开始就冷场。本来，北大学生中，富有诗情的少年才子大有人在，可惜那天却没有一个到场，来访的学生，从后来的发展来看，没有一个是在诗园里有所作为的，看来，当时也没有一个人对诗歌园地的那一套活计有起码的经验与见地，而是都像我一样，脑子里空空如也，只是前来看看这位著名诗人是个什么样子而已，一上来，个个怯场，不敢提问题，于是就冷场了。

诗人更不含糊，他固守着他的沉闷。面对着冷场，他似乎乐于加以呵护，他静静地抽着烟，心安理得地一言不发，这种架势与氛围，再加上客厅里的幽静与光线的暗淡，似乎有助于使这静场凝固化了。这倒便于这些学生去好好地观看诗人，而不是去倾听诗人，他们本来就是来这里一睹风采、开开眼界的。

且看诗人，他面色略显黝黑，好像是晒多了一点太阳，一身布衣，很不挺整（这与他多年着衣讲究的习惯颇不相符，后来我才知道，他那时似乎参加了一段农村工作，刚从乡下回城不久）。他高阔的前额，戴着一副眼镜，后面是一双大眼，他眼睛很少转来转去，甚至很少正眼注视别人，似乎总是陷于自己的内心状态，而不关注外界的动静。当他正眼看人时，眼光是专注而冷澈的，很有洞察力，甚至颇有穿透力，只是没有什么亲和力，因为他很少笑意迎人。他嘴角微微有点歪斜，但不难看，似乎是由于使劲思考而略有变形，这倒是给他的面部平添了些许灵智的生气。

他在静静地吸烟，丝毫也不在意这次采访的效果，甚至也不在乎来访的学生们对他的印象，而学生也不慌不忙，在静静地观察这个对象。着急的是采访的带队者，他急于把冷场变成圆场，于是只好亲自上阵，向诗人提出一个个问题，要引他开口，以打破冷场。他含糊提了几个问题，诗人无精打采地作答，仍然不断抽烟，一脸的沉闷，即使是谈到自己，也毫无通常人所难免的自恋与沾沾自喜，他毫不掩饰自己对这次访谈没有什么兴致。和这些毛孩子谈诗有什么可谈的呢？以他的名声与地位，他有必要在这几个大一新生面前为继续积累自己的人气与声望而克制自己的腻烦情绪？如果那样岂不太庸俗了吗？他怎么会那么做？他是卞之琳呀。

那天，他当然也讲了一些话，但他当时讲了些什么，我现在什么都不记得了，一是因为我当时的注意力一直专注于看，而不是听；二是因为他那口十足的浙江口音，我第一次听起来实在非常费劲，绝大部分都没有听懂。

难得一欢颜

从诗社那次采访后，我一直到毕业参加工作之后，才再见到卞之琳。先是和他在同一个单位文学研究所，从 1964 年后，则是在同一个研究室即外国文学所西方文学研究室。那次采访活动中他那张使我感到奇特的面孔，在以后的三四十年里就经常"低头不见，抬头见"，自然习以为常了。他的面孔，在他自己独处时或在他看书写字时，总是沉静的，而在他与人打交道的时候，则总是沉闷的、冷淡的甚至是冷漠的。我很少见他是热情的、和善的、亲切的。这倒不是因为他对人有什么敌意，有什么强烈的憎恶，而是因为他太喜欢陷于自己的心境中不被干扰，他太喜欢独自沉浸在细腻的自我感受之中，于是，在面对他人之时，就不免表现出苦涩、不得已、不耐烦、勉强周旋之态，特别是当他感到面前的对象较为幼稚、他所面对的问题是他认为没有多大意义，或浅显无聊时，他那种无精打采、懒得搭理之情，就更溢于言表，大有"他人就是地狱"之态。这就是他贵族式的精神态势与"交往模式"。

不过，他也因对象而异，对与他同辈的名人朋友，他当然不能那么爱理不理，态度总要亲近些、随和些。可是，说实话，我从来就很少见他与同辈的学者朋友如李健吾、钱锺书、杨季康、罗念生、罗大冈、潘家洵在一起倾心交谈，有时我甚至不相信他曾经是李健吾的老友！曾经借住在李家！只不过，在组室的会上，每当他提到这些同辈时，都经常亲近地直呼其名，如"健吾""大冈""季康"等，毕竟保持着一种君子风度。心思细腻如他，当然有时更为讲究，如他对自己的上级领导，即使是他多年的朋友，他也并不亲切地直称其名，而是称呼得较为正式一些，如"乔木同志""其芳同志""冯至同志"，等等。

现今回顾的时候，我想起我也曾有一次意外地碰见卞之琳"千载难逢"的笑脸。那是我刚被分配到文学研究所之后不久，一天下午，我十分意外地在中关村园区里迎面碰见了卞之琳……

那时，中关村有个很有名的"社会楼"，楼里面有个两层楼的"茶座"，供应咖啡、牛奶以及一些西式点心，在当时，这里要算是一个比较洋派、比较高档的消费场所，是那个时代中关村的"星巴克"。那是我毕生最难忘的一个地方，当时，我第一次在报纸上发表了一篇小文章，拿到第一笔稿费后，就到那里喝了我生平第一杯牛奶，吃了两个奶油夹心面包，花了五毛多钱，还不到那笔稿费的三十分之一。走出茶座时，我觉得自己真是潇洒而富足。此后，每当我犯馋时，就跑到"茶座"去，吃两块桃酥。那天，是个星期天，食堂只开两顿饭，到了下午，我不免又去"茶座""潇洒潇洒"，从那里出来后，正在社会楼后面那一条两旁有高大梧桐树的通道上信步，没想到正碰上卞之琳迎面而来。

他穿一身笔挺的毛料中山装，很精神。他不是一个人，身边有一位风姿绰约、衣着雅致的少妇。我立刻多少意识到这是卞之琳夫妇。我被分配到文学研究所后不久，就听说卞之琳刚结束了他长期的独身生活，与一个才貌双全的女士结了婚。据说，她也是一个作家，写过小说，在文坛有点名气。看来，这就是那位才貌双全的卞夫人了。但这时，我最想做的，就是避开他们，我觉得自己刚到这个单位没有几个月，与卞之琳从未打过交道、说过话，还不到跟他夫妇打招呼的份儿上，加上过去在那次诗社活动中见识过他的做派，还是别自讨没趣、自找尴尬吧！我很想转过身去，回头就走，但已经来不及了，于是，只好闷着头蹭着路边走，想装着没看见，只不过是本单位新来的一个青年大学生嘛，他很可能压根儿就不认识，甚至毫无印象。但是，大大出乎我的意料，那一天他的高度近视眼却好得出奇，不仅认出了我，而且他就像换了一个人似的，还没有走到跟前，就笑脸相迎，主动跟我打招呼，他的夫人也面带微笑，这么和气亲切的一个师辈！我当时受宠若惊，赶紧回应，躬身向他们致意。

卞之琳的那次笑脸，简直就是一个奇迹。它那么主动，那么热情，那么近乎，那么亲切，那么真诚，那么天真，那么自得与欣喜，说实话，"此笑只能这回有，平时难得再一睹"。我这一辈子的的确确只见过这一次。当然，它绝不是因为朝着我这一个无名小卒而来的，那时他很可能根本就不知道我的名字，只知道我是研究所里一个新来的青年人。这笑是一种心情流露，是一种精神状态的展现，是一种意向的表达，应该说，简直就是"天时、地利、人和"等诸多因素汇集于同一个时空条件下的绝妙产物。

休假日的一个下午，天气晴和，风清气朗，还没有从新婚蜜月状态中走出，与夫人去中关园的林荫道上散步，或者还去"茶座"休闲休闲，衣着讲究，气度不凡，即使是走在人杰地灵的中关园里，亦不失为一种高雅，特别是作为一个诗人、一位绅士，身旁又有一位如此美貌、婀娜而又高雅的美人相伴，其艳福是显而易见的，足以引起也应该引起路人羡慕的眼光、识者赞赏的注目。接受这种眼光的投射与欣赏，本身就是一种愉快，一种享受，这是对自己美满的确认，对自己幸福的确认，与"诗迷"们对那四句的崇拜并无二致。为欢迎这种目光，总该为识者投射这种目光提供必不可少的氛围与条件，毕竟这是对新婚夫妇幸福美满状态的一种祝贺……

于是，我这位无名小卒就这样有幸见到了卞之琳难得的满面春风。

失眠"咏叹调"

不仅在中国社会科学院，而且在整个学林，卞之琳都要算得上是一位真正有绅士派头的人。他的衣着从来都很讲究，就像我在中关园路上碰见的那次一样。诗社的那一次，他穿得很随便，似乎是唯一的一次。当然，"文化大革命"期间，干校劳动期间就不在话下了。我倒从没有见他穿过西服，而总是穿一身中山服，除了衣料总比一般人的好外，主要是裁剪缝制得特别精致贴身，而与老干部、老革命那种宽松肥大的制服大不一样，再加上他经常披着款式同样精良的风衣或高质量的烤花呢大衣，一看就是一个洋派十足的名士。至于他的外部形貌，第一次看他时，就可以感到他智者宽阔的额头，加上浅色眼镜后一双神情深邃的大眼，构成了一张典型的知识分子的面孔。两边嘴角与下巴略有点不匀称，但又显出执拗劲，似乎是思想者那股冥思苦想劲头的外化。后来长期相处于同一个单位看多了，发现他身姿与步伐也颇有特点，他走起来的时候，一边的肩膀略略往上抬起，脖子微斜，微微有点僵，而步伐又快，颇有直往前冲的架势，给人以倔强的印象，似乎又是精神上的自得感、优越感的外化。

在那个年代，人们在本单位的公共生活，主要就是开会，而在会上，人们要做的事不外是谈思想认识，找思想认识上的差距，检讨思想认识上的失误……习惯于这种政治生活、热爱这种政治生活的当然大有人在，但对卞之琳这样一个有个性、有雅趣的高士来说，老在大众公共生活中裸露自己的灵魂、清点自己的思想、矫正自己的认识，显然不是他所喜爱干的"活计"，虽然，他是一个研究室的头头。

在他身上，这不是一个"态度问题"，更不是一个"立场问题"，而只是一个个性问题，他只不过是不善于（当然也不大情愿）放弃自己特定的思维模式，不大乐于放弃自己特有的语言风格。说实话，他在这方面可谓"艺高一筹"，他既能保持自己的思维模式、个性特点与语言风格，又并不与政策精神、领导意图相悖，我当时也很想偷着学点他这种高超的技艺，但终因灵性不足而未能窥得其堂奥。如今想来想去，他此种高超技艺中似有一法，那就是"举重若轻"，也就是说，每遇严肃、厚重、艰涩、尖锐的问题，他都如蜻蜓点水，或曲径通幽，或若无其事，或顾左右而言他。如此，多年下来，一个单位曾经有过那么多次政治学习、政治表态、业务检查、思想检讨，但卞之琳有过什么表态、有过什么倾向，至今恐怕没有人能说得明白。至少我是说不明白的。他最大的艺术就在于他讲的话可不老少，但几乎没有给人留下任何能记得下来的印象。不过，卞之琳有一个话题，那是"打死了你也不会忘记的"，那就是他经常在政治学习会上或在研究室组织生活中的"失眠咏叹调"。

在中国社会科学院，按照领导统一的要求与布置，每个基层的研究室（组）一般每周都有一次例会，时间是两三个小时，内容主要是政治学习，有时也讨论点马列主义理论问题或室（组）的工作业务，这种会当然是厚重而严肃的，人们一般都是按做功课标准来认真对待的。但在卞之琳坐镇的研究室里，却有另一番气象。

到了 9 点钟开会的时间，由中青年研究人员组成的基本群众都到齐了，静候"主帅升帐"，然后，诸位元老潘家洵、李健吾、杨绛、罗大冈沥沥拉拉陆续来到，这样往往就快九点半了，大家都不急，乐得轻松。最后，卞之琳匆匆来了，常显得气喘吁吁，甚至脸上有一股真诚的火急赶场的神情，于是，会议就经常以他的迟到表白为标志而揭开序幕。一般都是说自己从家门出来后，公共汽车如何如何不顺，或者途经南小街（由其住处到研究所的必经之路）时碰见了什么意外的事、意外的人，然后就接上重要的主旨发言，而其内容经常就是他那常年重弹的特别著名的"失眠咏叹调"：从前一天夜晚如何上闹钟、如何服安眠药开始，如何一片安眠药不奏效又如何服上第二片，甚至情况更坏，还需要第三片，然后，到了拂晓之前，总算有了一段沉沉的熟睡……再然后，如此无奈的情境就与起床之后辛苦赶会的情节衔接上了……真可谓构思严谨，结构细密。每次失眠的故事主体基本上如此，但也有个例的小异与不同，这次是一片，那次是两片，或者更多；有时是这种安眠药，有时则是另一种；有时闹钟没有起作用，有时干脆就忘了开闹钟……每次都有不同的枝叶延伸，关于失眠的医学议论，上医院取药的情况，自己的失眠史等。在他漫长的独白中，在座的同志偶尔也有关切的插话，如对他健康的担忧，关于运动与生活规律可减少失眠的提示等，这些插话必然又要引发出他新的延伸与变奏：运动与生活规律跟失眠的关系，这两种办法对他完全不适用，不必为他的健康担忧，他的家族有长寿史，他对自己的长寿颇有信心，等等。失眠独白及其延伸，最后总算完全告终，卞之琳宣布"言归正传"，正式开始讨论领导原先布置下来的题目，但会议时间至少已经过了一半，甚至一大半。会议的前一半既然开得轻松愉快，后一半也就不会肃穆古板了。

　　尽管卞之琳每次失眠独白基本上都是老调重弹，冗长单调，他那口浙江土话一点也不娓娓动听，但这个小家庭的成员都乐于"洗耳恭听"，因为他把一堂堂沉重的"功课"变为了一次次轻松的聊天，又无形中免除了大家表态、论道的义务：潘家洵、李健吾闭目养神，乐得自在；罗大冈偶尔插上一两句；杨绛则面带优雅的微笑，饶有兴趣地听着；罗念生因为耳朵背，所以总是身子前倾，用手掌张在耳根处，唯恐漏听了一个字；其他中青年学子，辈分摆在那里了，彬彬有礼地端坐，就像在听老师讲课。尽管这个组室的政治学习从来都"不大符合规范"，质量不高，但卞之琳却"无心插柳柳成荫"，使得组室的所有成员对他颇有亲和感，至少觉得他不那么令人生畏、令人肃然。青年学子在背后凡是提到所里的党政领导时，都在姓名之后加上"同志"一词，以示尊敬，如，何其芳同志、毛星同志……提到老专家学者时，则都加上"先生"一词，如，提到杨绛时，称"杨先生"，提到李健吾时称"李先生"，以示敬仰，唯独对卞之琳例外，虽然他既是党内领导同志，又是学术权威，大家提到他时却简称他为"老卞"，似乎大家都是同一辈分的哥们兄弟。

也有古道热肠时

在培养青年学子与援手同事这两个方面，卞之琳还是有古道热肠的。

在"文化大革命"以前，虽然没有研究生培养的正式制度，但对社科院这样一个学院性的单位来说，实际是存在着有计划、按严格专业要求培养学术接班人的计划与安排的。从文学所建立伊始，卞之琳就率先带上了两徒弟，后来到"文化大革命"前两年，又正式带了一个研究生，在研究所里数量要算是最多的，这说明他在培养青年人方面还是有使命感、有积极性的。他的前两个徒弟都在他的指导下专攻莎士比亚学，其中一个因为身体一直不好未能成器，而且壮年早逝；另一个则是埋头攻读的朱虹。至于"文化大革命"前招收的那个研究生，一看便是"业务好""政治红"的人才，被看好是个正式的接班人，但后来他却跳槽去了一个炙手可热的单位，走上了从政的道路，成了一位高级干部。卞之琳的三个高足之中，总算还有朱虹一人一直坚持留在学术文化界并磨炼成为一个有广泛而深远影响的重要学者。尽管朱虹在进入研究所以前，就已经是北大西语系出名的高才生，朱光潜的得意门生，早被钱锺书等学术前辈所看重、所欣赏，但卞之琳的系统培养实在功不可没，我就多次听到朱虹感念卞之琳带徒弟时的认真负责。虽然卞之琳本人在学术上不是以博览群书、旁征博引而著称，而是以感受丰富、善于深掘观点、生发见解的才能见长，但他培养徒弟的要求与方式却完全是严格的学院式的，要求徒弟埋头读书，多多益善，从莎士比亚全集的文本，到莎士比亚时代的历史，个人身世的谜团，艰难的莎士比亚的版本学，历代各国的莎士比亚评论与研究……几乎要读个"底朝天"，而且读完之后，还必须写读书报告。他严格要求别人，无形中自然也就要严格要求自己，至少免不了要多多审阅读书报告。用如此严格的学院派的科班方式坚持十年之久，绝非一件轻松的差事。

　　我于 1964 年来到卞之琳的麾下后，作为晚生后辈虽然未有幸得到他的亲自指点与教诲，但也亲眼见到了他对有的后生如何不遗余力地苦心栽培。这事似乎应该从他自己的布莱希特研究谈起。卞之琳 1960 年代访问波兰期间，观看了布莱希特戏剧的演出，产生了强烈的兴趣，便开始了他的布莱希特研究，不久，他就完成了他的专题评论集《布莱希特戏剧印象记》。看来，他颇有意在中国普及、推广这位德国共产党作家的戏剧，除了发表"印象记"进行评介与宣传外，还准备组织翻译中国题材的剧本《高加索灰阑记》。鉴于国内英文翻译水平相对较高，他自己又是英文翻译方面的权威，他最初的计划是选一位英文水平较高的译者承担此任，但他麾下一位留德回国学生闻风而动，认定这无疑是"自己园子"里的事，而他本人更有资格来完成，便径直从德文译了出来。卞之琳通情达理，善解人意，玉成其事，为了使译本达到出版的水平，不惜自己花费了大量的时间与精力，审阅、校对与修改其稿。这个剧本的发表，要算是在中国介绍布莱希特的开始，也成为那位留德学子一生中最主要的一项业绩。说实话，卞之琳如此奉献自己、大力栽培晚辈后学的事例并不多见，在他麾下，能得此荣幸者，仅凤毛麟角而已。这一次他之所以特别出力，一方面是因为自己对布莱希特很感兴趣，有兴趣的事做起来自然特别起劲；另一方面也是因为那位留德回国的学子，符合"根红苗正""政治上强"的标准，一直被组织上视为重点培养对象，实际上是作为学术庙堂的接班人而一直受到精心的呵护与栽培，卞之琳在这件事上的忘我贡献，无疑显示出了他作为一个党员领导干部的觉悟与水平。

虽然卞之琳经常给人以冷漠的印象，但他也有与人为善、出力援手的难能可贵的事迹，即使是对自己的同辈同事。据我所知，当时有一位老学者正专注于翻译一种古代经典文学，由于他本来是从英文系出身的，自然就不免借助于参考英文译本，本来，他早年能写一手漂亮的散文，到了年迈失聪的高龄，文笔也就不那么润泽了，为了使他的译品无愧于原文的经典，卞之琳作为一室之长，慷慨援手，花费了大量的时间，用他那十分讲究的文字功夫，为译稿作了不少加工润色，真正做了一次无名英雄。

迟到的"东方之子"

"文化大革命"结束后，中国社会科学院的业务工作也全面恢复了。卞之琳仍是外国文学所西方文学研究室的主任，但随后又多任命了三个副主任，不才我则忝为其列，分工"抓业务"。由此，卞之琳的行政职务开始真正"有名无实"，后来，又是按照领导的安排，卞之琳的西方文学研究室按不同的地区与国别，一分为三，卞之琳从此就完全从学术领导岗位上退了下来。

卞之琳于 2000 年逝世，活到 90 岁。正如他生前常说的，他的家族有长寿的传统，他肯定长寿。如果他吸烟史不那么漫长，而且每天的量不那么大，他也许会活过百岁。

晚年，他带过两个硕士研究生。那是研究生制度正式建立后，中国社会科学院招收的"黄埔一期"中的两个：裘小龙和赵毅衡。后来，两人都出国发展，一个赴美，一个赴英，均有所成，在大学里执教。博士研究生制度一建立，卞之琳就是当然的博导，但他后来实际上并没有招收博士研究生。他晚年主要是将过去完成的《莎士比亚悲剧论痕》和《布莱希特戏剧印象记》等著作以及莎士比亚戏剧等译品整理修订出版，似乎没有写也没有译什么大部头作品。他写的外国文学评论文章也似乎只有一篇，那是 1970 年代末我向日丹诺夫论断"揭竿而起""三箭连发"时，在《外国文学研究集刊》上组织两期重新评价西方20世纪文学的笔谈。组稿对象基本上都是有锐气的中年学者，如朱虹、李文俊、陈琨、高慧勤等。老者我只请了他一位，一是因为他是"老上级"，有故旧感，二是因为他对西方20世纪文学的确有精深的学养，虽然我并不期望从他那里能得到有冲刺作用的文章。我请了他两三次，他都拒绝了，还冷冷加上了一句："谢谢你的好意。"就像当年对北大诗社的小青年那样。当我不存任何希望的时候，他却交来了一篇三四千字的笔谈文章。这是在文学史编写工作之后，他与我的第二次有"合作关系"。

他晚年也免不了更有怀旧倾向，一些怀念老朋友的文章，基本上是集中写于七八十岁以后，显然是为了留下若干文字的纪念，但篇幅几乎都很短小，以自己的感受为主，感受当然是典型"卞式"的，细腻得很。

愈到后来，他愈是深居简出，杜门谢客，人们都见不到他。大概是他去世前的一两年，我从中央电视台的《东方之子》节目看到了对他的专题报道。一个形象儒雅、身材挺拔、风度翩翩的卞之琳，完全被衰老侵蚀得不像样子了，话音也细弱不堪，简直有点"惨不忍睹"。

在卞之琳去世四年后的2004年，我主编"盗火者文丛"，恭请卞之琳入座上列，帮他的家属编选出他的一本散文随笔集，以他一篇著名的时文《漏室鸣》作为书名。因为在我看来，这篇不平而鸣的文字，多少反映出了老年卞之琳的际遇与心境，或许还蕴藉了他生平中若干尴尬事的积淀……

何其芳

最初的认知

在见到何其芳之前，我对他最初的认知，是来自王瑶先生讲授的中国现代文学史。

那是在北京大学读二年级的时候，我所就读的西语系规定，学生除了主修专业外国语以及外国历史与文学等课程外，还安排了一些中国文化的课程，均由名师讲授，如田余庆教中国历史，杨伯峻教汉语知识与写作，王瑶教中国现代文学史。他讲课的语速相当快，每堂课的信息量很大，使学生对他所讲授的作家作品都有相当的了解，何况，他那厚厚两大卷《中国现代文学史稿》已经出版，资料特别丰富，论述也很充分。从讲课中也从课外的阅读中，我对何其芳起码有了两个方面的认知：第一，他原来是个文辞雅美、风格精致的诗人与散文作家；第二，他后来成为"革命文艺家""延安文艺战士"、党的文艺领导干部。在我看来，一个二十多岁的北大哲学系在读生，竟有那么美的想象，竟能写出《预言》与《画梦录》中那么纤美的文字，不是奇才是什么？特别是"马蹄声，洒落在沉默的街上如白色的小花朵"，这样极有通感与韵味的文句，更格外对我等西语系学子的口味，令人赞叹不绝。他作为"革命文艺家"，则使我等有仰视、敬畏之感，我万万没有想到两年后我走上工作岗位的那天，代表所在单位接见我并进行谈话的正是何其芳。

1957年夏我大学毕业时，系领导宣布我被分配到北京大学文学研究所工作，我颇有"金榜题名"之感。报到那天，文学研究所人事部门的一位中年女同志接待了我，她说："去见我们所的党组领导、我们所的所长其芳同志。"一个普通大学生第一天上班就能直接见到文名远扬、威望日隆的何其芳，这可能吗？我还没有缓过神来，就被领进了何其芳的办公室。

办公桌前有一个矮胖矮胖的男子，约莫四十多岁，一身蓝布中山装，敞开的领口露出里面白色的衬衫。他的样子再普通再平凡不过，你如果在街上碰见他，他绝不会引起你的注意，完完全全像一个普普通通的办事员，只是他那副度数甚高的眼镜、宽阔的前额和透露出智慧与聪敏的面孔，清楚地表示他是一个高层次的知识分子，一个专业的脑力劳动者。他大大出乎我的意料，极其谦和、平易、朴实，没有文艺界高级领导人的威严，没有著名作家的架势与格调。他待人接物的态度再自然不过，不带俗套的客气，也不带居高临下的优越感，只是亲和平易地说了一句"欢迎你来文学研究所工作"，并招呼我在桌前坐下，他那口浓重口音的四川话，也使我感到很亲切，因为我小时候在重庆度过了好几年，我自己就能讲一口很纯的四川话。

他接见的讲话很简明扼要。首先告知我，我被分配到《古典文艺理论译丛》编辑部工作，这个刊物是由蔡仪同志领导的，"他是著名的文艺理论家，你可以在编辑工作中学习到很多东西。"其次说到学习，他说，对刚大学毕业的同志来说，我们研究所的工作就是上大学的继续，每个工作项目，哪怕是事务性工作，也包含很多的专业内容，如果好高骛远，那就会妨碍自己的进步；如果善于学习，从任何一项工作中，从研究所的任何一位专家学者那里、任何一位同志那里都能学到很多东西。他还说，研究所的任务就是出科研成果、出科研人才，其道路是很广阔的，途径是多种多样的。最后他祝我有一个好的开端与发展。

谈话时间相当短，但他讲得非常清楚、明白，语言也很朴素、很白话，没有什么"文气"。事隔一些日子，我了解到研究所的一些情况后，才体会到，他的谈话实际上包含着一定的告诫性，带有一点打预防针的性质，因为在当时的研究所里，特别是在青年中，相当普遍地存在着"重研究工作、轻编辑工作"的心理与思想倾向，觉得研究工作才是高人一等的，编辑工作则不过是一种事务性的工作而已。虽然他的讲话带有告诫性与指向性，但整个谈话中，我没有感到丝毫压力，而是感到很舒服、很认同，这不能不说与何其芳那种朴实自然、亲切平和的态度有关。

在谈话过程中，我感到他就像一个年纪比我稍长的书生在跟我聊天，不，不仅是像书生，简直就像"书呆子"，他很少专注地看你，更不像领导者常有的那样，以严肃、犀利的眼光观察你、考核你，不，他的眼光根本就不犀利。而且，他讲话的时候，也许是因为习惯于专注自己讲的内容，所以脑袋有点轻微的转动，眼光也就随之有所游移，从办公桌上的文具筒上，到茶杯上，到书刊上……特别是偶尔游移到墙上、天花板上，这时脑袋有点微抬，架在鼻梁上的眼镜，也就滑落在鼻尖上，于是，他就用胖乎乎的两根手指头将它扶上去。看来，他的眼镜架不甚讲究，即使他的脑袋不抬起，眼镜也会往下滑落，这样，用手指把眼镜从鼻尖扶上鼻梁，就成了他习惯性的一个动作。

当时我被接见后的印象与观感，可以说是"意料之外的""惊奇的"，甚至有点"震撼的"，我没有想到一个文化名流、高级领导是这个样子。

一位最不像高干的高干

19世纪法国有一位著名的民谣诗人贝朗瑞，他写过一首很有意思的长诗《意弗多国王》，全诗以诙谐幽默的语言歌唱了民间传说中的一位另类君主，他不住宫殿住草房，他不穿绫罗绸缎穿布衣，他每天四餐饭均自理，他不讲排场、不讲威严，他从不穷兵黩武，一条狗就是他全部的禁卫军，他每年召集众将一次只是为了朝天放四响空枪……这一首歌谣写得妙趣横生、令人解颐，在贝朗瑞的诗歌创作中也占有很重要的地位，它表现了作者在君主政体之下的"反王倾向"与民主主义理想。

每当我想起何其芳的时候，就很容易联想起"意弗多国王"，因为意弗多国王是最不像国王的国王，而何其芳则是一位最不像高干的高干。

在衣着上，我几乎没有见过何其芳穿过正式的"官服""礼服"。如果在一片冠冕礼服之中，偶尔有一两个人穿得不够体面，甚至有点寒碜的话，蓝黑蓝黑或灰不溜秋，其中一个肯定是何其芳，另一个往往就是尹达。何其芳老是他那身卡其布中山装，他对仪式性的大场面很不在乎。这在我等青年看来，实为颇有个性。

一切标志高干身份的东西，何其芳似乎都有意识地与之保持距离。他是部长级干部，这种级别的所长，在当时的哲学社会科学部是为数不多的。根据规定，他正式配有专用的小轿车，也就是说，凡是上下班或需要办什么事，都可调用专车来为他服务，但我们却几乎没有见过他用车上下班。当时文学所的专职司机经常处于休闲状态，不时被调去干别的工作。特别传为美谈的是当时何其芳为研究所去琉璃厂淘旧书而交通自理的故事。

在中国社会科学院，何其芳无疑要算是最重视图书资料建设的领导人，这倒不仅是因为他作为官员对学术工作的规律、对科学办研究所的规律深有认识了解，而且更重要的是，他自己就是一个学者，仍在辛勤地进行中国古典文学研究，仍在不断地攀登科研工作的高峰，仍在努力攻克学科中的"制高点"，他深知学术资料对于学术研究至关重要，他花了大力气推动研究所的图书资料建设。首先，他组织了以钱锺书、李健吾为首的图书资料委员会，这两位大研究家都是以学识渊博、掌握了丰富的学术资料而著称，对研究所的图书资料建设工作怀有巨大的热情，他们先后担任了研究所图书资料管理委员会的主任之职，如果没有他们，文学研究所在当时便不可能定购了那么齐全的外文学术资料，搜罗到那么多宝贵的古籍孤本。其次何其芳还以不拘一格选人才的精神，物色并任命了一位并无大学文凭但自学成才、开过书店的人主持图书资料室的工作，他在搜罗旧书与孤本方面，既精明又起劲。在何其芳的这个班子的长期努力下，中国社会科学院的中国文学与外国文学的图书资料书库得到了极大的充实，存书之丰厚，在国内名列前茅，即使与国家图书馆、历史久远的名牌大学图书馆相比，亦有过之而无不及。

何其芳经常为研究所外出淘书、购书，这本来就是为公家办事，他完全可以使用自己的专车，但他却都是交通自理，几乎从无例外。传为美谈、笑谈的是，他去旧书店或琉璃厂，经常带一把雨伞，淘到了什么书后，就打成一包，为了省劲，往往挂在雨伞上往肩上一扛，就步行而归。请设想一下，他一身布衣，一双布鞋，肩上用雨伞挑着一包书，慢悠悠地步行在琉璃厂的街道上，怡然自得，自得其乐，而为了免得眼镜从鼻梁上往下滑，他的头微微往上仰起，还得不时用手去把眼镜架扶上去……这哪里像一个部长级的干部？简直就是一个再普通不过的学究、书呆子……

何其芳的文化学术业绩，除了他早年的散文与诗歌外，主要就是他在中国古典文学领域中的研究业绩了。虽然，由于传统的家教与他早年的文学兴趣及完备的大学教育，何其芳于中国古典文学早有学养，但真正对中国古典文学进行学术研究并取得显著的业绩，却完全是在他担任了科研机构的"行政长官"之后的事，具体来说，是在整个二十世纪五十年代期间的事。他自己就曾这样说："1953 年 2 月到文学研究所工作的时候，我打算研究中国文学史，从屈原开始，写出了我的第一篇关于我国古典文学的论文。"接着，则是关于吴敬梓和他的《儒林外史》、李煜词、《红楼梦》《琵琶记》……

数年之内，何其芳相继有"超级重量"的论文问世，说它们是"超级重量"的，是就其规模、篇幅与分量而言，它们是超常的，大大超过一般学术刊物上所发表的论文，如他的《论红楼梦》洋洋洒洒就有将近十万字之巨。就其论述的内容而言，它们是完整而全面的，包括了论述对象的所有的重要方面与诸多有关的学术问题。就其价值而言，其资料与引证是扎实的，其观点与立场是"马列主义的""毛泽东思想的"，但却通情达理，以理服人，表现出偏激年代里难得的平和。其论述是清晰而有创见的，绝非老话套话，其语言是亲和、自然而有渗透力的，表现出美文家固有的功力。而就其社会影响而言，不说是"振聋发聩"，至少也是令人折服、起到"一锤定音"的作用。所有这些，奠定了何其芳二十世纪五六十年代在中国古典文学研究中的权威地位。而这样的学术文化成就，正是他辛勤耕耘的结果。用他自己的话来说，是"白天做行政工作，晚上读书或写作"，他的不止一篇论文的完成时间，往往不是"清晨"，便是"深夜"或者是"节假日期间"。一个普通而可敬的思想者、耕耘者！一个亲自动手、从头做起的"高干"！

也许，更能反映出何其芳作为学术、行政领导人的高洁优秀品德的是文学研究所集体编写的三卷本《中国文学史》一书。在此书之前，中国文学史研究领域里名声最大、影响最大的学术著作是复旦大学教授刘大杰所著的《中国文学史》以及文化部前部长郑振铎所编著的《中国俗文学史》。相较之下，文学研究所的三卷本《中国文学史》在规模、篇幅与内容论述上，显然带有一定的超越性，可以说它是一部划时代的重要著作。此书的编写集中了当时文学研究所的所有中国文学史学术研究的精英：上古至隋由余冠英主持，胡念贻、曹道衡等人参加；唐宋段由钱锺书主持，力扬、陈发琴、乔象钟、蒋荷生、王水照等人参加；元明清段由范宁主持，吴晓铃、陈毓罴、刘世德、邓绍基等人参加。全书并无主编署名，仅署出"文学研究所中国文学史编写组"，但据参加了编写工作全过程的刘世德先生在《怀念何其芳同志》一文中回忆说，在此书的编写中，何其芳其实是真正的主编，"从订立计划、开准备会到全书定稿，他自始至终都是名副其实的领导者和参加者。尤其是全书的初稿，都经过了他的细心审阅。所有的逐章逐节的讨论，他都参加了，他提的意见又多又细，大到对某一时期文学、某一作家或作品评价，小到某一资料或引文的核实，什么都有"，但"他不让大家选他当主编"，甚至"在编写组成员的名单中也找不到他的名字"，如此毫无保留地、无私地把自己的心血倾注在一项集体工作中，却拒绝了自己应得的名义，甘愿当无名英雄，这种精神境界、这种人品风格，不论是在官场还是在学场，你还能找到别的范例吗？

我目睹了从何其芳到何其芳之后的几十年间文学史编写的发展过程，深知何其芳精神与何其芳范例的高尚与可贵，我至今仍怀念他的精神范例。

难遇难求的学术领军

　　尽管何其芳居于研究所领导岗位的时间并不长久，但在他的领导下，文学研究所成为中国社会科学院里一块名副其实的"丰产田"，从这里产生出来的科研成果结实而丰硕。

　　三卷本《中国文学史》在某些方面至今仍是难以超越的学术巨著；王伯祥的《史记选》、钱锺书的《宋诗选》以及余冠英的《乐府诗选》都是古典文学整理、编选、校注的典范；收入"文学研究所专刊"中的何其芳、蔡仪等人的论文集在当时都是影响广泛、具有权威性的论著，也是中国理论批评史上重要的印记；研究所的"机关刊物"《文学研究集刊》与《文学评论》是当时最有建设性、最有看头、最有文学积累意义的理论批评刊物，其中不少文章至今仍有学术参考的价值；《古典文艺理论译丛》是一个高品位、高水平的学术刊物，为我国的外国文学理论的译介与对世界文学批评史的研究打下了广泛而坚实的基础，大大开拓了文化界、学术界一两代人的理论视野与思维广度；《外国文学名著丛书》《外国文艺理论丛书》《马克思主义文艺理论丛书》这三套丛书的创办与建设，实为大气魄的系统文化工程，为我国以上三个方面建设起了巨型的文库，其重大的社会文化积累意义自不待言；此外，潘家洵译出了《易卜生戏剧全集》，卞之琳完成了《莎士比亚悲剧四种》的翻译，罗念生基本完成了《古希腊悲剧全集》《古希腊喜剧全集》，也都提供了可以传承的翻译力作……

所有这一切，虽然并非何其芳一人所为，但无一不与他的领导与掌控有关，是他的创建和领导，带来了文学研究所的学术文化的繁荣局面。

这株大树有浓荫

在何其芳的业绩中，大力培养科研人员、学术人才是很重要的一个部分，他在研究所里坚定不移执行"出成果出人才"的方针路线，而且是出于公心，出于对学术发展的热情，不辞辛劳地去做，亲力亲为地去进行浇灌、培育。

首先，他尽可能地为研究人员，也包括青年研究人员创造宽松的研究条件。在文学研究所，一直存在着允许青年研究人员"在家上班"这样一个不成文的"习惯"，这是根据人文学科学术研究工作的特点而采取的一种"通融""照顾"方式。不过，何其芳有宽松的一面，更有严格监督的一面。在二十世纪五六十年代，文学研究所考核提升的标准是很严格的，对研究人员调换、淘汰的比例是相当高的，在何其芳这里，凭年头升迁是行不通的，一个大学毕业走上岗位的青年研究人员，如果在学术业务上没有出色的（非一般的）成绩，就根本不可能得到第一步提升，成绩优良的一般也需要五六年才能由实习研究员（大学中的助教级）提升为助理研究员（大学中的讲师级）。我进入文学研究所后，就眼见有不少师兄、师姐已经在最低的学术等级位置上待了六七年还没有挪动一次的，而来所已经多年，且勤奋有加，仅因业绩平平而被调离研究所者亦大有人在。

正是在这种宽严并济的政策下，研究所的青年研究人员之中，倒是充满了勤奋上进、刻苦治学的风气，在我的记忆中，"挑灯夜读、凌晨就寝"已成为我辈普遍的习惯，更不知节假日游山玩水为何物也。

其次，在学术权威、资深人士高度密集的单位里，学术等级的压力不免要大一些，对青年人的成长发展自有不利的一面。非常幸运的是，研究所有何其芳这样的领导，他对学界的状态与全局了如指掌，他深知该干什么事，该出什么"兵"，该怎么出"兵"，由此，他构设方案，拟出题目，然后，直接下达命令，大胆起用"小将"，最后，既完成了"攻占学术阵地"的预定计划，又使"小将"受到战斗的洗礼与锻炼，如此操作，长年累月，学术新秀、理论人才就脱颖而出了。这就是他的"出成果、出人才"。

就我个人而言，他就曾经三次点我为"将"、给了我命题作文，一次是正面阐述文艺阅读中的"共鸣"现象，一次是科学评价拉法格的文学批评，一次是介绍与评价非洲的诗歌创作。这三次出题，都利用了我是学外文出身的这一条件，每一次我都认认真真下了些功夫，写出了还算"言之有物"、有些分量的文章，在他所主编的刊物《文学评论》上发表了，都颇有些影响。当然，何其芳在文学研究所对中国古典文学部的青年研究人员更多、更经常作具体的指引，因为古代文学研究室是他的"试验田"，是他的"驻地"，他本人就是该室的一个成员。文学所这一片之所以有更多的青年学者脱颖而出，在当时国内各种学术讨论中表现出类拔萃，不能不说与何其芳的直接关怀、直接指导有关，这些青年学者日后都成为中国古典文学研究领域中的名家，胡念贻、曹道衡、陈毓罴、刘世德、邓绍基，这些都是学界所熟知的名字。何其芳对他们不仅是关怀、指引而已，而且他还经常在百忙中，支付自己宝贵的时间，审阅、修改他们的文章。

1964 年，文学研究所原来几个搞外国文学的研究室分离出来，另组成了外国文学研究所。不到一年后，我也就从文学所正式调到了外国文学所，从此，就不再是何其芳的部属了。从大学毕业起到此，我在他的麾下一共干了七年。

我离开他帐下的时候，行囊里背着已经发表的学术论文、文学评论、随笔短文三十来篇，外国文艺理论与外国小说译作十来篇，还有一部已基本杀青的译稿《雨果论文选》，头上则已经戴着一顶"助理研究员"的小帽。这顶小帽表明我已经在学术阶梯上爬了一级，算是有了中级职称。但在何其芳的手下，它可来之不易，我花了五年的时间才得到了它，而在我的同辈中，我还是花时间最少就得到的，也是最年轻的一个。如果说这种情况说明何其芳对我在他麾下的工作还算满意、至少还算认可的话，那么我首先应该感谢他在我入所时对我的那一番语重心长的谈话。我按他的要求没有浮躁，而是安于本职的编辑、翻译工作，用心向打交道的每一个对象（他们都是学者专家）学习，努力把每一件事尽可能做好、做到位，这样，我倒是在短短两年后，就从编辑部正式调到了研究岗位上。

蔡 仪

慈祥的"伯乐"

蔡仪先生，作为我的师长，也堪为我的"伯乐"。对于先生，我常怀愧疚之心——我有负他的栽培，我告辞了自己的"伯乐"而终究没有回归他的麾下。

这先得从我得以入文学研究所工作一事讲起。我于1957年从北大西方语言文学系毕业。那个时代的毕业生都由组织上统一分配工作，其运作方式大致是校方的推荐与用人单位的挑选相结合。后来听说，我的材料被送到文学研究所后，先是被所里的一位权威人士断然否定了，后来却有幸被蔡仪选中，收入了他麾下的《古典文艺理论译丛》编辑部。其原因大概是由于两者选人的角度与需要不同。我并不属于班上几个名列前茅的"优等生"，在听与说的能力上，我的成绩只是"良好"，不够"优秀"，比起好几个耳朵灵敏、反应快捷的"尖子"来，只能说是"中等"。但在阅读理解与笔译能力上似并不低于人，而在文史科目上，在分析综合、理论概括的能力上，则要算是本年级中成绩优秀、表现突出的。实事求是地说，成绩单说明我不是外事交流、宣讲教学之类工作的好材料，但确实还算得上是适于科研学术工作的一粒"良种"。我想，蔡仪很可能就是根据研究所特定工种的需要而录取了我，因此，我之所以能够进入学术文化领域，首先就应该感谢蔡仪这位"伯乐"。知马能跑者并非"伯乐"，知何种马能跑何种路者，方为"伯乐"也。

对于我来说，蔡仪不仅是一般意义上的"好领导"，而且还是个"慈祥的领导"，我在他麾下工作的六七年中，得到了他诸多的关怀、器重与栽培。我的正式工作是做《古典文艺理论译丛》的编辑与翻译，这对北大西语系的毕业生来说，是一个很理想的、专业对口的职位。根据蔡仪关于编辑部分工的安排，我主要负责英、德、法、意等西方诸国有关译稿的联系事务与一部分编务，基本上是独当一面。这既是蔡仪的信任与重用，也与编辑部的境况有关。这个小单位只有三个人，其他两人都是专搞俄文的革命老大姐，一个来自延安，很有身份，另一个正准备休产假，而俄文方面的选题与联系事务相对也少一些，因此，好些工作特别是跑腿联系的事情自然落在我这个唯一一个学西方语言的小伙子头上。

当时的文学研究所，在青年人中，存在着重研究工作而轻编辑工作、资料工作的倾向，似乎研究工作在级别上就高于其他工作。我对自己的编辑工作岗位很是满意，因为我的编制一开始就被蔡仪划入了文艺理论研究室，只不过我是承担着编辑工作的青年研究人员而已，而蔡仪一开始也要求我制订出自己的进修计划，并规定了我的专业方向：西方文艺批评史。要培养一个西方文艺批评史的学术人才，还有什么比《古典文艺理论译丛》更好更有效的入口呢？事实上，我日后的工作调动与"提升"，都是在研究编制之内进行的，而没有涉及从一个工种转岗为另一种工种这个老大难问题。

辜负了蔡仪师的器重

对于人文学术研究工作来说，写作实践本来就是一件天经地义的事，追求发表也是人文工作者的一种自然而合理的本能。幸运的是，对青年人诸多关怀、诸多鼓励的蔡仪，不仅规定了我的专业进修方向与计划，而且鼓励我多多进行写作实践与翻译实践。正是在他的安排下，我的第一篇带点学术性的文章得以问世与发表。

那是在我走上编辑工作岗位仅半年的时候，正值《古典文艺理论译丛》1958年第二辑出版问世，这一辑集中译介了西欧十八世纪的美学理论，主要有狄德罗的《美的根源及性质的研究》与《论戏剧艺术》、康德的《美的分析论》、黑格尔的《论美为理念，即理性与感性的统一》以及菲尔丁的《关于现实主义创作的理论》等在美学史、文艺批评史上的理论名篇。这一辑以其厚重的分量立即引起学术理论界的关注，《人民日报》直接与蔡仪联系，希望他提供一篇对该辑的评介文章，容许的篇幅不少于四千字左右。蔡仪把任务交给了我。这文章不好写，要把这一辑中的理论名篇的价值与意义写出来、写准确，那至少得把这些名篇研读得比较深透。我总算交了卷，文章很快就发表在《人民日报》理论版上。

至于搞翻译，文学研究所从来就有这么一条不成文的规矩，只有理论翻译方可列为正式的"科研成果"，在评职称时才能作为业务成绩计，而作品翻译均不算数。这个规矩后来又被外国文学研究所沿用、尊奉。我身在《古典文艺理论译丛》的编辑岗位上，蔡仪所允许并鼓励的翻译实践当然只限于古典文艺理论的翻译，他深知此类名篇巨制的读解之难与移译之难，故要求译文必须忠实准确、精益求精。正是在他的鼓励下，我翻译了不少古典文学理论名篇，如费纳龙的《致法兰西学院书》、莫泊桑的《论小说》、斯达尔夫人的《论莎士比亚悲剧》、左拉的《论小说》、雨果的《论莎士比亚的天才》等，并且都在《古典文艺理论译丛》上发表了。该刊成为我最初的学术平台，使我最初得以在理论文化界"混了个脸熟"。也正是在蔡仪麾下的几年中，我还完成了以理论名篇《〈克伦威尔〉序》为重要内容的一部译稿《雨果文学论文选》，算是我进修西方文艺批评史的答卷之一。

1961 年，高等院校文科教材编写工作在周扬的领导下全面展开，蔡仪被任命为《文学概论》编写组的组长，由他组建班子进行编写的这一部重点教材，其任务的重要性显然超出了文学研究所的范围。文科教材的编写工作集中在北京西郊的中央党校进行，蔡仪把他属下的文艺理论研究室中的"主力部队"拉了过去，再加上从几个重点院校中文系调来的一些讲授文艺学概论的资深教师，来共同完成这个任务。我有幸被他选中，参加了这个编写组，并独力承当了一个专章的撰写任务。

在编写组正式运作之后，蔡仪又交给了我一个额外的重要的任务，那便是每周写一份编写组的正式工作简报，向上级汇报编写工作的进展，特别是编写组对于大至每个理论问题、小至每个定义概念的讨论情况与各种意见，这实际上就是承担编写组的学术秘书工作。对于这份定期的简报，蔡仪是十分重视的。我写成每一期后，他都要仔细审阅、反复斟酌、精心修改。问题在于我对这份工作很不在意，掉以轻心，我只对自己那块自留地西方批评史专业与理论翻译上心，而对修炼这种秘书功夫毫无劲头，唯恐秘书工作耽误了我自己搞翻译写文章的时间，做得也就不那么"精益求精"了，只要求自己达到"大概齐"的水平。

蔡仪对我显然感到了失望，于是，在我担任此职仅三四个星期后，就走马换将了。那次"免职"后，我不仅没有失落感，反而有点庆幸得到了解脱。"人各有志，人各得其所"，我仍沿着自己的轨道自得其乐，我的确是有负了蔡仪的信赖，而且，我心里也很清楚，他对我更大的失望也许还在后头，因为我一直是"身在曹营心在汉"，我一直存在着调离蔡仪的文艺理论研究室而他去的"小算盘"。

按我的想法，一个理论家至少应该对某几个作家、对某几个断代文学史有比较深的研究，对某一个国别文学称得上是真正的行家，他才不会成为"空头理论家"。根据这个理解，我规划出自己如此的学术道路：最好先对国别文学去潜心研究一二十年，然后再回过头去做理论的总结阐发、体系的完善构设，那样或许能成为令人信服的文艺理论大师。当然，我最理想的国别文学研究就是法国文学研究，因为我毕竟是西语系法国语言文学专业的毕业生，读得最多、感受得最多、也最为喜爱的是法国以至欧美的经典文化，而二十世纪五六十年代闭关锁国的现实条件反而更刺激了我对这种文化的向往与饥渴，从而又经常拨动着我心里想要跳槽的那个小算盘——从蔡仪的文艺理论研究室跳槽到卞之琳的西方文学研究室。

在获准接触外国文化方面，当时的文学研究所多少还是得了若干优待的，例如，每年都有相当多的外汇可以订阅国外的书籍与报刊，加上有钱锺书、李健吾这两位对外国文化十分精通的大热心人主持研究所的图书资料工作，国外的报刊杂志与新问世的文学作品，我们还是可以读到不少的，这成了我们瞭望外部世界文化的一个相当大的窗口。但有一个遗憾，二十世纪五六十年代正是欧美影视戏剧大发展的时期，不断有名作佳制风靡一时，而我们对所有这些却只闻其名而不可能有所见识，国内公开放映的只有《列宁在十月》《保卫斯大林格勒》等苏式经典影片。不过，中国影协有一个电影资料馆，经常在内部放映一些欧美电影名片，"供文艺界领导参考"，每逢这种"内部观摩放映"，总会有赠票送给文学研究所的西方文学研究室的研究人员，从事其他文学研究的人均不在赠票之列。我身在文艺理论研究室当然不在此列。但恰巧那个时期我对电影艺术偏偏特感兴趣，甚至有点痴迷，自己还不时在报刊上发表对外国电影的评论文章。被拒在我所心仪的"内部观摩"场之外，其饥渴难耐，就像小时候因为没有钱进不了电影院那样痛苦，不，比这更甚，就像于哥利诺被关在饥饿之塔中眼见塔外相隔咫尺有一桌盛宴而不可得那样痛苦，于是，每当我看到公共信箱里有影协给本所观摩者寄来的赠票时，就成为我备受煎熬的时刻。

尽管我"跳槽"心切，但我一直不敢也不好意思开口，我心里觉得，面对着栽培与器重我的"伯乐"提出这种要求，简直就是辜负与不义，好几次下定决心去开口，又临时找了个借口逃脱下来。直到1964年，外国文学研究所成立，我才鼓起勇气、硬着头皮向蔡仪提出了调离文艺理论室的要求，因为我如果不趁这个分所的大好时机分配到西方文学研究室去，以后恐怕就不会有"回队"的机会了。

我虽深知蔡仪说话行事都极有涵养，但我预想我这次辞别谈话，一定会出现某种尴尬与不快，为此，我以"小人之心"作了最坏的准备，并下了据理力争的决心。事情却大出乎我的意料。我一上来面对着他的和气亲切就心虚怯场，事先准备好的一套说辞，都忘得一干二净，当然，有的"小算盘"就更摆不到桌面上来了，我只是吞吞吐吐地说，我想要在文艺理论方面真正有所作为之前，先集中在国别文学史上下些功夫，因此，我想在分所之际分配到西方文学研究室去。说着的时候，我小心翼翼，注意不要对理论研究有任何不敬、任何轻忽，更不轻言自己将来要告别理论研究，倒是表示自谦说自己不是好的理论人才，需要在国别史上多做些积累，以求将来作理论概括时更扎实稳当，等等。言下之意，似乎自己不过是要暂时到外单位去进修一下国别文学史，以便将来回到蔡先生的理论阵营更好地工作……蔡仪严肃而专注地听着我这一派并非完全真诚的说辞，仅仅略为沉默了几秒钟就表态了，他短短的几句话，平和而淡然，大意是，国别文学史在哪个研究所都可以搞，既然我有去外国文学所的意愿，那就去办手续好了。我没有想到他如此简短，如此痛快，如此宽厚，如此淡然，如此有涵养，没有不悦，也没有挽留，使我当时五味杂陈，几乎有点儿羞愧。每当我回想起此事，我就感到辜负了他的期望，很对不起他。他可以说是我一生中最重要的伯乐，也是我生平中真正对不起的人。

绝无仅有的一次"召见"

也许因为蔡仪和我都是湖南人，而在文学所，湖南同乡是很少的，所以，我辞别文艺理论研究室后，和蔡仪仍维持着良好的关系。我感念六年来他与何其芳对我的培养，使我并非"两手空空"去到外国文学所。我至少是个有感恩情结的人，因此，每当逢年过节的时候，我尽可能去拜访他，在他建国门外宿舍公寓的静雅书房里小坐片刻，问候问候他的身体，对他的理论体系建构表示敬意，他则告诉我他工作之余在门口种了些不同季节的植物，当然也对我在新工作环境中的进展表示高兴，我感到了他一如既往的关怀。1979 年 7 月的一天，他托人带口信要我去他家一趟。这是绝无仅有的一次"召见"。原来，他作为中国社会科学院学术代表团的成员，刚从法国访问回来，他跟我谈了谈访法的情况，对卢浮宫更是赞不绝口，他要我去一趟，为的是要送我一本法文书《狄德罗美学论文集》，那是著名的迦尔尼叶古典丛书版，集中了狄德罗全部关于美、戏剧艺术以及美术绘画的论文，并有著名学者保尔·维尔里叶的长序与注释，是很有保存价值的一个版本，法国学术机构送给他，他本可以自己珍藏，却转赠给了我，他说，你是搞法国文学的，对你会更有用。

大概是从 1980 年代初起，我就没有再定期去拜访蔡仪了。

离开蔡仪后，我在国别文学研究的道路上"愈陷愈深"，那是一个深不见底、浩瀚无边的大海，穷一人之力，如何能游到终极的彼岸？从我当年由理论研究转到国别文学研究时的初衷来说，我似乎已经到了可以对国别文学研究做一个小结而掉过头去做理论概括、体系建构的地步了，对于这个问题，我在那年写的《一个漫长的旅程——写在 F.20 丛书七十种全部竣工之际》一文中这样感慨说："现在，我已清醒地意识到，以我近六十五岁的年龄而言，今生我是不可能回过头去在理论体系建树上再有多少作为了：人生苦短、个人实在是太渺小啊。"

这个无边的大海要求你继续游下去，即使你不可能达到终极的尽头。

我终于没有能回得去，终于是辞别了伯乐而未归！

不要遗忘他的这项业绩

《蔡仪文集》十卷，装帧精美，于 1992 年由中国文联出版社出版，由著名油画家罗工新题写书名，中宣部原副部长林默然作序，蔡仪的一批学术追随者与弟子集体参加编辑，当然还有他自己的亲属与后人。我于 2007 年冬开始回忆并思考蔡仪的时候才见到十卷本《蔡仪文集》，即使是原来对蔡仪的学术业绩一无所知的人，仅从这部文集就可以看出，这是一位享有庙堂尊荣的学者，他有一批忠实的学术追随者，他是主旋律文学理论中的巨擘。

文集的主体部分是蔡仪的几部专著，即中华人民共和国成立前出版的《新艺术论》《新美学》与中华人民共和国成立后出版的《新美学》增写本以及《新文学讲话》等，也包括由他主编主笔与其他人合作而成的《文学概论》与《美学原理提纲》，此外便是上百万字的单篇论文与序、跋、后记之类的文字以及早年所写的若干散文、诗歌与短篇小说作品。在我看来，所有这些构成了他一生孜孜不倦、锲而不舍的学术探讨精神与勤劳不息、专心致志的笔耕生涯的缩影。

《蔡仪文集》十卷本虽然客观地呈现了蔡仪全面的学术活动，不过，我注意到，它也有一疏漏，那便是忽略了蔡仪的一个重要的业绩——主编《古典文艺理论译丛》。在我看来，此项业绩的重要性似乎并不亚于他的一部专著。

《古典文艺理论译丛》是中华人民共和国成立后到"文化大革命"之间这一历史时期里我国相当重要的一个刊物。不定刊期，创刊号问世于 1957 年夏，该年出两册。1958 年出版了四册，从创刊到此时，皆名《文艺理论译丛》。1958 年后，该刊改名为《古典文艺理论译丛》，陆续出版了十一册，最后一册于 1966 年 4 月问世后，不久就被"文化大革命"拦腰斩断了，因此，由蔡仪创刊并主持总共出版了十七册。"文化大革命"以后，此刊又在外国文学研究所复刊，由冯至、叶水夫领导。

第一期出得很谨慎，连发刊词也没有，只有一篇篇幅不长的"编后记"，关于刊物的主旨，是这样说的："本刊想要有计划有重点地介绍世界各国的美学及文艺理论著作，包括各时代、各流派重要的理论批评家作家有关基本原理以及创作技巧的专著和论文。以古典论著为主，但在必要时也介绍有特殊意义的当代文章及其他资料等。"创刊号特别发表了马克思的两篇评论和恩格斯的一篇评论，都是从他们的论著中节选出来的，这可以说是向马克思主义经典作家致敬。

创刊号以后，首先从巴尔扎克切入（既然马克思和恩格斯曾经盛赞这位法国作家），围绕巴尔扎克现实主义问题的经典文献几乎都译介了出来，从巴尔扎克本人著名的《人间喜剧》序言和其他阐释自己创作意图的文章到文学史上多位权威批评家、作家如泰纳、左拉对巴尔扎克很有深度的剖析评论。如此一开始就形成了这样一个做法与风格：每期集中一个中心议题，把这个中心议题应该包括、应该涉及的各个方面的经典文献和重要资料完整地译介出来，总之，译介得比较全、比较透，使人得到的每一期就是一份完整的文献资料。

巴尔扎克以后，接着是 18 世纪西欧古典美学问题。在这里，狄德罗、黑格尔几位美学巨擘的显要名篇和厚重论著的章节应有尽有。紧接着，又上溯到源头，是古希腊、罗马的文艺理论，当然，这里少不了柏拉图、亚里士多德和维吉尔，然后是西欧文艺复兴时期的文论，有意大利的但丁、法国的七星派与西班牙的塞万提斯的高论。接着是 17~18 世纪欧洲作家、批评家的文学评论，德国的莱辛，法国的费纳龙、狄德罗、莫里哀，英国的约翰逊、德莱登这些大家的文论皆入选。对于 19 世纪浪漫主义文学，《古典文艺理论译丛》更有较多的关注，先后投入三期的篇幅，第一期的中心是英国的浪漫主义诗论，在这里渥兹华斯、柯洛瑞奇、雪莱、拜伦一一现身说法；第二期的中心是法国浪漫派的文论，雨果、斯达尔夫人和夏多布里盎这些风云人物全都在列；第三期的中心是东欧浪漫主义诗人密茨凯维兹、裴多菲等人的文论。不难看出，《古典文艺理论译丛》抱有梳理欧美文学史、批评史的愿望，虽然编辑的顺序不一定完全符合历史的顺序，但它至少是呈现出了历史发展的一个大致轮廓，使中国的读者读到了批评史上那些起过重大影响的、甚至引发出文学发展倾向的大文，从亚里士多德的《诗学》、柏拉图的《对话录》、维吉尔的《诗艺》，到但丁的《论俗语》、锡德尼的《为诗一辩》，到狄德罗的《论戏剧艺术》、康德的《美的分析论》、黑格尔的《论美为理念》，到席勒的《论素朴的诗与感伤的诗》、夏多布里盎的《论神秘的性质》、雨果的《〈欧那尼〉序》、渥兹华斯的《〈抒情歌谣集〉序言》、雪莱的《为诗辩护》等这些在文学史、批评史带里程碑性质的经典文论，过去中国的文化界、批评界只能在史书中见其名、闻其音，而今在《古典文艺理论译丛》得以见其真身了。

这是"经"式的译介，即按时序、按历史发展的译介。还有"纬"式的译介，即按问题、按题旨的译介。两种方式各占了这个刊物的一半期数，各拥有两三百万字的篇幅。

第二种纬式译介，一期是以悲剧问题为中心，集中了批评史上对这个问题发表了深刻见解的理论家、文学家的文论，从高乃依的《论悲剧》、莱辛的《关于悲剧的定义》、席勒的《论悲剧题材产生快感原因》、黑格尔的《悲剧的原则》，到里普斯的《悲剧性》、德·昆西的《论〈麦克佩斯〉中的敲门》。另一期以喜剧为中心，所译介的古希腊时代的《喜剧论纲》、哥尔德斯密的《论感伤喜剧》、里普斯的《喜剧性与幽默》以及柏格森的《性格的滑稽》，均为富有启迪性的古典高论。此外，美学理论问题当然是蔡仪关注的重点，他用了整整两期译介了西方古典美学思想家的宏论大文，如席勒的《美学书简》、狄德罗的《理查生赞》、柏克的《对崇高与美的观念的根源的哲学探讨》、荷兹的《美的分析》、库申的《论美》、里普斯的《论移情作用》以及费歇尔的《美的主观印象》等。莎士比亚，一直是各个时代文艺评论家议论不休的永恒话题。作为一个议论平台，《古典文艺理论译丛》既展示出了其本身发掘不尽的多层次内涵，又反映出了各个时代理论批评独特的风貌，它献出了两期的篇幅搭建了这个"平台"，歌德、雨果、司汤达、柯勒律治、海涅、斯达尔夫人、夏多布里盎这些富有才情的文学大师纷纷出场，献出了自己深邃而富有文采的篇章，构成了色彩缤纷的理论批评奇观。"文化大革命"之前，《古典文艺理论译丛》还有两期精彩的内容，一期专门译介了印度的古典理论，包括文论、诗论与舞论，还有日本古代别具一格的"艺能论"。另一期则以"形象思维"问题为中心内容，选择了从亚里士多德直到高尔基等六七十位理论家、文学家对这个问题的论述与见解，提供了一份具有高度学术价值、只有深厚学力才能完成的理论资料，为整个《古典文艺理论译丛》画上一个十分完美的句号。

《古典文艺理论译丛》就是这样有经有纬、经纬交织，织出了一幅囊括世界美学思想、文艺理论批评的气象万千的宏大景观，它本身就构成了一个十分丰富的资料库。这资料库无疑是颇有分量，颇有能量，颇有震撼力的。它所有的译文基本上都出自 20 世纪中国最杰出的一批人文学者、翻译家的手笔，且看这些熠熠生辉的名字：朱光潜、钱锺书、金克木、潘家洵、李健吾、宗白华、杨周翰、李赋宁、冯至、鲍文蔚、杨绛、杨业治、郭麟阁、田德望、辛未艾、盛澄华、陈占元、吴兴华、吕荧……今天我们回过头望去，那简直就是一片群星灿烂的天空。

《古典文艺理论译丛》以其纯正、以其古典、以其唯真、以其生命力给中国的文化学术界带来一股清新的风。

至今，我仍记得我自己的一次感受与体验。那是在走上工作岗位之前，我从文学研究所的集刊上，读到了钱锺书所译的德国浪漫派诗人海涅的《〈堂·吉诃德〉序》一文，从第一行起，我就爱不释手，一口气把它读完了，那是一篇洋溢着诗人灵性而且又是以散文诗般的语言写就的美文，我第一次感到惊奇并得到强有力的启迪：原来对文学名著的赏析评论，居然可以用这么一个方式来写，居然可以写到这么一种境界。这次强烈的印象我终身都未忘记。我不仅永远记住了这篇文章，而且它成为对我自己为文作评有着潜移默化影响的范文之一。

今天，当我回顾这一切的时候，我很为自己大学毕业后就被招入《古典文艺理论译丛》工作而感到庆幸，我为自己是从这个"进修班"里毕业出来的而感到自豪，同时，我也更加深切地感到蔡仪在《古典文艺理论译丛》的工作所具有的意义与价值。

亲自撰写"编后记"

《古典文艺理论译丛》的创刊号十分低调，没有宏文要旨的发刊词，没有标出"挂靠单位"文学研究所，也没有署出主编蔡仪，只在刊物末尾下方一个极不引人注意的地方，刊出了一个按姓氏笔画排列的十七人编委会名单，全体成员如下：水夫、田德望、朱光潜、辛未艾、金克木、陈冰夷、陈占元、曹葆华、商章荪、傅雷、杨周翰、蒋路、蔡仪、钱锺书、钱学熙、缪朗山。这一系列低调处理，无疑反映了蔡仪内敛、含蓄的行事风格与谦虚礼让的性格。但是，这个编委会名单几乎集中了当时中国从事外国文化学术研究与理论翻译的最有名望的学者、译家，阵容之强，给人印象十分深刻，他们基本上出自四个单位：文学研究所、北京大学、人民文学出版社和上海译文出版社，当然更以前两个单位为主。

虽然并未明确署出主编名，蔡仪却无可争辩地是实际的主编，从创刊到中断为止，编辑部一直设在他担任主任的文艺理论室，人员编制全部由他管理。至于编辑工作，则基本上都是在他的指导下进行。具体来说，各期的中心议题基本上由他确定，中心议题确定后，篇目与翻译人选由多位编委提出建议，然后由他拍板定案，并指派编辑人员进行组稿，译文由各个语种的编委审校通过后，统一交给蔡仪终审，蔡仪不再根据原文进行审校，因为他只精通日文，而刊物的译稿大都是译自英、德、法、俄等欧美语言。不过，蔡仪的终审能力甚为惊人，他的思辨能力与分析能力极强，仅从译稿的费解之处与表述悖谬之处即可发现问题，请人回过头去再与原文对照，那肯定是因为译得有问题，至少是表述不够准确。最后，每一期要求有一篇编后记，对该期的学术内容做出简介与评价，一般都由蔡仪亲自执笔。

编《古典文艺理论译丛》这样一个专业性、学术性极强的刊物，需要对世界文学史、批评史有渊博的学识与精深的研究。实事求是地说，这并不是美学理论家蔡仪的强项，特别是比起编委中这方面的大学者朱光潜、钱锺书、李健吾更是如此，这几位对批评史与经典文论文库熟知的程度令人折服。一个以译介古典文论为专业的刊物，缺了他们的支持与协助是不可能保证真正的学术质量的，不论是在选题选目的制定上，还是在译者的确定以及译稿的审校上。蔡仪作为一位通晓美学理论发展史的行家，深知学海的深浅，而作为一位睿智的主编，则深知如何使劲以及把劲使在何处，才最能保证刊物的学术水准。他自有大度与谦虚，深知必要时要尽最大可能把自己缩小才有最大可能发挥自己作用的辩证法，他不仅高度尊重编委专家，充分发挥其作用，而且还为他们提供最大的施展空间，有时在特定的情况下，甚至将自己的主编权限交给编委行使，如像以巴尔扎克现实主义为中心、以悲剧与喜剧问题为中心的几期，他实际上是交付给李健吾编委自主拟定安排；以美学问题为中心的两期，则充分尊重了朱光潜编委的意见并发挥了其作用；而形象思维问题一期，更是请钱锺书与杨绛当了绝对的主角。而他这样做，却并没有妨碍自己在总体上把握刊物的方针路线，从而保证了刊物高标准的学术水平。我觉得这无疑是最好的帅将之路，真正的主编之道。对此，蔡仪在他1981年5月所写的《自述》一文中，把自己对刊物的整体领导与全面劳绩，仅仅只说成是"主编了《古典文艺理论译丛》若干册而已"，这大大缩小了自己的功劳，这种自谦的美德是我在学界中极少见的。

陈书甚少的书房

书房是学者的精神世界与存在状态呈现的窗口，对此，我深有所感。这一辈子，名山大川我虽游历甚少，但各种各样的书房倒是见识颇多，一些鸿儒名家的书房我都有幸去过，他们都是我的师长，如朱光潜、钱锺书、冯至、李健吾、陈占元、吴达元、郭麟阁、蔡仪、卞之琳、罗大冈。这些书房有的气势轩然，有的精致高雅，有的幽静温馨，有的宽敞开阔，当然也有拥塞凌乱的……风格虽各不一样，书多却是共同的特点，几乎都是藏书丰厚、琳琅满目。但有两个书房要算例外，一是钱锺书的书房，一是蔡仪的书房，它们都以陈书甚少而使人颇感意外。不过，这也许正反映了这两位学者的特点，特别是他们精神劳动的特点。一个是有过目不忘、强闻博记的特异禀能的钱锺书，既然头脑里装着那么多书，何必在书架上摆满书？何况钱锺书查证、引用必要书籍的速度与周期极短，在他书架上滞留的书也就为数极少了。另一个则是思考力极强、思辨水平特高的蔡仪，他最重视的是把学理讲清楚，讲得严密，讲得条理分明，讲得无懈可击，讲得令人折服，为此，充分的逻辑力量、精致的思辨能力，在他看来就够用了。总之，一个有天才的记诵禀能，一个有极强的思辨能力，都导致对书本陈列需求的减少，书房里的极度朴实，书架上的极度简约。这倒也构成学林中并不常见的一种景观。

此外，蔡仪的书桌也很有特点。我曾经不止一次见识过他写作时的书桌状况，完全不像很多学者工作时的书桌那样堆满书籍、报刊与资料，书刊中还夹着不少做记号的纸条，有些书页还折了一角作为标记，好一副千头万绪、纷繁复杂、手忙脚乱的精神生产景观，这似乎是很多学者写作的一种常态……蔡仪工作时的书桌却是另一种状况，它平整洁净，像清了场的园子，像空旷的溜冰场。没有书籍、没有报刊、没有工具书，更没有文件资料，只有一支笔与一沓稿纸，除此之外，就只有一杯茶、一盒烟与一个烟灰缸了。他就是在这样一个清爽的园子里施展自己的思辨功夫，在这样一个空旷的溜冰场上做逻辑思维的滑行，他自信有自我的思辨与逻辑就够了，就足以从无到有、爆发活力，就足以生发出见解与学理，构建出体系与学说。

这便是这位理论骑士特定的精神生产方式。他的力量来自他的思考力。我从来没有见他为了支持某个论点而遍查诸书、寻找资料，却经常见他思索某个问题或费神遣词造句时深深吸烟的面部表情，他吸得那么大劲，吸得那么深，以至一边的嘴角都噘了起来，与那些把吸烟当作人生最大乐趣的烟民吞云吐雾时的陶醉状、怡然自得状大不一样。

"钱、杨"

我的钱氏崇拜与"旁征博引"情结

几十年来，我们这些晚一辈的人，当面都称呼钱锺书、杨绛夫妇俩为"钱先生""杨先生"，而背后则简称为"钱、杨"，但不论是哪个称呼，都充满敬意。

钱、杨两位先生分别生于 1910 年和 1911 年，比我年长二十多岁，是我的长辈。

我第一次知道钱锺书其名是 20 世纪 50 年代初我在湖南省立一中念高中的时候，时年十七八岁。那时，我在学校图书馆的开架书中，不止一次看到由开明书局出版的《谈艺录》，但当时我阅读的层次还没那么高，只觉得那书很古雅，也很深奥，因此，没有借阅它，失去了受启蒙的机会。后来上了北大，同宿舍上下铺的同班同学叫吕永祯，他上大学之前，就读过一些古书与深奥的书。记得大学二年级时的他早已经对老子的《道德经》甚为熟悉了，经常赞不绝口，他经常称赞的还有《谈艺录》，"学问大啦，学问大啦"，他总这么叹道。还特别有一叹："旁征博引，外文材料真多"，要知道，外文系学子的崇拜往往更偏重对外国文化知识的崇拜。

1950 年代我们这些大学生在求学之中颇有些"你追我赶"的心理，你看过的书，我一定要设法弄来一读，在他的影响之下，我总算读了一读《谈艺录》。果然是学识渊博，根底深厚，议论精微，令人感叹！可惜那时我事先订了一个庞大的课外阅读计划，要啃完《鲁迅全集》，并限期完成，因此，没有来得及仔细研读《谈艺录》，而这本书是必须潜下心来细嚼慢咽的。即便是粗读，《谈艺录》也足以形成我最初对学术的一个理念与生平的第一道学术标准，那便是"旁征博引"，如果再提纲挈领加以简单化、通俗化，那就成了"愈是引证得多，愈是学问大，愈是外文引证得多，学问就更大"，在这一简单化的学术标准理念指引下，自然很容易就建立起"钱锺书崇拜"，把钱锺书当作一个远处的目标，一个前进的方向。这种理念、这种崇拜一直贯彻在我早期的治学活动中。而不自量地"东施效颦"，则往往把自己弄得很苦。

记得我的第一次"东施效颦"是在大学高年级作论文的时候，导师是闻家驷教授，我选的题目是《论雨果的〈艾那尼〉》。说老实话，表面上指导的是闻家驷，暗地里起作用的是钱锺书。心底里既有《谈艺录》为偶像，就不自量力欲小试牛刀，很想把论文写得"有点学问"，为此，便去把雨果的若干文艺理论找来读了读，那一次尽管是甚为初级的幼稚的"引证"，但也不失为一种有益的练习，而"立竿见影"的效果就是膨胀了论文的体积，正如雨果所嘲讽的那样，像一支军队补充了粮草辎重而显得声威大增，甚至引起了同班一位优等生的关注，以至于他"礼贤下士"地前来借阅参考。更值得我自己纪念的是，这次治学之举导致了我后来去翻译雨果的文艺理论，1980年代初在上海译文出版社出版，其最初的源头就是巍巍"钱山"麓下的一道涓涓细流。

　　我在北大当学生时期，钱锺书四十多岁，还没有出版他的皇皇巨著《管锥编》，他的著名小说《围城》也尚未再版，还未广为人知，那时他的名声远不如二十世纪八九十年代那么大，而仅仅是以《谈艺录》而深得学子景仰的。不过，仅仅这一本书，的确使得他在后生晚学心目中成为一把尺度、一个标准、一个偶像，人们不是崇拜他有体系与思辨能力，而是崇拜他掌握知识的非凡能力与他所掌握知识的巨大容量。试想，旁征博引，信手拈来，不是来自人所共知的经典读物，不是来自大路货的资料汇编，而是条条款款均来自书山文海的深处，这得找读多少书？这得有多快的读书速度？一步步走是不行的，必须是飞，但又必须是一步步走的，否则你如何能发现散落在小径边、丛薮里的一颗颗"思想钻石"与一丝丝历史文化的遗迹？寻觅到少数几颗、少数几丝或许并非不可能，但要像钱锺书那样有丰盛的发现与采撷，可就"难如上青天了"，这种难度只有干过这事的学子才有若干感受，行外人是很难体会到的。不言而喻，对旁征博引、对典故、对注脚的向往是学子的一种特殊的癖好，是学子常有的学术崇拜中的一项重要的内容，即使钱锺书的《谈艺录》在旁征博引方面还没有达到后来的《管锥编》那种程度，但也足以为青年学子提供一个顶礼膜拜的偶像。

　　出了大学后，我仍在"东施效颦"的路上走了好些时候，总要在自己的文章中力求达多少多少引证与注脚，虽为东施小技，与"西施"有天壤之别，但随着年龄的渐长、学力的渐增，此种"效颦"之举似稍成了一点气候。1963年我写《新小说剖析》一文时，为了用"充足的粮草"和"完备的辎重"以"壮大军威"，不惜泡在图书馆里，把《费加罗报》《文学新闻报》《法兰西文学报》《新批评》《欧罗巴》等五六种法文报纸杂志，逐年逐月逐日地普查了一个够，结果在一篇25000字的文章里，做出了63条注脚引证（《世界文学》1963年第3期），这在当时的学林，也算得上是小小一景。不过，说老实话，模仿之路，效果并不好，我只顾使劲把从外国书刊上摘出的评论、引文一一设法安排在文章的各个部位，几乎就是用思路与文笔去串联这些材料，或者说是让自己的论述在一条条材料与引文之中蜿蜒伸展。

在我治学的早期阶段，这类故伎我可没少重演，又如：写一篇10000多字的《论拉法格的文学批评》时，塞进去53条注脚引文，写一篇20000多字的《论世界观与创作方法的关系》，则塞进去96条注脚引文。

在我见到钱锺书之前就已经形成的钱氏崇拜与"旁征博引"情结，的确使得我在早期治学中相当疲于奔命，日子一久，我就深感钱氏那种绝技是与他一目十行的阅读速度，过目不忘、博闻强记的天才记忆力分不开的，而这些天赋禀能是我所欠缺的。我要做到"旁征博引"，那么平时读书时就得一张张做卡片，把将来也许可引证的材料与见解抄下来，显然，这是脚步笨重地蹒跚而行了，结果弄得自己很累，于是，我逐渐悟出钱氏这门绝技我是学不到家的。而且我还深有所感：在文章写作过程中，如果一心想方设法去安排一条条材料与引文，势必妨碍思路的顺畅、文笔的流利、意旨的层层深入，把本来尚可保有的一点优势也都丧失殆尽。在认清了这点之后，自己就从原来的情结中解脱了一大步。加之分配到中国社会科学院工作后，受到的历练是多方面的，营养来源也是多渠道的，数量多多的名士大儒并肩而立，精神风采，争艳斗胜，给人以多元的启迪与熏陶，这里有何其芳明晓透彻而又富有文采的说理；有蔡仪严密得令人折服的体系建构力与思辨能力；有李健吾的才气横溢与文思灵动；有卞之琳的精巧与细腻；有唐弢的平易近人中的深邃……走在这样的山阴道上，是令人应接不暇的。原来那种单打一的情结，自然缓解了不少，但在我心灵深处，钱氏的学贯中西与旁征博引始终代表着最高的学术境界，在自己的"作业"中，我也始终保持着对引证与材料的重视，因此，对我早期一部分理论文章，从没有人认为是"空头理论家的玩意儿"，因为有钱氏这碗酒垫底，毕竟就有了若干底气，总算最后得到了一个眼界甚高的评论家这样的评语："柳某某的引证充足而适当。"

谦逊低调的季康先生

在外国文学所从文学研究所分出来以前，我与钱、杨都是一个所里的同事，只不过，钱锺书所在的中国古典文学研究室，与我所属的文艺理论研究室相隔甚远。但我们这个研究室与杨季康所属的西方文学研究组却经常在一起开"联组会"，进行政治学习和一些重大问题的讨论。因此，从 1960 年代初起，我就常在"联组会"见到季康先生。1964 年，我被正式调到外国文学研究所中季康先生所属的西方文学研究室，同属于一个基层单位，碰面的机会自然较多。此外，在 1962 年 8 月钱、杨搬进干面胡同宿舍大楼以前，曾在东四头条的宿舍大院住过一个时期，而那时，我与朱虹也住在那个大院，钱、杨住前院一幢小洋楼，我们则住后院的小木楼，在同事关系之外，又有过一段时间的邻居关系，我便多了一些熟悉与就近景仰的机会。

我初见到的杨季康正是五十出头的年龄，她精瘦娇小，举止文静轻柔，但整个人极有精神，特别是她那两道遒劲高挑而又急骤下折的弯眉，显示出了一种坚毅刚强的性格。她的衣着从来都是整齐利索的，即使是在家里不意碰见来访者敲门的时候。至于参加所里的会议与活动时，更是相当讲究。当时，在整个研究所有两位女士的衣着是很"高级"的，一是"九叶诗人"之一郑敏，她从美国回来不久，常穿款式特别、色彩艳丽的衣裙，极有浪漫风格；另一位是杨季康，她的穿着则很典雅，多少有点华贵，冬天常披一件裘皮大衣，很有高雅气派。她们俩都保持西洋妇女那种特定的"尊重自己，也尊重别人"的习惯，每次公共场合露面，都对面部作了不同程度的"上妆"，这在二十世纪五六十年代的国内环境中，是极罕见的。不过，郑敏的"妆"较为浓，而杨季康的则几乎是不着痕迹，似有似无。

在公众场合，季康先生从来是低姿态的，她脸上总是挂着一丝谦逊的微笑，像是在每一秒钟对每一个人都表示着她尊重对方、与人无争、谦虚礼让的善意，她对人不仅是彬彬有礼，和蔼可亲，而且有时近乎谦恭。政治学习会上以及其他重要的场合中，季康先生极少发言、表态，实在不得不讲几句的时候，她总是把自己的语言压缩到最少的地步，正如她在日后翻译《堂·吉诃德》中奉行"点烦"原则，即把用词精简到不可能再精简的程度。她讲起话来，不仅轻声轻语，而且从来都是操持低调。

家里连一个像样的书架也没有

在实际生活里，钱、杨很低调平实，他们除了在衣着上比较讲究外，在其他方面，不论是待人接物，人情交往，还是做派作风以至生活情调都力求低态亲和，平凡普通。他们从不摆出身份架子，更没有半点作态，给人平易近人之感。在我见到的大家名流中，他们要算是最为平实甚至最为谦逊的两个。

如果你在门口迎面碰见钱锺书，他决不会因为你的辈分比他低、年龄比他小就气昂昂地当仁不让，反而会让在一旁让你先走，就像他与比自己年轻许多的中青年人有信札来往时，往往尊称对方为"××吾兄"，信札最后往往署上"钱锺书上"，甚至是"敬上"的字样。即使在门口相遇，他让不过你而先跨一步，脸上也会带着他那特定的、嘴角朝上、有点幽默意味的微笑，似乎在向你表示歉意。

如果你是初次认识杨季康，你也会很容易发现她待人接物的态度十分平实谦逊，她虽然有时穿得有点雍容华贵，但神情态度却平和得就像邻里的一个年长的阿姨或大嫂。她不会像某些女才人那样，一相识，一见面就言必谈学术与文化，似乎不那样就不足以显示自己的身份与高雅，她倒是总爱聊聊家常，说说普通平凡的话题，显然，她在日常生活中，只想作为一个普普通通的人，与人进行普普通通的交往。认识久了，她对晚辈后生则愈来愈有更多的亲切关怀，的的确确像一个慈祥的"阿姨"。

如果你到钱、杨家去，你会发现，他们家的陈设家具可谓简单朴实至极，既无宋式或明清风格的桌椅，也没有款式新颖的西式沙发，没有古色古香、气概不凡的文案，总之，名士方家书房里常有甚至不可或缺的陈设，在他们那里几乎一样都没有。

他们家住在东四大院的小灰楼上时，我去过多次，客厅里只有再简单不过的几把座椅。他们从干校回来后在文学研究所楼的西头居住时，我也常去，房子里更拥满了应付最简单饮食起居需要的日常生活用具，连一个像样的书架也没有。那时，院子里正荒置着一些图书馆的高大铁书架，日晒夜淋，已成废品，钱、杨从管行政事务的头头老姜那里，借来几块铁板，用砖头叠起来支在两头，铁板往上一搁就成为书架了。直到他家搬到三里河国务院高级宿舍楼后，这种特殊的书架在他们家还继续使用了相当长一个时期，后来过了很久，才见添置了两个简朴的书架，却矮小不如人高，容积很有限，似乎在宣称，他们没有多大学问，用不着放置多少书籍……所有这一切，与名学者教授家书架林立、琳琅满柜的景象，恰成鲜明的对照。

追求"一尘不染"的完美主义者

大概是在 1964 年，中宣部因文学理论批评界长期存在着关于"形象思维"问题的争论，便交给当时的文学研究所一个任务：编选出自古以来的外国理论批评家论"形象思维"的系统资料，以正本溯源。于是，文学研究所奉命成立了两个编译资料组，一个负责编译西欧古典理论批评家和作家论形象思维的资料，另一个负责编译俄国革命民主主义批评家与苏联马克思主义批评家有关论述的资料，前一个小组以钱锺书、杨绛为主，配备了两个年轻的助手——我与刘若端，另一个小组则由几个从事俄苏文学研究的学者组成，以后来担任了外国文学所所长的叶水夫为首。

任命钱锺书为西欧这一摊子的负责人，既是对他的重视，也是给他出了一个难题。说重视，是因为西欧这一摊子要涉及古希腊文、拉丁文、英文、德文、法文、意大利文、西班牙文等多种外文，国内恐怕只有钱氏才能担当此任。说难题，是因为"形象思维"这个术语是二十世纪二三十年代的苏联理论批评家根据俄国批评家别林斯基的"创意"而创制定型的，要到古希腊、罗马以及西欧的理论著作中找这个术语，就无异于要到海洋上去狩猎老虎。

难题并没有难倒钱锺书和杨季康，他们实事求是地解决了难题，最后编选翻译出了一份完整的理论资料，明确说明"形象思维"这一术语并不存在于西欧古典文艺理论之中，不过其中倒的确有一个与之相近的"同胞兄弟"，那便是"想象"，钱、杨所编译的这份资料实际上便是一份系统而完整的关于"想象"的理论资料。

作为一个青年研究人员，我当时能参加钱、杨的这个小组，要算是一种荣幸。就我的学力来说，选题的事我是插不上手的，我只是按领导的要求，当了当助手，跑了跑腿，没有什么事可干，不外是借借书而已。刘若端的情形也是如此。钱、杨怕年轻人坐在冷板凳上难受，便把法国16世纪作家伏佛纳尔克的一则论述交给我翻译，短短的仅五六百字，我译好后交卷，杨绛又做了校对修改，虽没有什么理解上的出入，但她把译文改得更精练更利索了。最后，这几份理论资料都在《古典文艺理论译丛》第十一册发表了，钱、杨的这一份共节选节译了32个理论家与作家的片段论述，篇幅不大，只有三四万字，但署上了"钱、杨、柳、刘"四个人的名字。我因为自己只是一个助手，出力很少，不止一次请求不要署我的名字，对此，钱、杨执意不听，一定要把四个人都一一署上。为什么他们要这么做？一方面固然是因为这个小摊子领导共指派了四个人，所以，钱、杨坚持署名"一个不能少"，似乎是在坚持一个"集体主义原则问题"；另一方面当然也有提携两个年轻研究人员的好意。但对这样一个结果，我心里老感到不是滋味，就像不得已蹭吃了一次"大锅饭"。

事隔多年，钱先生去世之后，一家出版社要将上述那份理论资料收入钱、杨的集子，问我当时的情形，我如实做了说明，强调那份"理论资料"是钱、杨的心血与成果，两个助手在其中的工作量微乎其微，应该把这两个名字删掉。终于这家出版社与季康先生听取了我的意见，恢复了"历史的真实"，扔掉了两个"小累赘"，不过，在删去了这两个小人物的名字的同时，伏佛纳尔克那一则译文也被删去了。其实，这倒没有必要，因为伏佛纳尔克并非文学史上一个特别显著的大家，要把他这一则论述摘选出来，只有钱锺书先生的学力才能做到，他为此肯定付出了辛劳；而且，那一则译文毕竟还是经过了杨先生的校改，应该算是他们的成果。季康先生真可以说是一位完美主义者，她力求绝对的纯净与利索，要真正做到"一尘不染"！

接济年轻人

我们一些年轻人从干校回北京后，因为原有的宿舍都早已被重新分配掉了，无处安家，只能在办公室里临时"落脚"，这一落脚就是好几年。而我和朱虹及两个孩子一家人的"落脚地"就在四号楼办公室里，与钱、杨临时安家的七号楼办公室相隔很近，因此，我们常去那里看望与问候。

钱、杨流落在七号楼时的那间房子只有十几平方米，显得特别狭窄寒碜，颇有逃难的景象，陈设简陋之至，用砖头与铁板摞搭起的一个架子，上面主要是放了些简单的锅碗瓢盆与生活用品，一看就知道房间的主人是把物质生活压缩到最低的水平。房间里占据最佳位置的是两张临窗的桌子，显然是钱、杨分别伏案工作的地方。现在想来，钱锺书的学术巨著《管锥编》恐怕有一部分就是在这一时期的这种环境中完成的，而杨季康的《堂·吉诃德》译稿，也很可能就是脱稿于七号楼的这间小屋。

在钱、杨那间平民化的小房间里，我比任何时候更感到他们平易、亲切，特别是天热的时候，钱锺书怕热，往往就穿着一条短裤、一件汗衫，接待我辈，真使我觉得是到了一个平民区的邻居家，没有了距离。什么级别、职称的差异，什么师道尊严的规格，什么学术水平、文化层次的距离，似乎一下子都消失了，眼前的景象使我似有"同是天涯沦落人"之感。

钱、杨挤在七号楼一间狭小的办公室里默默耕耘，过着低调的平民化、群众化的生活，甚至可以说是"与群众打成一片"，没有任何架子，穿着汗衫短裤与来客说家常话……我想，这是这个时期有很多年轻人、"小人物"乐于接近他们、前往拜访他们的原因，他们拥有了一批尊敬他们、佩服他们、亲近他们的"信众"。

使我深有感触的是，在这个时期的钱、杨身上，事实上存在着一种对人的悲悯之情。当时一批年轻人、"小人物"真正把他们视为值得亲近的慈祥长者，至少我与朱虹是深有所感的，这里，有一件事令我们永志难忘。

一天，一位经常在钱、杨身边行走，替他们办些琐事的青年同志，递给我一个小纸包，里面有 20 元人民币，他对我说："这是钱先生、杨先生要我交给你和朱虹的，补贴你们的家用，还要你们收下就是，什么道谢的话以后都不要讲。"恭敬不如从命，我怀着深切的感激之情收下了。那个时期，我与朱虹承担着照料两个孩子与双方父母的义务，两人的工资加起来每月只有一百三四十元，由于业务断了路，没有半点稿费收入，生活的确相当清苦，钱、杨这一接济，真是"雪中送炭"，使我们备感温暖。没有想到，到了第二个月，那位同志又照例递给我一个小纸包……然后，第三个月、第四个月……就像例行的发工资，每月都有，一直持续了两年之久。而且我也获知，研究所里每月不落地从钱、杨那里得到接济的竟有十多个人，基本上都是处境倒霉、生活拮据的青年人、"小人物"。这就是说，钱、杨两人每月的工资，大部分都用于接济年轻人了，而且至少坚持了两三年，如同一项固定的"制度"。

"大隐隐于荣"

从1976年以后，人们看到了钱、杨生活中"苦尽甘来"的转机，尚在流落于七号楼的斗室之中的后期，就已经有毛泽东选集翻译委员会的人员来访了。作为国家级专家重新被起用，这才真正意味着钱锺书无论在政治上还是在业务上真正走出了阴影。领导的重视、地位的提高，必然带来生活待遇的改善。

1977年1月，钱、杨得到了三里河高级寓所的钥匙，从此，钱、杨才脱离流落生活的尴尬。范围不大的三里河高级宿舍区直属国务院，由一幢幢小洋房组成，聚居着一些高层次的特殊人士。在中国社会科学院得到此待遇的仅有两人，一是"大儒"俞平伯，另一个就是钱氏。当时，我这样想，以后再也不会见到穿着汗衫（甚至赤膊）与短裤见客的钱锺书了。

1978年，中国派学术代表团出席在意大利召开的欧洲汉学家会议，代表团成员均为国内学界精英，钱锺书当然是成员之一。1979年，胡乔木任职后的中国社会科学院又组学术代表团访问美国，钱锺书仍是成员之一。1980年，钱锺书个人又应邀对日本进行学术访问。

几乎在钱锺书几次出行的同时，他的《管锥编》分卷陆续出版了。虽然此书并不具有严整的学术思想体系，严格说来只是一部巨型的读书笔记，但仍以其海洋般浩瀚的旁征博引与学术信息而被公认为是一部划时代的巨著。而后，他几十年前的旧作《围城》被搬上荧屏并大获成功，钱式的隽永与幽默进入了十几亿人口大国的寻常百姓家并得到了欣赏。

与钱锺书一样，从1970年代后期到1990年代初的十几年时间里，杨季康也有了特别令人瞩目的业绩。在搬入三里河新居前不久，她居然在七号楼那间斗室中，完成了她的巨译《堂·吉诃德》，它出版后不久，即得到西班牙国王卡洛斯来华时颁发的奖章，显著地提高了杨作为翻译家的声望与地位，使她从中国译界为数不多的名家高手中更加脱颖而出，格外耀眼。

在这一片耀眼光圈的笼罩下，我所见到的钱、杨仍然在各个方面保持着低调与谦让。在钱氏几次成功出行之后，请钱、杨出国讲学访问的邀请信如雪片一般陆续来到，规格与待遇都很高，但钱、杨都婉言拒绝，一一退让……被任命为副院长后，从未听他打过一次官腔，从未听他讲过一句官话，他仍然保持着平头百姓的姿态，平民知识分子的本色，他不仅有"大隐隐于朝"的清高，而且有"大隐隐于荣"的平易。在他们三里河的高级公寓里，一切陈设仍然简单而朴素，没有大书柜，只有两个不及人高的小书架，墙上没有名人字画与任何条幅；对前往拜访的晚辈他们仍平易而亲切，甚至对有的年轻人称兄道弟，礼称"××才子吾兄";每出版一种书,他们就送给我们一本,写给我们夫妇的题签不是"鸣虹俪览"就是"鸣虹惠存",亲切地把我们当自家的后辈晚生……

1981年,我赴法国做学术访问,回国后写了二十多篇文章,陆续发表于《读书》和《文汇月刊》。1983年,那些文章结集为《巴黎对话录》与《巴黎散记》两书出版时,我在"前言"中写有这么一句话:"既然有长期对外文化交流经验的权威、学者由于这种或那种原因还没有做这一工作,我也就不妨先抛砖引玉了。"两书出版后,我都敬赠给了钱、杨,作为学生晚辈的"汇报",很快我就得到他们的回信。全信如下:

鸣九同志:承惠寄大著并附信都收到,谢谢。假如你抛出一块小砖,肯定会引来大堆的砖头瓦片,但是珠玉在前,砖就不敢出来了!一笑。

贵恙想已痊愈,尊体想已康复,天气酷热,希望你和朱虹同志都多多保重,专此复谢,即问近好,朱虹同志均此。

杨绛八月十三日   锺书同候

"珠"颗"玉"片早在刊物上零星发出光彩,现在串珠成圈,聚玉成盘,合在一起,更可宝贵。

钱锺书

他们信中的一些意见,是对我前言中的那几句话而说的,使我感到莫大的抚慰与鼓励。

//"只在芦花浅水边"//

讲文明的"土"人

我是一个"土"人，虽然我一生所摆弄的是"洋"文化。

我之"土"，首先是指洋派的、洋式的、洋制的东西在我生活中所使用、所享受的比重实在很少，甚至不及普通中国人所享用的一般水平。

我很少像知识界洋派人士那样喜欢喝咖啡。说来寒碜，有生以来，我喝过的咖啡总数大概不会超过五杯，而且不止一次仅仅只抿了一小口而已，剩下的大半杯都浪费掉了。我生平的第一杯咖啡，是随着改革开放时代而来的，在此之前，我从没有想到要去喝咖啡。改革开放以后，人情交往才使得我面前出现了一杯咖啡，但我从第一次喝，就不喜欢咖啡那种苦涩再加上一些有点发腻的甜味，后来，一直忠于自我、尊重自我的味觉而未尝试着去培养兴趣形成喝咖啡的习惯，即使是为了与这个圈子的氛围合拍与交往的需要。这样，我仍以茶作饮料，而且，完全是粗人式的"喝"，毫无文化含量，与"品"、与"茶道"几乎完全绝缘。到了耄耋之年，干脆连茶也不喝了，每天就喝几大杯白开水。

洋酒我也不喝，即使在享受贵宾待遇期间，我也多次放弃了品味高级洋酒的机会。记得在罗瓦河旅行时，法国外交部文化司陪同人员马蒂维先生每到就餐时，总要很有礼貌地点一两种高级名酒助兴，而我则从来都坚守了"滴酒不沾"的习惯。只有一次例外，那是在拉伯雷的故乡希龙的时候，参观完拉伯雷故居后，法方陪同人员安排我们在一家雅致的饭店就餐。那次，根据当地的农业生态特色，他点的是葡萄酒，同样他按老习惯替我斟上，我也按老习惯辞谢未饮，但一转念，觉得自己毕竟是在拉伯雷的故乡，这位人文主义的先驱竟把丰富深邃的哲理凝现为他那著名的象征性的口号"畅饮吧，畅饮吧！"在希龙不喝葡萄酒，那真叫"无趣""没劲"，于是我举起了酒杯，对马蒂维先生说了一声："以拉伯雷的名义。"虽然在希龙开了葡萄酒的戒，但此后并没有养成经常喝点葡萄酒的习惯，即使是为了有助睡眠、有益于心脏。至于品尝名酒佳肴以形成名士风度更与我无缘，故至今我仍不知香槟、威士忌、伏特加等为何味。对于洋酒文化，我连及格入门的资格也不具备。

我基本上不吃西餐，早年我虽然也生活在大城市里，并非没有见过西餐店，但作为家境清贫的子弟，西餐西点对于我来说就像是天堂里的东西，有时我们听话、表现好，父母亲满意，父亲也买点好吃的奖励我们，但也不过是一小包油炸花生米和几片油炸锅巴。说来寒碜，我一辈子对美食的追求大概就是这个水平。油炸锅巴与油炸花生米都撒了盐，那股香味加上那点咸味，基本上就构成了我美食追求的两个基本元素。我第一次吃到西点，是我十三四岁在广州的时候，给父亲跑了两趟小腿，父亲奖励我一块奶酪面包，面包上一个口塞了一大坨奶酪，当然也很好吃，但似乎抵不过油炸花生米的香味与咸味。也许就是这种先入为主的原因，油炸花生米式的香味与咸味始终压过了西点的香味与甜味，而成为我的首选。20 世纪 50 年代，北京开了一家莫斯科餐厅，那是有点文化修养的人士必去尝尝鲜的地方，我就从来没有感觉到有这种必要与冲动。20世纪80年代，我家住在崇文门，马路对面就是马克西姆餐厅，开业后很久我都没去过，至今也只去过一两次，那是我的夫人请我去的，她多年在国外生活，吃西餐是她的生活方式，然而麻婆豆腐、宫保鸡丁加米饭仍是我的美食取向。

我在国外期间，被招待吃西餐的机会也不少，但我始终没有培养起对西餐的兴趣，尤其是当主人热情地给我点上西餐中的美味——半生不熟的牛排时，我实在有点头疼。吃吧，我实在是不喜欢、不习惯，咽不下去；不吃吧，似乎有点失礼。说实话，每次吃西餐，最后我都觉得没吃上我想吃的东西，一点儿也没吃饱，经常有这样的想法：要是给我再上一盘鸡蛋炒饭就好了。因此，两次生活在巴黎期间，虽然法方给我的生活待遇相当优厚，但我几乎从来没有上过西餐馆，而是老去中餐馆吃我的鸡蛋炒饭和麻婆豆腐。年轻的时候为了装装门面，我还注意学学吃西餐的规矩：如何拿刀、如何拿叉等，到后来，连这些门面化的规矩我也不讲究了。

我也不喜欢穿西装。几十年来，在国内，我大概只穿过两次西装，一次是在2002年首都文化界纪念雨果诞辰二百周年大会上，因为那是一次带有外事性的学术活动，有不少外交官和外国朋友参加会议，而我又是大会的"主角"。另一次是在北大一百周年校庆之际，我被校方当作"杰出校友"邀请去人民大会堂参加纪念大会。大概是因为第一次进人民大会堂开会，又因为做了一套西装从没有穿过两次，我就穿了那套几乎崭新的灰白色西装去了。除此以外，我从来不穿西装。

至于我的日常衣着，虽然我每逢上街外出、见客约会、上门拜访，都甚为注意；但是，如果是在陋室中爬格子，我身上那工作服就不堪入目了，上身往往是一件陈旧不堪、污渍斑斓的衬衫，下身就是一条松松垮垮的长裤，裤脚总是卷了一截，高于脚腕，低于膝盖，两边还不整齐对称，一边高一边低，不伦不类的，完全像一个粗俗的工匠……

这就是我在日常生活中的常态。实事求是地说，我所放弃、我所忽视的只不过是外观的文明化而已。我对内在的文明化倒是蛮重视、蛮在意的，因此，只要在意或注意的时候，即使是外观，也还是说得过去的。

在人际交往中，我当然要注意外表。见客时，总要把平时不修边幅等种种粗糙简陋统统收起来，胡子是必须刮的，衣着至少要整齐、清洁、合身，还要讲究点式样的大方与得体、颜色的配搭、风格的素雅，并以颇为用心而不着痕迹为原则，文明法典不是有言"善于衣着者，往往不显刻意用心"吗？款式则几乎都是休闲装，以追求洒脱自然的风格，绝少穿西装、打领带，也为的是自远于严肃正经、一丝不苟、煞有介事的态势。总的说来，我在衣着上，是向卞之琳看齐，甚至以他为偶像，他即使只穿一套中山装，也能穿得合身、素雅，穿出都雅潇洒的风致。

在人际交往中，更要注意的是礼仪与教养。行为上的彬彬有礼，Lady first（女士优先）的习惯，"谢谢"一词常不离口，这些常规是不可少的，礼多人不怪嘛！姿态正规，"站有站相，坐有坐相"，举止文明，也完全可以做到。如何称呼对方更为重要，既包含了礼仪规范，也显示了自我素养，我经常客客气气称对方为"阁下"，哪怕是比我年轻的客人。这称呼中，尊重占50%，礼仪占40%，略为夸张与轻微玩笑占9%，幽默调侃占1%，这1%不可或缺，就如在一碗汤里，洒上几颗味精，有助于提升"亲切"的味道。我自己之所以乐于别人戏称我为"柳公"，也是因为我颇为欣赏其中揶揄幽默的成分。对女性的称呼则更需讲究，当视情况而定，对有一定年岁、一定身份地位的女性，我常称呼为"先生"；对年轻的、事业型的知性女性，偶尔也如此称呼；对于一般女性皆称为"女士"，但避免称"你"，而是称"您"，尤其是对漂亮的女士，更是如此，以自觉地保持距离感，避免对方对你产生"自来熟""套近乎"的印象，而这种讲究主要是得益于法语称呼中第二人称单数与复数的区别。在交往中，我由于性子急，说话坦直，有时不免影响交谈氛围，令人不快，为此，我只好靠文明化的习惯话语来尽可能缓和一下气氛，常抱歉在先地作这一类的表示："恕我直言""容我冒昧"等。

我颇重视通信的礼仪。在我看来，通信礼仪是文明化的重要标志，它比是否穿西装、打领带更能反映文明化的程度，千万不能马虎。我倒没有细致讲究到行文的格式与信纸折叠方式也一丝不苟的程度，那是中国的传统礼数，我有点嫌烦，但每信必复是起码要做到的。称呼问题则要细致对待，对有职有权的人士，最好以其职务相称，以表示我并非不敬官本位文化，虽然我自己有意识远离仕途；对治学同道、文化人士，务必恭敬有加，但绝不轻易称兄道弟，以免有套近乎之嫌；而信末的祝愿，应该尽可能表示尊重与敬重，不是"教安"、便是"编安"，不是"夏安"、便是"秋安"，以示自己谦谦有礼。即使对年轻的编辑、记者亦不例外。

外表上的文明化毕竟是外部的附着物、装点物，它往往呈现于一时一事，是一种人为做作的东西。而内在的精神文明化，从浅层次来说，往往包括个体所具备、所持有的精神条件、精神能力，如音乐修养、造型艺术鉴赏力、风雅美趣、美食技艺，等等。从深层次来说，则往往是指个体所具有的素质与格调，诸如境界胸襟、眼光见识、人格风采、文化内涵，品格操行、精神高度、自省能力、自我态度，等等。无论从哪方面而言，内在的文明化，不再是附着物、装点物了，而是已经与主体紧密结合，融于一体，浑然天成，以至于几乎成了主体的一个组成部分。如果说外观的文明化在人身上往往是装点出来的，那么，所有这些内在的、深层次的文明化，在个体身上则是一种自然的流露，是一种本性的展现。在我看来，这才是真正的文明化，货真价实的文明化，这才是个体文明化的实际水平。

在我有意识地提升自己、美化自己、充实自己的努力中，培养对音乐的爱好、增强音乐修养一项占有很重要的地位，在这方面，我花的时间最多，这种努力、兴趣与习性从大学时代起，一直持续到中老年。

在北大时，校内的文化活动丰富多彩，有很多社团活动吸引着同学们，而我参加最多的是音乐社团每周举行一次的外国古典音乐唱片欣赏会，我虽不敢说次次必到，但也可以说是常客了。在这种活动中，除了听唱片外，还有有关的知识介绍以及技法欣赏的讲解，而所欣赏的唱片则基本上都是欧美的古典音乐。我之所以对这个社团的活动特别感兴趣，首先当然是这些古典音乐本身十分有魅力，一接触就会如痴如醉地爱上它；其次则因为古典音乐与西欧古典文学关系密切，我作为一个西方语言文学系的学生岂能对西方古典音乐无知、无感觉？我得积累这方面的知识，我得培养出自己的真情实感！这便成了我积极参加这个社团活动的动力，也正是从这里开始，我知道了从巴哈、莫扎特、贝多芬、肖邦、舒曼、门德尔松、斯特劳斯直到柴科夫斯基、李莫斯·科萨科夫、德沃夏克等这些大师的名字，并开始有了相关的知识，更重要的是我总算对西方古典音乐中的那些鸿篇巨制以及优美名曲有了初步的认知与感受。通过这种社团活动，我得到了音乐的启蒙与辅导。

以此为基础，我成了一个对西方古典音乐的附庸风雅的"粉丝"。"附庸风雅"并非我妄自菲薄之语，因为我全身绝无任何音乐细胞，而且五音不全，不会唱歌，乐理不通，不会识谱，从来没有碰过任何一种乐器，哪怕在青年人中最为普遍流行的口琴。但我却自认为是西方古典音乐的爱好者、欣赏者。不过，我的"附庸风雅"倒是下了一番"苦功夫"，那就是我花了不少时间去吟记甚至背诵那些曲中的著名乐段，至少是其中的主旋律。我开始是吟记那些短小的名曲，如舒伯特的《圣母颂》、圣桑的《天鹅》、舒曼的《小夜曲》、斯特劳斯的《蓝色多瑙河》、柴科夫斯基的《徐缓的歌》、卡门的《斗牛士之歌》……不久，我又更进一步，吟记背诵起大型交响乐中著名的旋律乐段来了。在北大期间，我吟记背诵了多少古典名曲实在是记不清了，反正，从北大开始，而后数十年持之以恒，随着自己听音乐的条件改善了，逐步有了自己的音响设备，吟记背诵的量也逐渐增加起来，到后来，我所吟记背诵的就有贝多芬的《第五交响乐》《第七交响乐》《第八交响乐》《第九交响乐》以及舒伯特的《未完成交响乐》，德沃夏克的《新大陆交响乐》，等等。特别是贝多芬的《命运交响乐》陪伴着我度过岁月中一些坎坷的日子；德沃夏克的《新大陆交响乐》更是在我的一生中占特殊地位，我最初是喜爱它的清新与充满希望，后来，因为去美国的儿子特别喜爱它，我对它也就有了特殊的感情，如今儿子已英年早逝，我只要一听《新大陆交响乐》这个名字，心里就一酸……

我很庆幸在自己的吟记背诵库里有这么一份财富，我当首先感谢燕园的音乐文化生活。我对音乐的用心不存在什么实用功利的目的，如果一定要说还有什么实际的功效，那便是我这份爱好多少培养了我一些艺术感受的能力以及对不同艺术形式的通感，而这对于一个文学评论者、文学研究者来说，是相当重要的。在日常的书斋生活中，我看闲书、写文章时，经常放点古典音乐，我觉得那种氛围、那种情致妙不可言，美不胜收，也许有助于文笔如行云流水……我有时也喜欢用古典音乐来欢迎和款待来客，我觉得这种方式文明而雅致，可以提升交往的格调。我不止一次以卡拉扬的贝多芬交响乐全集进口音碟作为礼品赠人，我觉得这比名酒、名烟、"黄金月饼"更易于长久保存，更不会变质。对欧美古典音乐的热爱与欣赏，已经深入我的现实生活中，使我这张无趣、苍白的脸上总算有了一点红润，使我枯涩的书斋生涯中，多少有了清新润泽的气息……

除了听古典音乐外，我的另一个主要的爱好是欣赏绘画作品。不过，我所欣赏的主要是西洋油画。说来很不应该，也很惭愧，我对中国画是不怎么欣赏的，除了少数几个画家，如齐白石、吴冠中外，其他人我几乎过目即忘。我最喜欢的是吴冠中，因为他的作品有西洋油画的成分。按我的条件来说，几乎没有什么机会见到油画原作，我怎么会对它产生兴趣呢？说来也凑巧，在北大二年级时，我经历了我第一次真正意义上的恋爱，不久就因对方远行而分手，正是当我沉浸在惆怅忧郁心情中的那个时期，西直门的苏联展览馆举办了一次苏联油画展览，不知怎么搞的，我也去看了，那些优秀作品的灿烂鲜艳的色彩，其中所描绘的自然风光以及俄罗斯文艺作品中惯有的抒情格调与优美诗意，给了我念念不忘的印象和持续经久的感染与陶醉。总而言之，那是一种纯美的感受，而我那时，刚过去的初恋的温馨余温尚存，又加上长别离之初淡淡的忧郁与绵绵的思念，还有对遥远未知的前景的朦胧憧憬，这种心境正需要一种美感的润泽与滋养，而这次画展给我的感受正契合了这种情感需要，至少给我要写的情书提供了一个美的话题。这就是我与西洋油画第一次结缘的经历，我最初对油画的兴趣，即由此而来。

如果说我音乐欣赏的现实条件是很简陋的话，那么绘画欣赏的条件就更原始。在音乐欣赏方面，我仅靠一台简易的录音机，与音乐发烧友追求的高级音响设备相差十万八千里。在绘画方面，我欣赏的条件那就更简陋得可怜，我没有多少画展可以去参观，我只能通过国内出版的画册去欣赏油画，而国内出版的画册起初也为数不多，何况限于经济条件，我也不可能购置得那么全，于是我只好靠收集一点零星的图片过瘾，如印有著名油画的明信片、挂历以及偶见的刊物插图和落到我手上的画页，等等。过一阶段，我把这些东西翻出来看看，实在是零星散乱，寒碜不堪，加上书柜的空间有限，最后不得不处理掉了事。但我这点兴趣就这么"苟延残喘"地延续了下来。真正得到满足，是我在出国期间。我每次去巴黎，在卢浮宫以及各种美术绘画展上流连忘返花的时间占有很大的比重，而且参观时还下了一点笨功夫，至少一手拿着笔记本，一手执笔，复述画面的内容，记录当时观看的心绪，这些在我的《巴黎散记》中多少有些反映。同样，在美国期间也是如此，美国人收集的印象派绘画珍品为数甚多，我在他们的国立美术馆以及波士顿地区的高校和有关机构的展览会上，总算看了个够。绘画艺术的技法与有关的艺术问题，我几乎是一窍不通，但我喜欢，感兴趣，就好这一口。

　　细讲起来，其实我对油画中的人物肖像画与历史场景画的兴趣，远远不如对风景画的兴趣来得大，我指的是个人的爱好，而不是艺术欣赏。我对人物肖像画、历史场景画惊人的艺术水平十分欣赏，但是不像对风景画那么钟爱，那么投入自己的感情，只要面临着一幅风景画，我总有一种想置身其中的向往与冲动，且不说身心强烈的愉悦感了。最初我对此没意识到什么，后来，我才越来越意识到，这与我生活中缺少优美的风景有关，与缺乏郁郁葱葱的绿意有关。

　　我喜爱绘画，特别是风景画，这的确与我热爱大自然美好风光有关。我特别喜欢在优美的自然环境中散步。在自然景色中散步，是我生平从未改变过的习惯与生活方式，在我这里，散步远远不仅是饭后消食的法子，不仅是每天书斋伏案后松松筋骨的法子，散步已经成为我精神上的情趣追求，成为美的意境追求，成为文明教养的一部分。

　　还是在北大燕园，我的很多兴趣和习惯是从这儿开始的。北大燕园、未名湖畔是一片风景如画的天地，它是我所见过的世界上最美的校园，我经常在临湖轩周围，在未名湖畔，在西校门草地与华表跟前，在民主楼、俄语楼附近溜达漫步……这种溜达漫步开始完全是陶醉性的，即充分欣赏与享受燕园中的美景。但对于一个处在"向科学进军"的紧张氛围中的大学生来说，纯粹陶醉、休闲的时间是花不起的，于是就开始与实用性的目的结合起来，如在临湖轩附近幽静处朗读课文原文，背诵单词，考虑读书报告怎么写、学年论文怎么构建，于是我业务学习中的不少事情就是在漫步中完成的。在这种方式中，精神活动、心灵活动是不断延伸、不断扩充的。漫步在燕园中，经常可以碰见北大的名家大儒，比如著名经济学家陈岱孙在未名湖畔散步，他头微微昂起，闲庭信步，一副闲云野鹤、清高脱俗的气派；我也经常见到大美学家朱光潜，他一身布衣，手执书卷来往于教学楼之间；更经常地碰见著名物理学家周培源，他骑着自行车风风火火来往于教室与办公大楼之间，他上下自行车轻快的身姿，使人印象深刻。是他们，最初构成了我对名士的概念，由此形成了我追求名士风度的价值取向标准，那就是潇洒脱俗，布衣勤劳与行事高效。久而久之，现实生活中的各种问题，如学习规划、调理身体、安排生活以及社会工作、恋爱问题、同学关系等，都进入了"散步"这样一个特定的时空，在优美的环境中得到了回顾、琢磨、梳理与解答。总而言之，在燕园的四年，漫步、溜达、转悠成了我的生活习惯、生活方式以及人生的组成部分，也成为一种特别的精神享受。

此后几十年，我一直保持着这种生活习惯。每搬到一个地方，我最关心的一件事情，就是附近有没有散步的好去处，但是在北京的水泥森林中，我这个愿望很不容易实现，于是只能退而求其次，找一个场所凑合凑合。在崇文门住的时候，我只有东单公园可去。住在劲松的时候，则常去龙潭湖公园。我很少出差，很少赴外地参加学术活动，但只要我去了外地，落脚后的第一件事情，就是要找比较理想的散步场所。其中，有一个令我难忘的，是广州的越秀公园。越秀公园的后门出去是越秀宾馆，公园的后山，郁郁葱葱，空寂辽阔，几乎见不到人影。我 1978 年在越秀宾馆大会堂对日丹诺夫揭竿而起前前后后的一个多星期，没少在这个公园的后山漫步思索，或酝酿准备，或回味总结。而在国外，更有不止一个使我永远难忘的散步的好地方。哈佛大学的校园就是一个，它优美的园林与浓郁的文化氛围使人留连忘返。在巴黎，拉雪兹神父公墓那空旷的大道、浓郁的林木、一望无际的陵地更是一个令我神往的地方。我的住处离拉雪兹神父公墓相距甚远，我去必须换两次地铁，但我对它的神往使我只要有时间就要跑一趟，虽然不能每天都去，但这个地方要算是我旅住巴黎期间去的最多的地方。我一直想写一本漫步拉雪兹神父公墓的书，并已做了一些准备，但由于自己对这样一本书期望值太高，迟迟未能动笔，到头来只成为一个美好的憧憬。

一根会思想的"芦苇"

我出过一本文化自述，叫《且说这根芦苇》，它说的就是我自己。

虽然芦苇并非珍品，只是野生草芥，但自喻为芦苇，倒还真不是我自己的创意。这个比喻，来自17世纪法国一位哲人，他把人称为"会思想的芦苇"。

会思想，是人有别于其他所有一切有生物的标志，由于会思想，人才曾被礼赞为"万物的灵长，宇宙的精华"，才成为地球的主宰。但人亦可以其其他性质与特点被喻为其他的事物，那么，法国先哲为什么把人比喻为"芦苇"？我想，不外是因其平凡性与易损性，就平凡性而言，人的确如草芥，就易损性而言，人何尝不是"一岁一枯荣"？

毋庸讳言，与"灵长"之喻、"精华"之喻相对比，"芦苇"之喻，远没有那么意境高远、精神昂扬，而是要自谦得多，沉郁得多，甚至有些怆悲……

我在青壮年时代是衷心而热切地赞赏"宇宙精华""万物灵长"一说的，作为奋斗过程中的精神目标，作为沮丧时的"强心针"，也作为"精神危机"时的"救生圈"。随着年龄的增长，我却离"精华""灵长"说渐行渐远，而日益认同与信从"芦苇"说，特别是随着自己进入年老体衰状态，眼见北大同窗老友不止一个相继作古，自己最亲近的儿子也英年早逝，我更是痛感人的易损性、速朽性。

　　"会思想"可以说是所有人的基本特征，但真正意义上"会思想"的人毕竟只是一部分，甚至只是一小部分。在"会思想"这一点上存在着各种不同的层次，并不是所有人都有权声称自己是"会思想"的，更不是所有的人都有权宣称"我思故我在"，只有以思想为业并以其思想的深邃、思想的魅力而具有广泛悠远的社会影响者，才无愧于"我思故我在"的自我认定。坦率地说，我远没有达到这个份儿上，我不过是因为自己的工作对象、工作范畴而进行一些思索而已，由于我从事的是思想含量比较高的文化工作，要能应对下来就必须强迫自己多思，而自己也还算比较勤劳，于是几十年下来，也就自认为算得上"会思想的芦苇"了。

　　在数十年的学术文化生涯中，我基本上是只顾埋头笔耕出成果，而较少刻意追求名气的最大化、社会影响的轰动性与深广度。我的认识与准则很明确，那就是成果才是通行证，出成果才是硬道理，有了成果就有了其他。

　　一切以出成果为终极归依，能不参加的会议尽量不参加，能谢绝的社会活动尽量辞谢，能简化的礼仪来往、交游交际尽量简化，集中精力与时间出产品、出成果，出了一本书后紧接着就投入新的一本书，完成了一个项目后立即就投入了新的一个项目，喘息是很少见的，停顿罢手更不会有，可以说做到了"出成果至上主义"。我如此坚持数十年，总算以两书柜的劳动成果享有了相当高的知名度，真还实实在在证实了别人恭维我的那句话："著作等身。"

　　我生平拥有很多热心的读者（今称为"粉丝"），其数量恐怕是相当之大，仅主动热情写信的、索取签名的、索取赠书的、索取"墨宝题辞"的就不计其数，在我风华正茂的时候，还曾得到过不止一个红颜读者的特别青睐，其中有一位某个大城市的大学生特别令我难忘，她的热情显然超出了一般读者，她的聪慧与才能也给人深刻的印象，她不仅来信倾诉读书心得，寄来她所描绘的萨特素描，而且还赠送过感人的小礼物……我视热心读者为我的上帝，备加珍视我与他们的纯粹神交的关系，一直恪守两条原则：一条是对他们索取签名、题词、赠书的要求有求必应，而且在赠书方面格外慷慨大方；另一条是，从不谋面，力避谋面，以效钱锺书"母鸡能生蛋即可，何必让它见人"一语之智慧，即使与上述热心的红颜读者也仅限于纯文化的神交，终未见面。

　　但在前几年夏天，不见读者的规矩，被我打破了一次。

　　事情是这样的，有位朋友向我推荐了一位姓朱的热心读者，此君早些年毕业于北京师范大学，现在一家银行任中层干部，是一位真正的"法兰西文学之友"，专门收集有关法国文学以及法国文化的书籍，藏书品种之齐全、藏书数量之巨大令人惊奇。他托人向我转达一个要求，希望我为他所藏的一部分"柳氏文化学术产品"签名，我立即答应了他的要求。考虑到他这种兴趣已发展成一项藏书事业，而且已经达到了一个专业图书馆的规模，值得大力支持，又考虑到他要求我签名的书并非区区小数，而是相当大一批，我便索性慷慨到位，玉成其事，约他把要我签名的书带到我常请客的那家陕西餐馆，而且因为凡是法国文学的书他都收集，所以由我作东邀约罗新璋与谭立德两位老友也参加，让朱君把他们两位的书也一起带来。到时候，四位都如约而至，朱君开车载了好几大箱书，绝大部分都是柳某的"劳动产品"，于是，在一个包间里，享用这家的招牌菜葫芦鸡之前，我们三人花了一个多小时的时间，总算帮朱君完成了他的心愿。说实话，我即使只在每一本书上签一个名，总数好几个纸箱的书要签完也是一项"体力活"，何况我握笔的右手已归"帕金森氏"所有……书摊了一大桌子，我每签一本，朱君就把它们在墙边摞上，一本一本添加上去，最后，朱君把我签完了的书全摞在墙边，其高度达到了一米八九，据朱君称，他只带来了他的一部分"柳氏制造"，还有相当一部分，实在不好意思全都带来……至此，罗新璋君按他每逢聚会都要摄影几张的习惯，又掏出他的精巧相机，朱君当然也带上了自己的相机，两人都"咔嚓"了不少张，靠墙而立的那一大堆书自然在拍照之列，几位友人也一定要我站在那一堆书旁边，为我拍照留念。我从来都自称是"矮个子"，实际身高仅一米五九，墙边那一堆书的高度，显然超过了我本人，算是以最低达标程度印证了我是"著作等身"。这张照片后来流传到了网上。

除一个"著作等身"的评语鉴定和一大群读者粉丝外，还有我在文化出版领域中所拥有的广泛人脉，这绝不是靠请客吃饭、施惠送礼、拉帮结派、讨好卖乖、曲意逢迎等世故俗套的方式所赢得、所建立的，所有这些世俗方式恰巧是我最不擅长、最不适应、最无能为力的，而且，即使我有这份才能，我也没有这些世俗方式所必须依仗的权力加地位与财富等"硬件"。

我在文化出版领域人脉形成的过程大致是这样的，首先是《法国文学史》《萨特研究》"法国廿世纪文学丛书"（70卷）、《世界短篇爱情小说选评》"法国现代当代文学研究资料丛刊""西方文艺思潮论丛"等产品在社会上取得较为轰动的效应，其学术文化观点与独特的出版创意给了读书界与文化出版界深刻的印象，加上我又在"共鸣"问题全国性论争、批日丹诺夫论断、为萨特挺身而出大声疾呼等文化学术事件中扮演了主角，全国文化出版界恐怕都已熟知我的名字，并开始对我建立了文化学术的信任。随着人脉的广延，学术文化项目一个接一个地纷至沓来，委托给我，于是，又陆续有一大批主编项目成果成功问世。发展到这种局面，人脉已经不需要去刻意建构疏通，而是自动延伸，派生繁衍，而我则坐收其效。到了退休以后，国内出版机构登门拜访的老总与编辑人员仍络绎不绝，诚邀力约，委以重头的项目。幸亏我离老年痴呆还很遥远，脑力尚充分够用，居然也做成了几件令人瞩目的事情，主要有"法国二十世纪文学译丛"（已出 21 种）、"本色文丛"（已出 34种）、"外国文学经典"（已出 60 卷）、《世界诗歌经典作家》（20卷）、"世界散文八大家"（8 卷）、"世界名著名译文库"（87 种）。从已出成果的项目来看，我的工作范围已经从我的本专业扩到了整个外国文学领域。如果说我在组织本专业的大型项目时以自己已有的地利人和之便而得心应手、顺利通行的话，那么，有的项目跨出了我的专业学科范围，便面临着"人生地不熟"的问题了。但是，令人感到意外的是，这个问题都相当顺利地解决了，解决方式很简单：我需要与其他学科专业的专家或其他语种的学者、教授、译者合作时，一般总是写一封诚邀的信件或打电话，对方是我所敬重的、心仪已久的，同样，我也是被对方所熟知的，只要互报姓名，合作几乎成功了一半。这种情况似可谓人脉自通，但以这种方式形成的合作，往往是项目已经作成，而双方却一直尚未谋面，我与不少文化名家的关系都是如此，如在"本色文丛"中与邵燕祥、李国文、刘再复、韩少功、陈建功、钟叔河、流沙河、止庵、毕飞宇、肖复兴、王春瑜、屠岸、蓝英年、潘向黎，在"世界名著名译文库"中与英美文学专家孙致礼、殷企平、吴钧陶、方华文，与俄语翻译家臧仲伦、徐振亚等。总之，人脉就像一个滚动的雪球，越滚越大。

我只是一个人微言轻的草根学者，我只是要做书、编书，为了做书、编书，我有这点人脉就足够了。在浩瀚的学海中，我不过是沧海之一粟；在历史的长河中，我不过是萤光之一闪；在辽阔的时空中，我不过是一根速朽的芦苇……

先哲加缪在他的名著中曾留下这样一则隽永的寓言：众神为惩罚西西弗斯，判处他将一块巨石推上山顶，由于本身的重量，巨石总要不断滚下山来，西西弗斯又得把石块再推上山去，但见他全身肌肉紧绷，脸颊紧靠巨石，肩头死扛，腿脚硬撑，双手竭力前推，如此反复推石上山，永无止境……

西西弗斯不幸吗？加缪答曰：不！他是幸福的，因为他经历了过程，体验了奋斗的艰辛与愉悦，攀登山顶的拼搏，足以充实一颗人心……

我没有西西弗斯推石上山那种悲壮与坚毅，但我也是推石上山者，算得上是一个"小小西西弗斯"，既然毕生干此营生，在回顾一生的路的时候，就不妨审视一下我推的是什么样的一块"巨石"？它究竟有多少分量？我究竟把它推到了什么样的高度？我推石上山的力量是什么？力量的源泉何在？

我往前推的这块"石"的第一大板块是文学史研究。我是学外文出身，毕生都是在中外文化交流的"桥"上讨生活，其劳作基本性质不外是"搬运"或"转运"，在中国干这一行的人为数并不少，区别就看怎么干、干的规模与干的技艺水平了。中国人往往把在桥上做文化学术转运工作的人，统称为翻译家，其实，桥上转运者的劳作远远不止于单纯意义上的翻译，翻译仅为其中的一部分，其他的劳务还有普查、探寻、发现、发掘、研究、鉴定、分析、阐释、说明、介绍、评论，这些劳作可归结为学者劳动，这种劳动不仅需要外语能力，而且需要明智的思想辨析与深刻的思考钻探力，需要对各国文化有全盘认知、互通处理的智慧，其整体的艰辛程度不下于单纯的翻译，但没有翻译那么容易出活，那么立竿见影。我所从事的正是学者劳动，其劳动成果主要就是文学史论著。我作为首创者、组织者、主编与主要撰写者，完成了国内第一部多卷本国别文学史专著《法国文学史》，以充足、翔实的资料，比较全面介绍与论述了法国文学发展的历史过程，写得甚为用心用力，历时十几年，获得第一届国家图书奖的提名奖。

文学史研究是我学术文化的立足点，站在这块坚实的场地上，不仅自然而然结出了其他一些评论著作的果实，如《走近雨果》《自然主义大师左拉》《超越荒诞》《从选择到反抗》等，而且派生出、繁衍出、带动出我整个的"编书业务"，从小到大，从法国文学到整个外国文学，像雪球一样愈滚愈大，最后达到了"卷帙繁多"的浩大规模。

我往前推的这块"石"中的第二大板块是理论批评。我对理论并无天生的兴趣，我也并非素来擅长于逻辑思辨，我投身于此，仅仅是因为我大学毕业后最先是分配到文艺理论工作岗位上，理论批评自然而然就成了我的分内的职守，有点"先入为主"，在这个领域，我才得以从开端到有所作为。其中的某些作为，尚不失为令人瞩目的"学术事""文化事"，如 1950 年代，以一系列颇有规模的论文引发出全国性的"共鸣"问题大论争；"文化大革命"后，又以一系列大篇幅的檄文，而率先切中要害地批判了"四人帮"的极"左"；改革开放之初，以"三箭连发"的锐势，对长期统治中国文化界的日丹诺夫论断揭竿而起；继而又以《给萨特以历史地位》一文和《萨特研究》一书发个性自主的先声，引起了全国学界的关注……

我向前推的大石中第三个板块是散文随笔写作。我对写作兴趣是早已有之，只是深感时间与精力不足，笔头亦不健，不敢轻易跨出一步。我打破这种保守状态是在 1981 年访问法国期间，在那次学术访问中，法方热情帮我安排了与一些知名作家与学者的见面访谈，他们几乎都是已享誉世界的人物，如尤瑟纳尔、西蒙娜·德·波伏娃、娜塔丽·萨洛特、罗伯·葛利叶、米歇尔·布托以及皮埃尔·瑟盖斯、克洛德·伽里玛等。

从一开始，我就感到机遇极其难得，这些高规格的约见，不仅满足了我"有幸一见"这些我仰慕的作家的虚荣心与自得感，而且必然会给我的研究工作带来丰富而珍贵的"第一手资料"，只要使用得好，必然会结出丰硕的果实。有此思想预期，我每次上门去拜访时，都不厌其烦背着一台笨重的录音机，一手执笔记本，一手执笔，样子着实有点可笑。虽然风度欠佳，所幸我在法国文学方面至少还是一个"有准备的人"，是一个能进行对话交流的人，何况这些访问有老同学金志平君同行，有正在巴黎大学念博士的沈志明君协助，因此，每一次都甚为成功，得到对方认真、热情、友好的回答。我获得了我所切望的"第一手资料"，而且是由世界第一流作家亲自提供的第一手资料。如此丰富，如此珍贵，如果不好好写些东西出来，那就太可惜了，太辜负这一次次费时费力又费心的访谈了。在我的构思中，一本书如果以这样特定的学术文化的"干货"作为基础，加上个人独特的印象与心理性格描绘，再加上若干花絮性的细节记述与比较感性、比较生动、比较洒脱的文字风格，必定是一本有学术文史价值同时又为人喜闻乐见的书，而这本书的题名可定为《巴黎对话录》。这便是我的第一本散文随笔集的由来。

1988 年，我又第二次受邀访法，为时一个月。在这次访问中，我又增访了几位有分量的人物：埃韦尔·巴赞、米歇尔·图尔尼埃、索莱尔斯、罗杰·格勒尼埃、雅克·雷达以及已故塞利纳的几位"圆桌骑士"等，我仍按《巴黎对话录》的路子与风格，写出了若干篇访问记，后来，结集为《米拉波桥下的流水》一书，与《巴黎对话录》，构成了我在学术文化访问方面散文随笔作品的两个姐妹篇。

两次巴黎之行，主要是头一次，还给我带来另一卷散文随笔集《巴黎散记》。

如果说，我的巴黎题材的散文随笔是我的专科职业的一部分，也是我研究法国文学出成果、出产品的一部分，那么，我关于"翰林院内外"大儒名家的散文随笔却大大超出了我的专业工作范围，它是我长期工作生活于中国士林之中，对中国人文知识分子的深入认知、万千感受、由衷慨叹的结晶。我自己就是这一知识阶层的一分子，我对这些名士大家的学术作为、生存状况、精神世界、品行人格、习性风度有长期就近的观察与了解，他们，如朱光潜、李健吾、钱锺书、杨绛、梁宗岱、冯至、卞之琳、何其芳、蔡仪、杨周翰、郭麟阁、闻家驷、陈占元等，都是20世纪中国知识界的代表人物，多数为西学方面的代表人物，属于我心目中的"盗火者"的系列，因此，我曾经说过，我把以散文随笔的形式来记述他们，视为自己的"一桩精神文化使命"，我还说："如果我这些记述为中国一两代人文知识分子的部分代表人物，留下了若干真实的身影，多少反映了一点时代社会的面貌，我就感到知足了。"于是，我前后写了两卷《翰林院内外》。

我曾经把从事西学研究与人文传播的思想者、学者、"精神苦力者"视为"盗火者"，为此还主编过一套"盗火者文丛"。

在我的散文随笔写作中，关于亲情的文字也占有一定的比例，我曾将它们汇总起来，结集为《父亲 儿子 孙女》一书出版。我之所以写出了一定数量关于亲情的文字，与我从小到大的生活经历有关。在很长一个时期里，我的父亲偕妻子与三个孩子在各地漂泊谋生，每到一处，整个家庭都感到客观世界像惊涛骇浪、暗礁重重的无边大海，由此，我长期深深体验了一家人"同舟共济""同呼吸、共命运"的感受，家庭观念比较重。

我的母亲读书写字的水平很低，但智商与情商甚高，对人与事颇有理解力与鉴识力，她经常回忆往事，使我得知了父亲一生的艰苦奋斗与可贵的人生追求。朱虹在"家人信息传递"方面也曾充当了类似的角色，她长期在波士顿大学任教，常来往于中美之间，离我万里的儿子与小孙女的动态主要就是靠她传递描述的。她是一个可敬的母亲与祖母，也是一个很好的讲述者，使得我对十六岁即离我去美国的儿子的奋斗历程与品性为人有了深切的了解，也使我分享了小孙女成长过程中带来的天伦之乐。

书山有路勤为径

面对着两书柜印刷品的劳绩，回味着评论者溢美的评价，如："硕果累累""有文化积累使命感""有学术胆识""才情并茂""文采斐然，自然成章"，等等，再总结自己作为一个天赋不高、文化底蕴不厚的草根学人的素质，我有时不禁有这样的怀疑：我怎么能干出这么些活来？对这个潜意识里有点自鸣得意的问题，我会不客气地作出回答：蚂蚁啃骨头。以毕生之力，啃了好几十年，不啃出点东西来，那才令人感到奇怪呢，何况，记得好像有位大人物曾经说过这样意思的话：书本是死的嘛，搬来搬去有什么了不起？这位先生说得没错。因为我们这些知识劳力在一定意义上就是搬运工，我就不止一次说过，我是中西文化交流桥上的搬运工。我们的作为不外是把外国的搬运到中国来，把过去时代的搬到当今时代。

记得我小的时候，常常蹲着看地上忙忙碌碌的蚂蚁，一看就是大半个小时，我看到的蚂蚁都是急急忙忙，跑个不停，到处找吃的，从来没有见过一只在慢悠悠地闲庭信步，而它找到块头比较大的一点食物时，那股拼死拼活奋力搬运的劲头实在使人印象深刻，即使是块头超过自己体积的食物，不多一会儿也被挪到好远的地方……难怪在人类的语言中有"蚂蚁啃骨头"之喻。蚂蚁虽小，虽微不足道，却能把骨头啃下来，靠的就是它的执着与勤奋。

终于我发现了，如果要总结我有所作为的原因，首先就应该把原因归结为我的勤奋，蚂蚁式的勤奋，我这样一个"矮个子"有所作为，正是"天道酬勤"的结果。

但时至今日，过了耄耋之年，我倒觉得"勤奋"二字恰巧是对自己治学经历最基本、最具体、最确切的概括与总结。

我并非一个天生勤奋的人（当然也不是生来怠惰之人），我的勤劳度、勤奋度往往最初决定于生活的需要，如，到一个环境，为了自己生活得舒适，我总要打扫卫生，布置环境，我从小也有每天整理房间、扫地、擦桌椅的习惯，但从来都无意于做到"窗明几净"的程度，仅仅满足于大体上过得去就得了，因此，常被我母亲评为"表面光"。总之，我喜欢闲适而不紧张、安逸而不艰苦的性格，在我年龄偏小的时期，表现得较为明显。我的童年过得轻松懒散，四体不勤，好逸恶劳，没心没肺，近乎顽劣，既不美好，也不纯真，没有什么事值得怀念。但在我小学毕业到上中学这一段不长的时期里，我却有了很大的变化，从不懂事到懂事，从好逸恶劳到手脚勤快，从读书不用功到开始用功，整个人就像是脱胎换骨了似的。变化的契机是我的一场大病。那时，我们家住在重庆，父亲没有工作，只靠打零工维持全家生活，过得很窘迫。我从生死边界亲眼见证了家境的窘迫、生计的艰困、父母的愁苦与辛劳，我从一个没心没肺的少年，变得很有家庭忧患意识，很重视亲情，只要父亲稍迟一点回家，我便忧心忡忡。这时，在我心目中，这五口之家就像一只漂流在大海上的小船，周围是沉沉黑夜与惊涛骇浪……

　　我对自己家庭境况有了清醒的认知，也就真正从心底悟出了我作为一个家庭成员、作为长子，该做些什么、该如何做。我懂事了，知道努力上进、勤奋读书才是我的正事，才是我面对父母、面对家庭的分内的职责……

　　如果说，家庭生存的压力使得我开始懂事上路的话，那么，接着而来的中学以及大学的学习压力则使我在勤奋求学的路上走得更坚定、更用心。再后，工作岗位上持续了一辈子的业务压力、在士林中立足的压力，则使我勤奋的劲头从来不敢放松。至今，终将完成我以勤奋始、以勤奋终的文化生涯。

　　我所上过的四所中学——南京的中大附中、重庆的求精、长沙的广益和省立一中，都是出类拔萃的名校，以相对悠久的历史、雄厚的教育资源、优秀的教育质量而著称，它们有两个共同特点，一是师资水平高；二是生源质量好，学生的文化知识基础较好，很多都出自"书香门第"或知识阶层。我一进入这样的环境，不可能有如鱼得水之感，不可能轻松自如，我必须比别人加倍勤奋努力才能待下去，由此，我才开始养成"笨鸟先飞""笨鸟多飞"的习性。与此同时，我还养成了一个习性，那就是喜欢跟周围的同学比较，不是争强斗胜的"比"，我文化功底不及他们，谈不上争强斗胜，而是找差距的"比"，一比之下，自己的短处与弱项就一目了然了，由此自己在课内就努力追赶，在课外则进行恶补。我在中学期间恶补"准文言文"的写作、多背诵《古文观止》、勤练作文、恶补英文语法等就是这么来的，我虽无语言天分，但勤能补拙，毕竟缩短了差距。

另外，扩大课外的阅读面，也是我奋发图强的一部分，正是在初高中阶段，我读了相当多的中国与外国的文学作品，鲁迅、茅盾、巴金、郁达夫、郭沫若、叶圣陶、丁玲、朱自清、张天翼、张资平等作家的主要作品，尤以茅盾与郁达夫居多，我的中国现当代文学知识基础，就是在中学阶段打好的。至于外国文学，凡是能见到的所有中译本，我几乎都读过。

由于我习惯于找自己与别人的差距，又引发出我的另一种习性，那就是喜欢对周围人进行观察，分析其长短、优劣、得失、成败，并重在发现他人身上的特点与优点。我自认为自己一辈子看人看事，尚不失宽厚，不失通情达理，其源渊由此而来，当然，我并不是说自己眼睛不尖，过分天真迂腐。这种识人之道，于我一生待人处世大有好处。甚至可以说，这种识人之道，对我认知我散文作品所描写过的那些人物至关重要，对研究与分析文学名著中那些重要人物形象，也不无助益。

总之，我的中学时代在我一生中开了个好头，它给我带来了毕生的立身之本：勤奋努力，有了这个"本"，才谈得上有其他的"派生"、其他的结果。

我上了北大，有了明确的专业方向，更是十分自觉地勤奋用功，不仅要求自己把课内的专业学好，而且还在课外给自己加码，重重地加码。如学了外文，就早早地在课外找了一本文学名著来进行翻译，我最早的一个译本《磨坊文札》就是这么来的；历史课老师只要求交写一般的读书报告，自己偏偏扩大规模成为一篇"准论文"；修了王瑶先生的中国现代文学史的课程，我就要求自己在一个学年之内把《鲁迅全集》当作课外读物全部读完，而且还逐篇作了主题摘要；闻家驷教授指导我写学年论文，论的是雨果的一部浪漫剧，我却又把浪漫派的文艺理论建树也扩充了进来，洋洋洒洒一写就近三万字……那时在北大，"向科学进军"的号角吹得很响，课程既多又重，除了在自己平平资质所允许的范围内提高效率外，主要就是靠挤时间、开夜车去完成了。

我在中国社会科学院之所以获得"勤奋"的评价，不过是多年来凭惯性这样做下来了而已。几十年来，我基本上过的是没有星期天、没有节假日的书斋生活，从没有享受过一次公家所提供的到胜地去"休假""疗养"的待遇，也很少到国内好地方去"半开会半旅游"，当然每天夜里 12 点钟以前就寝也是极少的。所谓"勤奋"，说到底，基本上就是一个"挤时间"的问题，尽可能地在学业上多投入一些时间。"文化大革命"就误了大家整整十年，如果再不"只争朝夕"，自己所剩下的时间就更有限了。我远没有先贤"头悬梁、锥刺股"那种苦读精神，只不过是不放松、不怠惰，按平常的"勤奋"的程度往前走而已。当然，为了多挤出一些时间，免不了就怠慢某些自己认为无意义的集体活动，如游行集会、义务劳动、联欢郊游之类的，甚至溜会、称病不出的事也干过不止一次两次。

学海无涯，任何一门学问都是如此。我所从事的学科是法国思想文化，在整个西学中它占有非常重要的比重与地位，在这里，有人类最为美好的社会理想——自由、平等、博爱，有

书房里劳作的我

深沉的人道主义思想体系，有充满独特个性的艺术创造。对我来说，这种文化高度真如喜马拉雅山，其浩瀚真如大洋大海，而且充满了无穷的魅力与奇妙的引力，足以把一个人的全部生命与精力都吸收进去，足以使人在其中忘乎所以、流连忘返。面对着这样一个如高山、如大海的学科专业，我以自己的中等资质实不敢稍有懈怠，实不能不献出自己全部的精力与时间，不过，我同时也是怀着热情与愉悦去献出自己的精力与时间的，在这过程中，如果有所收获、有所拓展，进而得到了社会承认与赞赏的话，那其乐就更大矣！

从事精神生产的人，都乐于把自己视为体力劳动者，与工人、工匠无异，并无意于强调自己高人一等，巴尔扎克就曾把自己称为"苦役"，罗丹的《思想者》也不是一个衣冠楚楚、道貌岸然、文质彬彬的上等人，而是一个全身赤裸裸的"苦力"。他全身肌肉紧绷，拳头紧攥，显然在支付巨大的体能，如果说他与一般的体力劳动者有什么天然区别的话，那便是他从事的不是简单、重复、机械的劳动，而是要完成具有较大创造性的劳动，他必须关注自己产品的创造性、独特性、突破性。我很高兴自己的一生是不断劳作的一生，而不是"四体不勤""不劳而食"的一生。作为一个劳作者，我自然也有所有"劳动者"的习性，除了要求自己有不断操作的勤劳外，也要求自己的"所出"尽可能带有创造含量、独特含量、知性含量，因为我知道，我们从事精神生产的人，是面对着有头脑、有理性的人群，如果你对他们有起码的尊重，而不把他们视为任你哄骗、任你忽悠的小孩或白痴的话，你就必须殚精竭虑，绞尽脑汁，拿出来真货色，我不敢说，我这么做就一定能做好，但我的确是要求自己这么做的。

"我思故我在""我劳作故我在"，这种存在方式、存在状态，带给了我两书柜的劳绩，也带给我简朴的生活习性、朴素的人生，甚至我的"生活享乐"与生活情趣也是再简单不过的。这么些年以来，我从来没有过一次高消费或高享受，日常生活的主要内容不过是劳作（包括阅读与爬格子）、散步、听音乐、看电视、体育活动而已，虽然生活如此平淡，甚至在旁观者看来甚为清贫、寒碜、索然寡味，但我依然能从其中体验出不少乐趣：为文作书，从无到有，言之有物，亦有亮点，这其中就有劳作的乐趣、创造的乐趣。文章发了，书出了，拿了稿费，虽然为数不多，但其乐多矣，带小孙女去餐馆用稿费"搓一顿"，此一乐也；带着稿费去逛书店，随意购些喜欢的书，此二乐也；收到扣税单，自己作为纳税人对社会又作了一次"奉献"，此三乐也；如果文与书在社会上得到佳评，有好反应，则又是一乐也……小乐趣之所以多多，根本原因就在于这一切都是劳作的结果，是劳作者的自豪与乐趣。

此辈为"书"生

我的"陋室"是货真价实的"陋",两居室,仅三四十平方米,从未装修,还是我三十多年前入住时的老样子,水泥地并不光整,原本崭新的粉墙因岁月而变得灰暗了,唯独这两大书柜里色彩明丽,其中还不时有新的内容添加进去,它们正面对着一个长条沙发,那是我经常倚靠而坐或沉思或悠然自得或出神发呆的地方……不论是什么时候,坐在沙发上,面对着这两个书柜,我总有赏心悦目之感,沾沾自喜之感。疲惫时,我在这里得到酣畅的休息,恢复了元气;苦恼时,我在这里得以豁然开朗,如释重负;陷入困顿或遭到打击时,我在这里获得了温馨的慰藉与安抚;无所事事时,则在这里又获得起步前行的方向……因此,这儿是我的"绿洲"、我的"家园"、我的"疗养胜地"、我的"加油站"……

我在自己家的书柜前

这儿也是我的"沉思之亭"——几十年前，我游巴黎枫丹白露，见过湖里岛上有一圆筒状的小亭，听说，那是拿破仑常去独自沉思的处所……这两大书柜的书，终归是一份清单，是一份劳绩，是一个过程，它面前的这个空间，自然就成了我的"沉思之亭"，它唤起往事与回忆，它标明意义与启示，它不免使我思考我的经历、我的故事：我是怎么走过来的，我是如何作成这些事情的……用时髦的术语来说，也就是我的存在、存在状态与存在本质……

人贵有自知之明。我不敢说我完全做到了这点，但我尚能要求自己这样做，对自己也还算有个基本清醒的认识，当然，忘乎所以、自我膨胀、头脑发热、飘飘然不能自持的时候也常有之，不过总体上还从未忘记自己的"斤两"：我体魄不健壮、精力不充沛，从小就没有通宵达旦苦读的身体本钱；智力平平，既无过目不忘、强闻博记的本领，又无文思敏捷、下笔如有神助的才情，不是在文化学术上能干大事的材料；我出身"寒微"，家庭与"书香"无缘，父母仅有低层次的文化，我不像很多文化学术大师那样早就有"家学"垫底，具有深厚的根基；我不像好些前辈学者那样"喝过洋墨水"，也失去了我的很多后来者那样的在国外深造的机会，属于"被耽误的一代"……说实话，凭我有限的资质与条件，能进入学术文化领域的较高层次，已经是"撞上大运"了，而终能在这个领域里交出这样一份劳绩，那就更是使我自己有时候也不敢相信的"奇迹"……我难以相信所有这些竟出自我手，难以相信我能做出这许多事情……

我感到欣慰的是，所有这一切首先应该归功于我治学的勤勉。"勤能补拙"，我从小就相信这条古训，我深知自己虽然并没有拙到"不可雕塑"的地步，但要补上自己所欠缺的"大聪明"与"小聪明"，就必须勤奋、努力。从我进了初中开始"开窍"后，这就成了我求学中的基本态度，一直沿袭了下来，而且愈是考进了北京大学，愈是进入了学术文化领域，勤奋治学的强度愈是大有增加。从大学毕业进入了职场后，数十年来，我基本上是过着没有节假日、没有周末休息日的生活，熬夜开夜车更是日常习惯，只不过因为我体力不强，精神不济，我从不敢通宵达旦，总要为自己第二天的"接力跑"留一点后劲。每天，就像驴马拉磨一样，周而复始地围绕着自己的业务打转，心无旁骛，生趣寡然，疏远了几乎所有的生活乐趣：旅游之乐、远足之乐、歌舞之乐、烹调之乐、口腹之乐，更杜绝了花木鱼虫、琴棋书画等雅兴与休闲情趣，仅有的调剂只是听听音乐、散散步，找一个场地活动活动半小时筋骨或者骑自行车到附近街巷里溜达半小时、一小时……

整个生活就像一块硬涩涩的面包干，基本上数十年如一日，因此，当我在北大的老同学不少人还"满头青丝"的时候，我已经是"白发苍苍"了，难怪不止一个人这样告诫我："老柳，你把自己用得太狠了。"对此告诫，我却从不在意，仍按自己原有的惯性继续运转，甚至心里认定，书斋学者的生活本应该就是如此，特别还以康德作为自己的楷模，因为我从一本书上看到，这位德国哲人的生活就很简单，机械而枯燥，如硬面包干。甚至，就此我还有过一次小小的"不当之举"：1980年我在波士顿的时候，有一次，朱虹带领我去拜访哈佛的大学者艾伦教授，他比我年长约二十来岁，我对他是仰头而视的，为了奉承他治学的专注执着，我自作聪明地援引了心中楷模康德的生活方式，没想到我这一拍拍到了"马腿"上，艾伦对康德的方式很不以为然，懔然与之划清了界限，当时使我颇感尴尬。实际上，艾伦作为一个学者，不仅学问做得大做得精，而且生活内容也很丰富，兴趣爱好也很广泛。后来，他来了中国，看过一次京剧后就如醉如痴地爱上了中国京剧，而我接触京剧的机会比他不知多多少，但我却一直没有入迷，直到自己锐感年迈体衰因而大减劳动强度的这几年，才经常为了看李胜素的《贵妃醉酒》、程派诸名旦的《锁麟囊》而特意守候在电视机旁……

虽然我知道自己为了这点学业而丢失了很多东西，也扼杀了不少兴趣，虽然近年来每次老朋友聚会之后，我总耳闻朋友有"柳××比同龄人衰老"之叹，但我只要一面对我的两大书柜的书，或者只要一想起我的两大书柜，我就至今无悔，我觉得我按照自己的条件、自己的方式利用好了我的时光，我对得起自己的岁月。

其实，中国的知识分子，至少到我这一代人为止，一般都很安于在自己的耕地上辛勤劳作，安于自己的"本分"与"职守"，只求有一张"平静的书桌"。我还算运气好的，除在"文化大革命"中被耽误了整整十年外，其他时段的生活与工作还算安定，特别是我的本职业务工作一直持续未变。虽然我在前行的道路上也有不少坎坷与崎岖，但终究无致命的大灾大难，基本上保证了我"耕作"的一贯与"收成"的稳定。我所供职的中国社会科学院，有一个很好的"规矩"，那便是研究人员可以自由支配自己的工作时间而用不着"坐班"，我颇得益于这个"规矩"，它保证了我有充分的研究工作时间，有了时间，总能有些出息。不过，说老实话，我两大书柜中的相当一大部分成果，几乎都是在我退休之后，也就是在我 60 岁到 75 岁之间摆弄出来的。我得感谢的是我六十来岁时所碰上的改革开放的时代，使我勤学有果而非白白浪费。在这个时代，优秀外国文化得到了尊重与普及，对经典作品的仰视与敬畏还没有被后来的媚俗文化、山寨文化、恶搞文化以及看图识字文化的浪潮所冲击，因而在中国文化出版领域里曾经出现一个对人文文化的文本积累十分有利的黄金时期。我正好作为一个"有准备的人"，适应了当时的文化出版需要，成为一个经常中标的"领头羊"，承担了一些令人瞩目的文化工程，从而把自己的学识与岁月物化为一个个项目、一套套书而留存了下来……

附录一　主要学术活动及大事年表

1934 年

农历二月初四，出生于南京。

1940 年

在湖南耒阳小学读书。

1944 年

在重庆两路口中心小学读书，直到六年级毕业。

1946 年

在南京市中央大学附属中学读书。

1947 年

在湖南长沙广益中学读书。

1948 年

在重庆求精中学读书。

1949 年

插班进入广益中学读书。

1950 年 9 月，入湖南省立一中（长沙第一中学）读高中。

1953 年

1953 年 9 月，考入北京大学西语系法国语言文学专业。

1957 年

1957 年大学毕业前夕，在闻家驷教授的指导下，完成了毕业论文《论雨果的浪漫剧与反古典主义的斗争》。

1957 年 9 月，在北京大学西语系法国语言文学专业毕业，被分配到中国科学院文学研究所《古典文艺理论译丛》编辑部。

20 世纪 60 年代初，中国人民大学与文学研究所联合举办了"文学研究班"，设在铁狮子胡同 1 号（现在的张自忠路 1 号），文学研究所委派蔡仪主持文研班的教学工作。柳鸣九为蔡仪的几个助教之一。

20 世纪 60 年代初，参加"三套丛书"（"外国古典文学名著丛书""外国古典文艺理论丛书""马克思主义文艺理论丛书"的简称）工作组的工作。

1957 年 9 月至 1965 年 1 月，任中国科学院文学研究所研究助理。

1961 年

1961 年开始，周扬领导了大学文科教材建设，启动了高等院校文科教材编写的大型工程。当时有两个《文学概论》编写组，分别为上海《文学的基本原理》编写组，以群为主编；另一个为北京《文学概论》编写组，蔡仪为主编。柳鸣九和张炯、李传龙、于海洋、杨汉池进入蔡仪领导的《文学概论》编写组。

1961 年 5 月，提出"共鸣说"，在《文学评论》《学术月刊》上发表《论共鸣现象的实质及其原因》与《论文艺欣赏阅读中的情感运动形式》等文章，引起全国文艺理论界的兴趣，形成了一次关于共鸣问题的全国性讨论。

1965 年

转入中国科学院外国文学研究所，在卞之琳领导的西方文学室当行政秘书。其间，任《二十世纪欧洲文学史》编写组学术秘书。

任中国社会科学院外国文学研究所助理研究员。

1971 年

任中国社会科学院外国文学研究所副研究员。

1972 年

开始动笔写作《法国文学史》（上卷）。

1978 年

1978 年 11 月，全国外国文学研究工作规划会议在广州举行。这是中华人民共和国成立后第一次召开的规模巨大的"西学"会议，中国学术文化界从事"西学"的名家冯至、朱光潜、季羡林、杨宪益、叶君健、卞之琳、李健吾、伍蠡甫、赵萝蕤、金克木、戈宝权、杨周翰、李赋宁、草婴、辛未艾、赵瑞蕻、蒋路、楼适夷、绿原、罗大冈、王佐良等悉数参加，还有与人文学科有关的高校领导以及文化出版界的权威人士吴富恒、吴岩、孙绳武等二百多人出席会议。会上，柳鸣九作了题为"现当代西方文学评价的几个问题"的发言；接着又将此报告整理成文于《外国文学研究》上发表；继而在《外国文学研究集刊》上组织系列笔谈，"三箭连发"，公开批判日丹诺夫极"左"的文学观点，重新评价西方二十世纪文学，引起很大的社会反响和共鸣。

1980 年

1980 年 7 月，在《读书》杂志上发表《给萨特以历史地位》一文，提出在中国应公正评价萨特，肯定他的历史功绩与文学成就。

1980 年，应上海文汇报新创办的《文汇月刊》主编、著名记者、编辑家、影评家梅朵之约，就都德的小说《繁星》，写了短文《纯净的情操之爱》，以译配文，很受读者欢迎，此后每月写一篇类似的短文，配上一篇相关的外国小说佳作，构成一个固定栏目"外国爱情短篇小说选评"。

1981 年

1981 年 10 月，第一次赴法国进行学术访问。在巴黎拜访了两位法国文学名家，一位是萨特的终身伴侣西蒙娜·德·波伏娃；一位是法国历史上第一位法兰西学士院院士尤瑟纳尔，介绍了自己对创办"法国现代当代文学研究资料丛刊"的设想，得到西蒙娜·德·波伏娃和尤瑟纳尔的认同；还会见了罗伯格里耶、米歇尔·布托、娜塔丽·萨洛特、皮埃尔·加斯卡尔、皮埃尔·瑟盖斯、弗朗索瓦·莫里亚克等一批法国文化界名家。

1982 年
任中国社会科学院外国文学研究所南欧室主任。

1985 年
任中国社会科学院外国文学研究所研究员。

1987 年
1987 年 2 月 15 日，《外国文学评论》创刊。冯至任顾问；王逢振、叶水夫、叶廷芳、刘再复、朱虹、吕同六、陈燊、吴元迈、李文俊、李辉凡、张羽、张黎、林一安、柳鸣九、钱中文、郭宏安、黄宝生、董衡巽、韩耀成任编委。

1987 年 5 月 20-22 日，在中国社会科学院外国文学研究所举办的"20 世纪外国文学评论丛书"意识流问题讨论会上致开幕词。

1987 年 9 月 22-25 日，全国法国文学研究会在北京大学召开第三次年会。年会选举产生了新的研究会领导机构。罗大冈、闻家驷为名誉会长，王道乾为名誉副会长；新任会长为柳鸣九，副会长为张英伦（常务）、叶妆琏、郑克鲁。

1988 年

1988 年 10 月 4-6 日，全国法国文学研究会在北京举行了左拉学术讨论会。全国法国文学研究会会长柳鸣九以及郑克鲁、管震湖、李忠玉等同志分别主持讨论会。柳鸣九作了题为"关于左拉的评论问题"的发言。法国文学界的前辈罗大冈、闻家驷、陈占元也应邀到会讲话。

1988 年，赴法国考察。

1990 年

1990 年 3 月 10 日，中国社会科学院外国文学研究所及法国文学研究会在北京联合召开了纪念左拉诞辰 150 周年学术讨论会。

1992 年

1992 年 10 月，被聘为外国文学研究所研究系列副高级专业职务评审委员委员。

1992 年 11 月 3-5 日，中国法国文学研究会、《西方文艺思潮论丛》编委会、《外国文学评论》编辑部、长沙铁道学院、湖南师范大学、湖南大学、湘潭大学、湖南教育出版社等单位联合举办的"二十世纪西方文学中的批判意识与荒诞问题"学术研讨会于在长沙铁通学院召开。中国法国文学研究会会长柳鸣九主持了开幕式。

1992 年，被推荐为享受政府特殊津贴专家。

1993 年

1993 年 12 月,《法国文学史》(三卷本)（ 人民文学出版社，1979-1991 年) 获第一届国家图书奖提名奖。

1994 年

1994 年 5 月 6-10 日，中国法国文学学会、中国社会科学出版社和西安外国语学院联合举办的"'存在'文学与二十世纪文学中的'存在'问题"学术讨论会在西安外国语学院召开。法国文学学会副秘书长张容受法国文学学会会长柳鸣九的委托向大会宣读了柳鸣九的开幕词。

1994 年 7 月，被聘为外国文学研究所学术委员会委员。

1997 年

1997 年 9 月 6 日，主编的《世界短篇小说精品文库》(14 卷，海峡文艺出版社，1996 年) 获第三届国家图书奖提名奖。

1998 年

1998 年 8 月，由中国法国文学研究会、中共吉安地委宣传部和中共井冈山市委联合举办的"二十世纪法国文学讨论会"

在井冈山举行。开幕式上宣读了中国法国文学研究会会长柳鸣九的致辞。

1999 年

1999 年，主编的《雨果文集》（20 卷，河北教育出版社，1998 年）获第四届国家图书奖提名奖。

1999 年，在法国文学研究会为陈占元、许渊冲、郑永慧、管震湖、齐香、桂裕芳等译界"六长老"举办的"半世纪译著业绩回顾座谈会"上作主旨发言。

2000 年

2000 年 3 月 20 日，主编的"外国文学名家精选书系"（60 卷（山东文艺出版社，1997-2000 年）获第十二届中国图书奖。

2000 年，被法国巴黎大学正式选定为博士论文专题对象。

2002 年

2002 年 1 月 5 日，由中国法国文学研究会、北京大学外国语学院、人民文学出版社、河北教育出版社等十八个学术文化单位，以及法国驻华使馆联合举办的"纪念法国作家雨果诞生 200 周年大会"在北京国际饭店举行。中国法国文学研究会会长柳鸣九发表了题为"雨果与中国"的主旨发言。

2002 年 1 月，当选法国文学研究会名誉会长。

2003 年

2003 年 12 月 25 日，主编的《加缪全集》（4 卷，河北教育出版社，2002 年）获第六届国家图书奖提名奖。

2006 年

2006 年 7 月，被授予"中国社会科学院荣誉学部委员"称号。

2011 年

李之义、柳鸣九、刘星灿等译的《全球儿童文学典藏书系》（40 种，〔瑞典〕玛丽娅·格里佩、〔新西兰〕玛格丽特·梅喜等著，湖南少年儿童出版社，2010 年 10 月）获第二届中国出版政府奖提名奖。

2012 年

2012 年 9 月开始，为深圳海天出版社主编大型散文丛书"本色文丛"，明确提出以有作家文笔的学者与有学者底蕴的作家为组稿对象，致力于弘扬知性散文与学者散文，在国内引起关注。

2015 年

2015 年开始，为河南文艺出版社主编"当代思想者自述文丛"，收入当代中国八大人文学者的自述：汝信、钱理群、刘再复、柳鸣九、钱中文、许渊冲、汤一介、谢冕。

2015 年 9 月，出席由海天出版社在北京主办的"《柳鸣九文集》首发式暨学术座谈会"并致辞。

2017 年

"本色文丛"获第三十届全国优秀城市出版社优秀图书一等奖。

附录二　主要著作目录

（一）学术专著

1. 《法国文学史》（全 3 册）（柳鸣九为主编、主要撰写者），人民文学出版社，1979（2007 年补充修订）。

2. 《自然主义大师左拉》，上海文艺出版社，1989。

3. 《走近雨果：纪念雨果诞生 200 周年》（编著），河北教育出版社，2001。

4. 《超越荒诞：法国二十世纪文学史观》，文汇出版社，2005。

5. 《从选择到反抗——法国二十世纪文学史观》，文汇出版社，2005。

6. 《自我选择至上——柳鸣九论萨特》，东方出版社，2008。

7. 《中国社会科学院学部委员专题文集——文学史：法兰西之韵》，中国社会科学出版社，2014。

8. 《柳鸣九文集》（15 卷），海天出版社，2015。

（二）评论文集

1. 《论遗产及其他》，上海文艺出版社，1980。

2. 《采石集》，外国文学出版社，1986。

3. 《世界最佳情态小说欣赏》，漓江出版社，1991。

4. 《法国二十世纪文学散论》，花城出版社，1993。

5. 《世界最佳性态小说欣赏》，广西民族出版社，1995。

6. 《理史集》，河北教育出版社，1998。

7.《塞纳河岸的桐叶》，社会科学文献出版社，1999。

8.《枫丹白露的桐叶》，社会科学文献出版社，2000。

9.《法兰西风月谈》，辽宁教育出版社，2001。

10.《凯旋门前的桐叶》，生活·读书·新知三联书店，2003。

11.《法兰西文学大师十论》，复旦大学出版社，2004。

12.《人性的观照》，复旦大学出版社，2008。

（三）翻译与编选

1.《雨果文学论文选》(三套丛书本)，上海译文出版社，1980；
   河北教育出版社，1998；上海译文出版社，2011。

2.《法国现代当代文学研究资料丛刊·萨特研究》，中国社会
   科学出版社，1981。

3. 柳鸣九、罗新璋编选《法国浪漫派作品选》，天津人民出版
   社，1983。

4. 柳鸣九、罗新璋编选《法国现代当代文学研究资料丛
   刊·马尔罗研究》，漓江出版社，1984。

5.《法国现代当代文学研究资料丛刊·新小说派研究》，中国
   社会科学出版社，1986。

6.《法国现代当代文学研究资料丛刊·尤瑟纳尔研究》，漓江
   出版社，1987。

7.《法国自然主义作品选》，天津人民出版社，1987。

8.《外国文学名家精选书系：莫泊桑精选集》，山东文艺出版
   社，1997。

9. 《外国文学名家精选书系：左拉精选集》，山东文艺出版社，1997。

10. 《图尔尼埃短篇小说选》(法国廿世纪文学丛书本)，安徽文艺出版社，1999。

11. 《加缪中短篇小说选》(经典印象本)，浙江文艺出版社，2003。

12. 《都德短篇小说选》(经典印象本)，浙江文艺出版社，2003。

13. 《莫泊桑短篇小说选》(经典印象本)，浙江文艺出版社，2003；北京燕山出版社，2005。

14. 《磨坊文札及其他》，解放军文艺出版社，2005。

15. 《译文经典·磨坊文札》，北京十月文艺出版社，2006；上海译文出版社，2011。

16. 《小王子》，中国少年儿童出版社，2006；湖南少年儿童出版社，2008；中央编译出版社，2010。

17. 《局外人》，浙江文艺出版社，2010；上海译文出版社，2013。

18. 《梅里美中短篇小说选》，中央编译出版社，2010；译林出版社，2014。

19. 《梅里美小说精华》，河南文艺出版社，2013。

20. 《卡尔曼情变断魂录》，上海三联书店，2015。

21. 《高龙芭智导复仇局》，上海三联书店，2016。

22. 柳鸣九译、柳一村插图《小王子》(双组合本)，海天出版社，2016。

（四）主要论文（或文章）

（柳鸣九独著的文章，在文章标题前面省略姓名；柳鸣九与人合著的文章，在文章标题前面列出作者姓名）：

1. 柳鸣九、赵木凡合著《战斗的非洲革命诗歌》，《文学评论》1961 年第 1 期。

2. 《关于文艺欣赏阅读中的情感运动形式》，《学术月刊》1961 年第 5 期。

3. 《再论共鸣现象的实质及其原因——关于共鸣问题的答复》，《文学评论》1961 年第 6 期。

4. 《拉法格的文学批评——读〈拉法格文学论文选〉》，《文学评论》1962 年第 6 期。

5. 柳鸣九、朱虹合著《法国"新小说派"剖视》，《世界文学》1963 年 6 月号。

6. 《现当代资产阶级文学评价的几个问题》，《外国文学研究》1979 年第 1 期。

7. 《西方现当代资产阶级文学评价的几个问题（续篇）》，《外国文学研究》1979 年第 2 期。

8. 《〈头七年〉·阮克大夫及其它》，《名作欣赏》1980 年第 1 期。

9. 《给萨特以历史地位》，《读书》1980 年第 7 期。

10. 《古老的主题　别开生古的处理——评欧·亨利的〈爱的牺牲〉》，《名作欣赏》1981 年第 5 期。

11. 《新小说派、意识流及其它——访法国作家娜塔丽·萨洛特》，《文艺研究》1982 年第 2 期。

12. 《访洛布莱斯——巴黎鳞爪》，《读书》1982 年第 4 期。

13. 《现代派文学的"工匠"——访法国作家米歇尔·布托》，《社会科学战线》1982 年第 4 期。

14. 《我所见到的"不朽者"》，《读书》1982 年第 5 期。

15. 《与克洛德·莫里亚克谈他自己》，《读书》1982 年第 8 期。

16. 《诗歌园的开垦者——访皮埃尔·瑟盖斯》，《读书》1982 年第 10 期。

17. 《访雅克·塞巴谢教授》，《读书》1982 年第 11 期。

18. 《多介绍一点当前外国文学发展的新情况》，《社会科学战线》1983 年第 1 期。

19. 《奇特的结合〈劳动〉》，《外国文学研究》1984 年第 2 期。

20. 《纪念狄德罗》，《世界文学》1984 年第 4 期。

21. 《"新小说"派说明了什么！》，《读书》1985 年第 9 期。

22. 《〈阿尔芒斯〉与人物形象的系列——〈阿尔芒斯序〉》，《法国研究》1985 年第 3 期。

23. 《关于意识流问题的思考》，《外国文学评论》1987 年第 4 期。

24. 《廿世纪流浪汉体小说的杰作——论〈茫茫黑夜漫游〉》，《外国文学研究》1987 年第 4 期。

25. 柳鸣九、李玉民、老高放合著《人性的沉沦与人性的窒息——纪德小说二种中译本序》，《世界文学》1987 年第 5 期。

26. 《超越于死亡之上——评马尔罗〈王家大道〉》,《读书》1987 年第 7 期。

27. 《二十世纪的俄瑞斯忒斯怨恨——谈〈毒蛇在握〉》,《读书》1988 年第 2 期。

28. 《关于左拉的评价问题(一)——对恩格斯关于现实主义与左拉论断的质疑》,《外国文学评论》1989 年第 1 期。

29. 《中国革命与马尔罗哲理——对〈人的状况〉基本内容的若干说明》,《当代外国文学》1989 年第 2 期。

30. 《关于外国心理小说》,《文艺研究》1989 年第 2 期。

31. 《法国心理小说发展的一个轮廓(上)》,《社会科学战线》1989 年第 3 期。

32. 《法国心理小说发展的一个轮廓(下)》,《社会科学战线》1989 年第 4 期。

33. 《"铃兰空地"上的哲人——米歇尔·图尔尼埃印象记》,《世界文学》1990 年第 1 期。

34. 《变位法的妙用——埃梅:〈变貌记〉》,《外国文学评论》1990 年第 2 期。

35. 《娜塔丽·萨洛特的〈天象馆〉与心理现代主义》,《当代外国文学》1990 年第 2 期。

36. 《圣徒文学的一个样本》,《读书》1990 年第 5 期。

37. 《莫狄亚诺的魅力——莫狄亚诺小说三种》,《当代外国文学》1991 年第 2 期。

38. 《历史画卷中的历史哲理——阿拉贡:〈圣周风雨录〉》,《外国文学评论》1991 年第 4 期。

39. 《"新小说"代表作的杂色》,《读书》1991 年第 6 期。

40. 《一部骇世惊俗的小说》,《读书》1992 年第 1 期。

41. 《阿波利奈尔的坐标在哪里》,《当代外国文学》1992 年第
    2 期。

42. 《荒诞概说》,《外国文学评论》1993 年第 1 期。

43. 《罗曼·罗兰与〈约翰·克利斯多夫〉的评价问题》,《社会
    科学战线》1993 年第 1 期。

44. 《克洛德·西蒙的荣誉与他的代表作》,《世界文学》1993
    年第 2 期。

45. 《莫狄亚诺在八十年代的变奏》,《当代外国文学》1993 年
    第 2 期。

46. 《"存在"文学与二十世纪文学中的"存在"问题——学术
    讨论会开幕词》,《外国文学研究》1994 年第 3 期。

47. 《存在文学与二十世纪文学中的存在问题》,《外国文学评
    论》1994 年第 3 期。

48. 《法国反法西斯文学鸟瞰》,《当代外国文学》1994 年第
    3 期。

49. 《现实与超现实之间——鲍里斯·维昂:〈岁月的泡沫〉》,
    《世界文学》1994 年第 3 期。

50. 《杜拉斯创作轨迹的起点——杜拉斯:〈抵挡太平洋的堤
    坝〉》,《名作欣赏》1995 年第 2 期。

51. 《世界短篇小说的起源与发展——海峡版"世界短篇小说

精品文库"总序》,《出版广角》1996年第1期。

52. 《性格小说名作随笔二篇》,《名作欣赏》1996年第3期。

53. 《不可恶的"恶"——评莫泊桑〈一个诺曼底人〉》,《出版广角》1996年第4期。

54. 《女性"二十四小时"模式的根由探——茨威格:〈一个女人一生中的二十四小时〉》,《名作欣赏》1996年第4期。

55. 《母子亲情矛盾的一种标本——莫里亚克:〈母亲大人〉》,《名作欣赏》1996年第5期。

56. 《一个展示了男性"好色"准共性的微笑——评尤瑟纳尔〈马尔戈的微笑〉》,《全国新书目》1997年第1期。

57. 《雨果奇观　雨果其人》,《社会科学战线》1997年第1期。

58. 《传统中的现代,现代中的传统——乔治·佩雷克〈人生拼图版〉》,《当代外国文学》1997年第2期。

59. 《法国散文发展的一个轮廓——〈法国散文选〉编选序》,《外国文学研究》1997年第2期。

60. 《译本序:鲁滨逊改宗记——图尔尼埃的〈礼拜五或太平洋上的虚无缥缈境〉》,《书屋》1997年第3期。

61. 《长存不朽的奇迹——〈雨果文集〉小说作品序》,《出版广角》1997年第4期。

62. 《〈桥上的回忆〉之一:塞利纳的"城堡"与"圆桌骑士"——访塞利纳故居》,《出版广角》1998年第1期。

63. 《法国米歇尔·图尔尼埃短篇小说二则——金胡子》,《当代外国文学》1998年第1期。

64. 《色彩缤纷的睿智——"新寓言"派作家图尔尼埃及其短篇小说》,《当代外国文学》1998 年第 1 期。

65. 《萨特的永恒价值何在?——〈论文学家萨特〉序》,《书屋》1998 年第 2 期。

66. 《雨果诗歌论》,《外国文学评论》1998 年第 3 期。

67. 《桥上的回忆之二:渐渐走近埃尔韦·巴赞》,《出版广角》1998 年第 3 期。

68. 《"碎片"艺术的小说代表作》,《外国文学研究》1998 年第 4 期。

69. 《终极目标与"纹心"术——纪德〈伪币制造者〉中译本序》,《世界文学》1998 年第 4 期。

70. 《桥上的回忆之三:罗杰·格勒尼埃散影》,《出版广角》1998 年第 5 期。

71. 《为萨德一辩——关于萨德作品的思想性》,《书屋》1998 年第 6 期。

72. 《我看〈蒙田随笔全集〉》,《中国图书评论》1998 年第 12 期。

73. 《桥上的回忆之四:曾有过"中国缘分"的索莱尔斯》,《出版广角》1999 年第 1 期。

74. 《西西弗式的奋斗——杜拉斯:〈抵挡太平洋的堤坝〉》,《东方艺术》1999 年第 1 期。

75. 《对恶的抗议——关于萨德的善恶观》,《书屋》1999 年第 1 期。

76. 《历史帷幕与诗意轻纱中的性——关于性文学作品的典雅》,《南方文坛》1999 年第 3 期。

77. 《桥上的回忆之五:"老字号"NRF 与"掌柜"雅克·雷达》,《出版广角》1999 年第 3 期。

78. 《桥上的回忆之六:弄炸药而没有伤手的人——记塞利纳学权威亨利·哥达尔》,《出版广角》1999 年第 5 期。

79. 《共和国与〈悲惨世界〉》,《出版广角》1999 年第 8 期。

80. 《桥上的回忆之七:一个漫长的旅程——写在 F.20 丛书七十种全部竣工之际》,《出版广角》1999 年第 8 期。

81. 《桥上的回忆之六:在圣女贞德广场上》,《出版广角》1999 年第 12 期。

82. 《吉奥诺代表作二题》,《外国文学研究》2000 年第 3 期。

83. 《一部有特定精神内涵的书——贝尔纳诺斯:〈一个乡村教士的日记〉》,《当代外国文学》2000 年第 3 期。

84. 《世事沧桑中的萨特——纪念他逝世二十周年》,《世界知识》2000 年第 7 期。

85. 《业绩非凡的人生——"诺贝尔奖获奖者传记中学生读本"总序》,《出版广角》2001 年第 5 期。

86. 《〈局外人〉的社会现实内涵与人性内涵》,《当代外国文学》2002 年第 1 期。

87. 《在首都文化界纪念雨果诞生 200 周年大会上的开幕词》,《书屋》2002 年第 1 期。

88. 《雨果:雄踞文学时空的王者》,《出版广角》2002 年第 3 期。

89.《论加缪的创作》,《学术月刊》2003 年第 1 期。

90.《美文家雨果》,《语文新圃》2003 年第 4 期。

91.《且说大仲马移葬伟人祠》,《粤海风》2004 年第 1 期。

92.《论加缪的思想与创作》,《当代外国文学》2004 年第 2 期。

93.《法国二十世纪文学概述》,《群言》2004 年第 12 期。

94.《读一点莫泊桑》,《中华读书报》2004 年 12 月 1 日。

95.《两点之间的曲线人生——关于朱光潜的回忆与思考》,《粤海风》2005 年第 5 期。

96. 柳鸣九、钱林森合著《萨特在中国的精神之旅——柳鸣九、钱林森教授对话》,《文艺研究》2005 年第 11 期。

97.《小蛮女记趣》,《美文》(下半月)2007 年第 2 期。

98.《译界先贤陈占元》,《新文学史料》2007 年第 3 期。

99.《傅雷翻译业绩的启示》,《粤海风》2007 年第 4 期。

100.〔法〕米歇尔·图尔志埃著,柳鸣九、谢颖译《金胡子》,《少年文艺(阅读前线)》2007 年第 4 期。

101.《关于〈法国文学史〉的修订》,《南方文坛》2007 年第 5 期。

102.《何其芳在"翰林院"》,《新文学史料》2008 年第 1 期。

103.《杨周翰:在矜持的背后》,《粤海风》2008 年第 2 期。

104.《辞别伯乐而未归——回忆并思考蔡仪》,《新文学史料》2008 年第 3 期。

105.《纪念翻译巨匠傅雷》,《中国翻译》2008 年第 4 期。

106.《闻老夫子的"谁道人生无再少"》,《书城》2008 年第 4 期。

107. 《辞别伯乐而未归——纪念与思考蔡仪》，《文艺争鸣》2008 年第 8 期。

108. 《为小孙女做一件事——我译〈小王子〉》，《书城》2009 年第 1 期。

109. 《面对生存荒诞与世界荒诞的彻悟者——写在纪念加缪逝世 50 周年并〈加缪全集〉出齐之际》，《文汇报》2010 年 1 月 8 日。

110. 《法国文坛一道"巨型灵光"——写在纪念加缪逝世 50 周年之际》，《人民日报》2010 年 1 月 29 日第 23 版。

111. 《致敬加缪》，《全国新书目》2010 年第 3 期。

112. 《一个 90 后的"灰姑娘"》，《语文世界：教师之窗》2010 年第 3 期。

113. 《法国书籍在中国的历史际遇》，《光明日报》2014 年 3 月 26 日第 010 版。

114. 《厨师父亲的人生追求》，《共产党员（河北）》2014 年第 10 期。

115. 《莫迪亚诺的魅力与寓意》，《解放日报》2014 年 11 月 14 日第 015 版。

116. 《"本色文丛"，为时代留下心影》，《文汇报》2014 年 11 月 17 日第 T03 版。

117. 《"本色文丛"与学者散文》，《文汇报》2016 年 4 月 4 日第 W05 版。

118. 《呼唤学者散文》，《文汇报》2016 年 10 月 28 日第 010 版。

119. 《〈回顾自省录——柳鸣九自述〉序》,《北方工业大学学报》2017年第1期。

（五）散文集

1. 《巴黎对话录》,湖南人民出版社,1983。

2. 《巴黎散记》,上海文艺出版社,1984;广西师范大学出版社,2002。

3. 《巴黎名士印象记》,社会科学文献出版社,1997。

4. 《米拉波桥下的流水》,中国电影出版社,2001。

5. 《兄弟我》,东方出版社,2003。

6. 《盗火者文丛:山上山下——柳鸣九散文随笔选集》,中央编译出版社,2005。

7. 《"翰林院"内外》,长江文艺出版社,2006。

8. 《浪漫弹指间:我与法兰西文学》,河南文艺出版社,2007。

9. 《我所见到的法兰西文学大师》,人民文学出版社,2008。

10. 《这株大树有浓荫——"翰林院"内外二集》,上海文艺出版社,2008。

11. 《父亲　儿子　孙女》,上海远东出版社,2009。

12. 《名士风流》,金城出版社,2011。

13. 《名士风流——二十世纪中国两代西学名家群像(增订本)》,中央编译出版社,2017。

14. 《且说这根芦苇》,上海远东出版社,2012。

15. 《子在川上——柳鸣九散文随笔精选》,海天出版社,2012。

16. 《塞纳河之灵》，大象出版社，2014。

17. 《后甲子余墨》，海天出版社，2016。

18. 《回顾自省录——柳鸣九自述》，河南文艺出版社，2016。

19. 《柳鸣九：友人对话录》，中央编译出版社，2018。

（六）主编丛书

1. 《世界散文经典》（全8册），春风文艺出版社，1997。

2. "西方文艺思潮论丛"（全7册），中国社会科学出版社，1987年10月至1997年5月。

3. "法国当代文学广角文丛"（9册），社会科学文献出版社，1997年1月至2001年5月。

4. 《全球诺贝尔奖获得者传记大系》（22册），长春出版社，1995年1月至1999年3月。

5. "法国现代当代文学研究资料丛刊"（10卷），中国社会科学出版社、漓江出版社，1981年10月至1992年6月。

6. "法国廿世纪文学丛书"（70种），漓江出版社、安徽文艺出版社，1986年7月至1999年6月。

7. "世界小说流派经典文库"（全15册），北岳文艺出版社，1995。

8. 《雨果文集》（全20卷），河北教育出版社，1998年；凤凰出版传媒股份有限公司、译林出版社，2012。

9. 柳鸣九、沈志明主编《加缪全集》（全4卷），河北教育出版社，2002。

10. 《加缪全集》（全 4 卷），上海译文出版社，2010。

11. 《世界短篇小说精品文库》（14 卷），海峡文艺出版社，1996。

12. 《世界心理小说名著选》（13 卷），贵州人民出版社，1990年 4 月至 2002 年 10 月。

13. "外国文学名家精选书系"（80 卷），山东文艺出版社、北京燕山出版社，1997 年 3 月至 2009 年 1 月。

（注：由于该套书编辑出版的时间历时十几年，其间有很多因素影响这套书的出版，最后有多种没有完成或是没有出版，实际上成书出版的不到 80 卷。）

14. 《名家点评外国小说中学生读本》（10 卷），山东画报出版社，2000。

15. "盗火者文丛"（共 10 卷），中央编译出版社，2005 年 2 月至 2005 年 6 月。

16. "外国文学经典"（67 种），河南文艺出版社，2013 年 1 月至 2016 年 6 月。

（注：由于出版后期的特殊原因，该套书的出版总数有所变化。）

17. "思想者自述文丛"（8 种），河南文艺出版社，2016 年 7 月至 2017 年 10 月。

18. "世界散文八大家"（8 种），海天出版社，2014。

19. "本色文丛"（42 种），海天出版社，2012 年 9 月至 2017 年 7 月。

20. "世界名著名译文库"（87 种，107 册），上海三联书店，2014 年 5 月至 2015 年 8 月。

21. "法国二十世纪文学译丛"（21 种），上海译文出版社，2010 年 12 月至 2015 年 1 月。

《柳鸣九文集》（15 卷）

图书在版编目(CIP)数据

柳鸣九 / 柳鸣九自述；刘玉杰整理. -- 北京：社
会科学文献出版社，2020.11
（大家雅事）
ISBN 978-7-5201-5042-2

Ⅰ.①柳… Ⅱ.①柳…②刘… Ⅲ.①柳鸣九－自传
Ⅳ.①K825.6

中国版本图书馆CIP数据核字（2019）第115543号

·大家雅事·

柳鸣九

自　　述 / 柳鸣九
整　　理 / 刘玉杰

出 版 人 / 谢寿光
责任编辑 / 刘同辉　奚亚男

出　　版 / 社会科学文献出版社（010）59366556
　　　　　　地址：北京市北三环中路甲29号院华龙大厦　邮编：100029
　　　　　　网址：www.ssap.com.cn
发　　行 / 市场营销中心（010）59367081　59367083
印　　装 / 三河市东方印刷有限公司

规　　格 / 开　本：880mm×1230mm 1/32
　　　　　　印　张：10.75　字　数：217千字
版　　次 / 2020年11月第1版　2020年11月第1次印刷
书　　号 / ISBN 978-7-5201-5042-2
定　　价 / 98.00元

本书如有印装质量问题，请与读者服务中心（010-59367028）联系